古代歷史文化 研究輯刊

九 編

王 明 蓀 主編

第 24 冊

清明文化的歷史傳承與意義呈現

凌 遠 清 著

國家圖書館出版品預行編目資料

清明文化的歷史傳承與意義呈現／凌遠清 著 — 初版 — 新北市：花木蘭文化出版社，2013〔民102〕

目 2+200 面；19×26 公分

（古代歷史文化研究輯刊 九編；第 24 冊）

ISBN：978-986-322-205-7（精裝）

1. 清明節　2. 禮俗

618　　　　　　　　　　　　　　　　102002682

ISBN-978-986-322-205-7

9 789863 222057

古代歷史文化研究輯刊

九　編　第二四冊　　　　　ISBN：978-986-322-205-7

清明文化的歷史傳承與意義呈現

作　　者　凌遠清
主　　編　王明蓀
總 編 輯　杜潔祥
出　　版　花木蘭文化出版社
發 行 所　花木蘭文化出版社
發 行 人　高小娟
聯絡地址　235 新北市中和區中安街七二號十三樓
　　　　　電話：02-2923-1455／傳眞：02-2923-1452
網　　址　http://www.huamulan.tw 信箱 sut81518@gmail.com
印　　刷　普羅文化出版廣告事業
初　　版　2013 年 3 月
字　　數　157,169 字
定　　價　九編 27 冊（精裝）新台幣 45,000 元

清明文化的歷史傳承與意義呈現

凌遠清　著

作者簡介

凌遠清，廣西桂平市人，2001～2004年在廣西師範大學攻讀碩士學位，2004～2007年在中山大學攻讀博士學位，2008年4月在順德職業技術學院任教至今。2005年以來曾參與《順德民俗》、《順德龍舟》、《嶺南民間遊藝競技》（2010）、《嶺南古代誕會習俗》、《陳村· 中國花卉之鄉》、《嶺表尋春· 廣東清明節》等地方文史類文叢的撰寫。

提　　要

　　論文以清明文化為研究物件，主要在歷史傳承、意義呈現與清明文化精神的弘揚三個方面展開論述。方法上主要結合文獻資料和田野調查材料，運用民俗學、人類學、歷史學、文化學等學科的理論，將清明文化現象置於「民間與官方、傳統與現代、現實與虛擬」多元關係的結構框架中，以此展現清明文化的演變歷程和傳承路徑。同時，通過當代清明文化在網絡社會中的巨大變遷風貌，探討空間符號、祭祀儀式與文化意義的關係問題。最後根據清明文化的發展現狀以及文化記憶的傳承理論，在弘揚清明文化精神方面進行一些思考。

　　清明文化就是中華民族在自然界長期的生產實踐和社會關係發展過程中，以集體潛意識方式所形成的信仰觀念和生存慣常模式，包括清明祭祖活動以及相關墓葬方式的選擇與宗族文化的建構活動。經過各個歷史時期的發展，清明墓祭的空間發生了很大的變革，這就不可避免地給祭祀方式、祭祀觀念以及祭祀意義帶來相應的變化。互聯網技術與清明文化相結合，使得傳統的祭祀方式發生根本性的改變。這種形式賦予清明祭祖的文化意義是獨特的，是中國傳統清明祭祖活動中所出現的最大變化。考察清明文化在意義內涵上的衍生過程，不僅能從生活層面感知當代社會的巨大變遷，而且也能從其變遷軌迹中體會到傳統文化與時俱進的轉型動因。這些為探索如何在當代社會中弘揚清明文化精神提供了一個很好的思路。

　　論文首先分析清明文化的產生背景、發展源流和習俗形態，並從信仰觀念因素與節日習俗活動兩個層面對其作進一步闡述。第三、四章主要闡述清明文化在歷史進程當中，民間和官方所採用的傳承手段，同時也涉及傳統習慣的沿用方式和文化權力的運行機制。第五章從符號本質和文化意義兩個層面來對清明節祭祖儀式進行分析，揭示祭祀空間的變遷形貌及其意義內涵，認為網祭儀式也是一種尋求自我慰藉的補充手段。第六章分析文化記憶的傳承機理與清明文化的現實狀況，認為清明文化蘊含諸多文化價值、信仰理念和傳統倫理，應該引導其信仰觀念方面的因素，管理其相關的節日習俗活動，使之能夠為民眾信仰生活與民族國家凝聚力的統合提供一個文化支撐平臺。

目
次

第一章　導　論

第一節　選題緣起與相關研究回顧

一、選題緣起

　　民俗是一種相對規範的生活方式。隨著時代的發展，民俗事象的外在形式在不斷得到更新的同時，其原有的文化傳統和意義內涵還在一定程度上還得到保留。歷史上，民眾在清明節所進行的祭祖習俗，能比較集中而全面地表現中華民族的信仰觀念與文化精神。各個歷史時期的清明祭祖習俗都明顯地體現不同的文化意義，即為了人與自然關係的調節、人與人關係的調適以及人與自我關係的調整，其目的無疑是為了一種種族上、文化上生生不息的追求。

　　基於這些認識，再通過查閱相關的歷史文獻資料之後，在導師和其他老師的指導下，經過反覆對比和不斷論證，本人最終把清明文化作為自己學位論文的選題。主要的設想，是通過以清明墓祭習俗為主線來研究清明文化的歷史傳承與現實狀況，並利用相關的理論方法系統地闡述其所蘊涵的文化意義，同時在弘揚清明文化精神方面作一些思考。在進一步閱讀和思考的過程中，發現歲時節日文化習俗在當代也是一個學術探究熱點。本文通過對清明文化在民間與官方兩條傳承路線的分析研究，來把握清明文化的歷史變遷形態及其文化意義的表現形式，期望在挖掘清明文化內涵、弘揚清明文化精神方面能作一次學術上的回應。

　　清明節氣在時間和物候特點上為清明節習俗的形成和發展提供了一個基礎條件，但本選題所涉及的清明主要是指其節日屬性而非節氣特性，並且是以清明文化的歷史變遷為主線；從民間與官方、傳統與現代、社會現實與網路虛擬等多重視角入手探究傳統清明文化的歷史傳承路徑。通過對清明節這一墓祭習俗背後的系列傳承習慣和權力機制進行詳細描述，進而揭示清明文化的變遷形貌及其意義內涵與生成機理，以期引起更多人關注清明文化習俗在當代社會的傳承發展。這無疑是很有意義的學術探究。這種考察中國民間信仰習俗的研究視角，將有助於理解我國祖先崇拜觀念的合理性，有利於讓更多的人理解自己身邊文化的價值，以達到弘揚清明節文化的精神。

　　首先，清明節是我國歷史形成最早、文化內涵最深、影響地域最廣、流傳時間最長、民俗活動形式最豐富的一個傳統歲時節日。我國各民族大多利用清明節悼亡先人、敬老尊賢、慎終追遠，所表達的傳統文化核心要素是祖先崇拜，另外還有基礎要素即風水信仰和儒家孝道觀念。但是這些信仰觀念和倫理思想在當代社會都只是屬於一種文化表徵，清明文化所體現的深層次內涵應該是一種家族精神與民族精神的結合體。各地在其他歲時節日中都存在隆重程度不一的墓祭習俗，但這些時節的墓祭不是節日的主要習俗，其儀式場面也不能跟清明的墓祭活動相提並論。歷代的清明習俗各地不一，但都與以墓祭最為普遍。墓祭就是清明節最具特色的習俗，其中包括了宗、房、支等不同層次的祭祀活動。因此說，墓祭是清明節日習俗中的核心，也是中華民族特有的一個重要文化符號〔註1〕。以墓祭為核心要素的清明節，不但是中華民族史上特殊的文化符號，也是當今海內外華人的一種極具代表性的群體習俗和文化標誌。這種文化符號，對於傳承民族文化傳統和增強民族凝聚力起著重要作用。

　　清明原來只是節氣名稱，後來才發展為節日。清明節源於寒食節，而寒食節則是遠古冷食與改火的節日。這導致最初的清明節就出現了禁火吃冷食的習俗，後來又逐漸增加了祭掃、踏青、秋韆、蹴鞠、牽勾、斗卵等。因此，

〔註 1〕　解釋人類學的觀點認為人的文化關係的建構和表達都是通過象徵體系和符號系統來進行的。「這些符號和象徵，這些意義的媒介，在社會生活中或社會的一個部分裏扮演著自己的角色，而且在事實上是它們給社會注入生命。在這裡，意義也是源於使用而起，或更確切地說，是從使用中產生的。」參見（美）克利福德‧格爾茨著，王海龍、張家瑄譯：《地方性知識》，北京：中央編譯出版社，2000 年，第 154 頁。

早期的清明節並不具備當代節日的文化內涵和精神特質。在唐代與寒食節、上巳節結合之後，才逐漸發展成為一個以祭祖為主要要素的歲時節日，並且最終取代了寒食節。清明節習俗曾經歷從禁火到踏青，再到墓祭以及當代的網祭，其所承載的文化意義卻有所不同。清明節是在特定時間、以祭祖為特定活動主題的一種傳統文化現象，其本質為一個非日常時間的社會生活片斷，因而具有特殊的文化意義。在各個時代，民眾都通過不同的形式來體現清明節的意義內涵，並從意義當中獲得一種情感宣泄與文化認同。隨著時代的更迭，清明節的墓祭習俗發生了變遷，而其文化意義也呈現多元的變化。就當代而言，清明節的活動形式是傳統與現代、官方與民間、虛擬與現實的多形式二元結合體。因此，清明節既有原初的內涵，也有全新的意蘊，整體上是多種文化意義重疊其中。

其次，清明節保留了中華民族最有代表性的傳統文化因素。清明節蘊含諸多價值、理念和禮儀，也沉澱一種傳統的倫理道德，能為家庭生活、宗族組織和民族國家的精神統合提供一種文化支撐。弘揚清明節所蘊含的文化精神，能夠增強民眾的文化認同意識和民族自豪感。因此，應該加倍保護好清明這一寶貴的節日文化遺產，讓其發揮傳承民族文化的作用，並使之在安頓民眾的情感和增強各層次群體的凝聚力方面發揮更大的作用。

1949 年以後，由於政府的提倡，全國各地的學校或單位常在清明節組織人們去革命烈士陵園掃墓，緬懷先烈事迹。近年來，人們也沒有忘記在清明時節祭祀中華先祖。每個清明節期間，來自海內外數以萬計的炎黃子孫聚集在陝西省黃陵縣黃帝廟前，以傳統的儀式祭拜中華民族的人文初祖——祭祀華夏始祖軒轅黃帝和人祖伏羲。共同的清明節俗，使大陸人民與僑居海外多年華僑的心連在一起，而相鄰廣東的港澳同胞更是把清明返鄉祭祖當作一年中的重要事情。

經過各個歷史時期的發展，清明墓祭的空間發生了很大的變化。喪葬方式的變革，必然帶來祭祀方式以及祭祀觀念的變化，這在城市以及發達地區的鄉村社區表現得尤為明顯。在祭祀方式上，近年的趨勢是簡單、文明、不斷翻新，以敬獻鮮花、上網掃墓等形式寄託哀思。從 2000 年開始，眾多網站設立了網上虛擬墓地或靈堂，人們可以在網頁中為逝者獻上一束鮮花、留一支歌曲、點一根蠟燭、種一棵松柏或留下祭文。這種新穎、方便的網上祭祀，易為知識階層和青年人接受。互聯網技術與清明文化相結合，使得傳統的祭

祀方式發生根本性的改變,這是以往任何時代都不曾有過的。這種形式所賦予清明祭祖的文化意義也是獨特的,是中國傳統清明祭祖活動中所出現的最大變化。因此,考察清明文化在意義內涵上的衍生過程,不僅能從生活層面感知當代社會的巨大變遷,而且也能從其變遷軌迹中體會到傳統文化與時俱進的轉型動因。這些對於我們深入瞭解清明文化具有重要的現實意義。

再次,從清明節入手來研究民間傳統文化,具有很重要的學術價值。能夠從中發現民眾的深層文化觀念與心理結構,當然也能為弘揚清明節的文化精神奠定一個很好的開端。清明節有自身的歷史淵源、觀念基礎與信仰習慣,反映的是民族的倫理傳統、道德風尚和宗教觀念,有著深厚的文化底蘊,因而具有最廣泛的民眾基礎。發展到當代,清明節不僅有愼終追遠倫理道德含義,也包含了精神寄託、情感宣泄的文化意義。

具有傳統文化內涵的歲時節日對民眾而言都有獨特的魅力,讓人不需要任何理由就會想方設法在特定的時間裏完成屬於自身所應執行的文化指令。隨著中國經濟的持續快速發展,海內外華人的民族自信心在不斷提高,傳統的節日文化已受到各界越來越多的關注。2006 年 6 月 10 日全國第一批 518 個國家非物質文化遺產已經國務院批准,重要的傳統節日都已被列入非物質文化遺產保護名錄。其中,包括春節、清明節、端午節、中秋節在內的中國傳統節日都被列入了國家級非物質文化遺產保護名錄。這從一個側面說明不少傳統節日在當代生活中確實出現了遭受淡化和遺忘的境地〔註2〕。這是在西方的生產、生活方式等強勢文化的衝擊下,近代及現當代中國傳統的生產生活方式和節日文化所產生的一個巨大變化。但這些不良影響對清明節沒有產生作用,因為中國人的祖先崇拜信仰難以跟西方信仰觀念保持一致。西方文化符號中的宗教文化象徵是一種觀念上完全異質化的東西,並且與中國祖宗信仰中的文化符號及其象徵意義之間存在太大的差異性因素。從而導致其無法對中國傳統節日中的清明墓祭習俗進行影響,甚至改造。即使這樣,在「全球化」、「城鎮化」、「市場經濟」等文化語境下,很多青年人已經對清明文化的感知越來越淡薄。傳統的清明墓祭習俗雖不被淡忘或拋棄,但清明節原有

〔註 2〕 我國政府高度重視文化遺產的保護工作,2005 年《國務院辦公廳關於加強我國非物質文化遺產保護工作的意見》指出:「我國非物質文化遺產所蘊含的中華民族特有的精神價值、思維方式、想像力和文化意識,是維護我國文化身份和文化主權的基本依據。」〔2006〕18 號國務院文件公佈了 518 我國非物質文化遺產名錄。

的文化內涵卻似乎有所忽略，其文化精神也有所偏離原有軌道。

這種情形的出現，具有深層次的原因。應該說，是與以儒家倫理觀念和孝道思想爲基礎的經典教育遭受忽視有著密切的聯繫。由於很長一段時間來沒有了經典教育，民眾對傳統文化的認知出現了偏差，轉而追求一些流行的、表面的，與傳統文化品格相去甚遠的東西。這反映在清明文化上就是把傳統的孝道行爲發展爲厚葬隆祭這一奢侈的好面子風氣，並且愈演愈烈。具體而言，豪華墓葬在一些地方風起雲湧，各色各樣的「現代化」祭品層出不窮。實際上，祖宗信仰的心理取向所代表的，是一種傳統的謀求民族生存的文化策略。但在現實當中，這種文化心理已經有所淡化，取而代之的應該是一種文化精神的提升與弘揚。換言之，傳統社會的清明節背負著太多的生存道德，同時在無形中也堅守著一種文化道德；而當代社會，清明節的祭祖活動所擔負的生存道德有所淡化，但所要承載的文化道德卻更爲任重而道遠。清明網路祭祀活動在發展過程中，因其具有綠色環保的特性得到官方的認可。其原因主要是網路墓地和網路祭祀都不必考慮生存道德因素，此外還能較好地肩負起傳統的文化道德。當代社會「要在融合新舊民俗文化功能的同時，主動去接受新文化，在形式上與時俱進地進行革新，使傳統民俗文化能夠快速適應文化變遷。這也是一種最佳的謀求民族生存的文化策略」〔註3〕。因此，在舉國上下都共同關注非物質文化遺產保護的今天，對清明文化的歷史傳承與文化意義進行深入研究，對提升傳統節日研究的學術層次，應該說具有一定的理論意義。

二、相關研究回顧

（一）相關節日研究

古今不少文人學者都從不同層面對中國的歲時節日進行過不同程度的記述與研究，特別是近二十年來，對傳統節日的研究更是方興未艾。

1、節日研究綜述

蕭放和吳靜瑾在《近 20 年（1983～2003）中國歲時節日民俗研究綜述》〔註4〕中，對中國民俗學界的傳統歲時節日研究作了一個總的回顧。他們認

〔註 3〕 參見烏丙安著：《論當代中國民俗文化的劇變》，《民俗研究》，1996 年第 2 期。
〔註 4〕 蕭放、吳靜瑾著：《近 20 年（1983～2003）中國歲時節日民俗研究綜述》，《民俗春秋——中國民俗學會 20 週年紀念論文集》，學苑出版社，2006 年。

爲，中國民俗學界對歲時節日的探討始於五四時期，而五四時期至 1982 年間主要的探討方式就是對通過田野調查所獲得的材料進行描述性的整理。但這段時期的歲時節日研究，多爲通論性，所涉及的面不是很廣。春節、寒食、清明、端午、中秋、除夕等隆重節日是當時的主要研究對象，其中《上巳考》、《端午考》、《端午禮俗史》〔註5〕爲單一歲時節日民俗考證方面的代表作，而綜合歲時節日民俗描述性的代表作爲《蘇州風俗》〔註6〕。

　　1978 年之後，各地學者抓緊對歲時節日活態文化進行調查搜集與整理研究。從這個時候開始，在研究視角、理論方法等方面有一定的改進，但當中研究仍有不少還是處於民俗志式的描述記錄與簡單的材料整理，不少著作甚至側重於古今歲時節日民俗事象的描述。當然，也有具有較深的理論深度理論專著和學術論文。這些研究積累了豐富而寶貴的原始資料，同時也爲民俗知識的傳播提供了較好的載體。相關節日材料記載最爲豐富的是後來出版的《中國地方志民俗資料彙編》〔註7〕；該書是把各地的歲時節日風俗匯總一起，從中可以清晰看出各地歲時節日習俗的全貌。

　　到了 20 世紀 90 年代，對於歲時文獻的研究，也成爲民俗研究中的一個很重要的部分，並構成了歷史民俗學的主幹內容。歲時民俗文獻研究方面，對《夏小正》、《月令》《荊楚歲時記》等關注最多。蕭放近年出版了關於《荊楚歲時記》的兩部論著，其內容一是對這部歲時民俗文獻進行民俗學研究，另一部分是從民眾時間意識角度具體探討歲時節日民俗的起源與流變。

　　蕭放認爲，近年來的研究主要圍繞一般理論和專題節俗兩大方面進行。其中關於歲時節日民俗的一般理論研究包括歲時節日的分類研究、歲時節日民俗的特性認識、歲時節日的功能與價值及歲時節日的起源與變遷的研究。總體上看，學者們一般都注意歲時節日中的傳統因素和現代因素；對歲時節

〔註5〕《上巳考》，勞幹著：發表於《民族學研究所集刊》；《端午考》，聞一多著，見《神話與詩歌》，古籍出版社，1957 年；《端午禮俗史》，黃石著，臺灣鼎文書局，1979 年。

〔註6〕周振鶴著：《蘇州風俗》，1928 年 7 月國立中山大學語言歷史學研究所‧中山大學民俗學會編印，其中的「歲月」部分介紹了蘇州當地從一月到十二月的各類習俗，内容豐富、全面。見葉春生主編：《典藏民俗學叢書》，黑龍江人民出版社，2004 年 2 月，第 747 頁。

〔註7〕丁世良，趙放株主編：《中國地方志民俗資料彙編》（共有華東、西南、華南、西北、東北、中南等六卷），書目文獻出版社出版，1992 年。該書主要從各個地方志中搜集其中的「歲時民俗」彙集在一起，集中介紹各地的歲時傳説、諺語、祭禮等傳統習慣。

日中不同的存在狀態進行實際分析，闡述自己對歲時節日發展趨勢的觀點。針對當前歲時節日的研究現狀，最後蕭放還認為「歲時節日的研究應對單一節日作結構形態研究，分析節日的具體要素，區分歲時節日民俗構成的層次及其有機結合的機理；實現對歲時節日民俗內在特性的把握，從而對歲時節日民俗做到真正的文化理解」〔註8〕。這是一個很有見地的觀點，為筆者構架本論文時提供了很大的幫助。

2、立春文化研究

簡濤在《立春風俗考》〔註9〕中對立春文化作整體考察，一是縱向的，即歷史的考察，從文獻記載起，到20世紀90年代止；二是橫向的，即斷代的考察，以清代為重點，進行全方位的考察，探討立春文化的內部結構和局部形態，以及地理分佈和地域性差異。從迎春禮俗的起源和結構入手，解釋迎春禮俗的文化內涵，接著勾勒唐宋元明時期迎春禮俗的衍變，然後從官方和民間兩個角度闡述清朝的迎春禮俗，對其各種習俗和儀式進行詳細的描繪。文中重點探討立春文化變遷，研究文化變遷中禮儀和功能的變化，探求文化變遷的內部及外部原因。該書主要運用歷史學中歷史考證的方法和民族學中結構分析的方法，來達到其研究目的。其中，主要是重構立春文化的歷史面貌，展示其產生、發展和演變的過程，並且運用民族學的有關理論進一步探討它的整體和局部以及局部與局部之間的關係，探討局部的結構、整體的結構以及各自的功能，探討立春文化作為一個系統運行和演變的機制。該書也部分地採用民族志和訪談的方法，立足點為立春文化的現狀，並注重使用當代報刊與檔案資料，以及研究政府機構對於立春節日文化的態度和措施。這給筆者很大的啟發，也成為本文寫作過程中一直努力的方向。

卡納普（R. Carnap）把事物的描述分為兩類，即「特徵描述」和「關係描述」。該書在對立春文化變遷中的同時使用這兩種描述方法。在重構立春歷史上的具體禮俗事象或者民俗事象時，使用特徵描述的方法；在探討某一特定歷史時期立春文化的整體結構或者其中某個局部的結構時，則使用關係描述。進而勾勒結構和功能演變的軌跡，揭示立春文化歷史變遷的模式。最後，作者並不想僅僅局限於對立春文化進行史的重構和描述；而是在史的研究基

〔註 8〕蕭放、吳靜謹著：《近20年（1983—2003）中國歲時節日民俗研究綜述》，見中國民俗學會20週年紀念論文集——《民俗春秋》，中國民俗學會編，學苑出版社2006年，第361頁。

〔註 9〕簡濤著：《立春風俗考》，上海：上海文藝出版社，1998年。

礎上，進一步探討立春文化的發展演變所蘊含的理論問題，並希望藉此對立春文化史作較為透徹的闡述。

作者依據史料重構了立春官方禮俗和民間習俗在不同時期的歷史形態，作了文化史的描述，努力做到歷史重構的形象化和具體化。同時，還對不同時期的結構和功能進行了分析，勾勒出結構和功能的歷史演變，並提煉出相應的理論模型。作者指出官方禮俗的主導作用，探討政治變革對於官方禮俗和民間習俗的不同影響，最後得出「官方禮俗能夠聚變，民間習俗只能漸變」的結論。然而作者在現當代部分用沒有足夠的篇幅來展開論述，也沒有相關的實地調查資料作為佐證。大體上還是作為一種史的研究方法來進行，這也許跟現實生活中立春節日地位的喪失有很大的關係。

3、中元節文化研究

七月十五、十月一和清明節為中國三大鬼節。「鬼節」即是悼念亡人之節，是與祭祀天神、地神的節日相對而言的。美國學者太史文在《幽靈的節日——中國中世紀的信仰生活》〔註10〕中，以中國的中元節為研究對象。道教稱陰曆七月十五為中元，佛教則稱之為盂蘭盆節，更流行的說法則是鬼節。作者從中世紀鬼節的源頭開始，逐漸發掘出揭示鬼節起源的藏內佛經、關於目連冒險救母出冥間的變文、體現道教宇宙觀的詩賦和證明鬼節中各種活動的資料。太史文採用了社會學家楊堃首倡的分析框架，即將社會中的宗教區分為「制度型」與「擴散性」兩種，並視之為涵蓋了從擴散性宗教到制度型宗教的所有形式。換言之，該研究主要從歷時性與發生學考察，轉向對現象內涵作共時性的分析。書中綜述鬼節的主要活動、在中國及東南亞流行情況與鬼節的多重意義，進而提出對中國社會宗教形態的認識。同時，還借助多種唐代文獻，揭示鬼節的多彩畫面與多重意義，使鬼節流行情形具體地展現出來。文中還討論鬼節折射出的僧人與祖先崇拜、佛教與家庭的關係，並將鬼節解釋為「通過儀禮」，以說明節日中的諸多矛盾現象。

最後，作者認為，作為一個複雜的象徵性事件，鬼節將各個階段聚於一處，並體現出多種價值觀的混合。鬼節神話未被限定於任何個別權威文本或佛經內，其儀式性事件亦未被局限在一個特定的文化背景中。鑒於這種多樣性在以往研究中多被遮蔽，作者的分析則把鬼節當作廣為流傳的諸多價值觀

〔註10〕　〔美〕太史文著，侯旭東譯：《幽靈的節日‧中國中世紀的信仰生活》，杭州：浙江人民出版社，1999年。

的聚焦之處，並從中探討中國中世紀各階層民眾的節日行爲所表現出來的多重文化含義〔註11〕。這種視點對清明文化的研究很有幫助，即應該把清明墓祭習俗聚焦於其所呈現的意義上。只有意義，才使得民間與官方共同傳承這一千古習俗。

（二）有關清明節的記載與研究

歷代都有清明文化的文獻記載，如兩漢以前有《禮記》、《風俗通義》和《四民月令》，但均較簡略。南北朝梁人宗懍的《荊楚歲時記》也有專門介紹清明節活動的文字。唐朝韓鄂的《歲華紀麗》和宋朝周密的《乾淳歲時記》，亦有清明節習俗的描述。清朝時期的《帝京歲時紀勝》、《燕京歲時記》以及《月令粹編》，則詳細介紹了當時的清明節活動。

現當代的清明節研究大多屬於復合性質的，其中都重在介紹清明節的起源與發展的概況，以及其節俗的來由與活動描述。《中國年節》〔註12〕的作者認爲，節日與節氣不同，節氣是時序的標誌，而節日則是包含著某種風俗及對風俗事件或人的紀念的意義。二十四節氣中，能演化爲節日的只有清明。該書中有清明習俗介紹和清明詩話賞析，並認爲清明在季節上又有空氣清新、陽光明媚的特點，這是歷史文人詩興大發、爲清明寫下了許多佳作名篇的一個主要原因。韓養民在《中國古代節日風俗》〔註13〕中認爲，清明作爲節日，與純粹的節氣又有所不同。節氣是我國物候變化、時令順序的標誌，而節日則包含著一定的風俗活動和某種紀念意義。從這個方面講，我國按傳統劃分的二十四節氣中，最終演化爲節日的只有清明。到了唐代，拜掃之風從達觀顯貴到庶民百姓都已十分盛行，並且將拜掃的日期定爲寒食節。唐玄宗開元年後，寒食掃墓用詔書形式正式確定下來，並索性列入五禮之中。每逢清明節到來，值得注意的是寒食節與清明節本爲兩個節日，但就掃墓而言，到唐代已合二而一了。

《中國節慶及其起源》〔註14〕是一種複合研究，系統介紹清明節活動的，還涉及清明節起源及發展歷史的深入探討。作者認爲，從古人記載的寒食與

〔註11〕　〔美〕太史文著，候旭東譯：《幽靈的節日‧中國中世紀的信仰生活》，杭州：浙江人民出版社，1999 年，10 頁。

〔註12〕　羅啓榮，歐仁煊編著：《中國年節》，科學普及出版社，1983 年。

〔註13〕　韓養民，郭興文著：《中國古代節日風俗》，陝西人民出版社，1987 年。

〔註14〕　陳久金，盧蓮蓉編著：《中國節慶及其起源》，上海：上海科技教育出版社，1989 年。

清明的活動來看，二者不能完全分開，在時間上也都連在一起，但其日期和活動內容是有區別的。上古文獻中沒有有關清明日活動的記載，這表明清明還不成為一個獨立的節日。唐朝以前掃墓，都在寒食節期間。將清明與寒食節相混淆，大約起自唐朝。將寒食掃墓混淆為清明掃墓，大約也只是唐朝才開始。不過，從當時唐玄宗所下的有關掃墓的詔書來看，仍是指寒食掃墓。作者認為清明等節慶與科學史密不可分。具體說，節慶依存於天文曆法，大多數的節慶問題如果離開了天文曆法，就無法說得清楚。故節慶不單純為民俗學問題，也是關於天文學的科學問題。

在《中國傳統節日文化》中〔註15〕，楊琳認為清明節不是在唐代以前就存在，也不是到唐代便與寒食節合而為一。經過一番考證，他認為周代已有墓葬習俗存在，此俗甚至周代以前都存在。但墓祭習俗只是清明節產生的社會基礎，不能說明有了墓祭習俗就有清明節。漢代以前雖有上墳的時間，但具體在什麼時候是沒有記載的。當時的墓祭比較頻繁，沒有突出在清明節氣進行。他認為，唐代以前雖然在某些地方曾有過清明時節上墳的現象，但這跟其他時節的上墳祭祖一樣，都沒有形成節日的規模和氣氛。由於沒有形成全民遵從的禮俗和持續不斷的傳統，因而當時還不能算作節日。早在唐代之前，官方起初規定寒食節放假四天，後來又增加到七天。無論是四天還是七天的假期，清明這天都已包含在寒食節的假期之內的。這也是當時民間官方都把寒食與清明並提的緣故，民眾則都把清明節看作是寒食節中重要的一天。掃墓是寒食節的重要活動之一，而清明節又是可以焚燒紙錢的日子，所以唐朝存在清明掃墓習俗是自然而然的。作者認為，以清明為節的意識是唐代以來才逐漸滋長起來的，但也不存在獨立於寒食節之外的清明節。元代以後寒食風俗逐漸消亡，寒食節便成為了以清明日為中心的節日。

李露露的《中國節——圖說民間傳統節日》〔註16〕，最大特點就是圖文並茂，該書力求運用比較生動形象的手法來闡述清明等民間節日文化。通過來源於考古、壁畫、雕刻等資料，追溯清明等節日在古老年代的形態，借助古代文獻中的版畫、年畫、畫冊，以及民間美術中有關的形象資料，如剪紙、民間神像、玩具、遊戲圖等資料來反映清明等節日的諸多活動習俗，也介紹清明節的飲食、祭祖、踏青、遊戲等方面的習俗。喬繼堂在《細說中國

〔註15〕楊琳著：《中國傳統節日文化》，宗教文化出版社，2006 月。

〔註16〕李露露著：《中國節：圖說民間傳統節日》，福州：福建人民出版社，2005 年。

節——中國傳統節日的起源與內涵》中，主要介紹了清明掃墓習俗的來歷，以及相應踏青、遊戲習俗的內容與起源，其他方面的分析和闡述並沒有展開〔註17〕。而馮賢亮在《歲時節令·圖說古代節俗文化》中主要介紹寒食、上巳與清明的習俗活動內容，在文化內涵上沒有作出任何評判〔註18〕。

近代最早研究清明的單篇文章是黃仲琴的《清明的起源》〔註19〕。作者把清明之開始意義作了初步的解釋，認爲在漢時，或漢以前，清明即定爲節氣。該文以不少文獻資料證明清明與寒食在日期上的不同，並把拜掃墳塋的習俗斷定在漢以後出現。因爲自漢以來，先有寒食節介子推的傳說，才有寒食掃先塋的風俗。而寒食與清明，相隔僅有二日，因而有清明掃墓之舉，此乃清明本意。

近年來單一的清明節研究主要見黃濤的《清明節的起源、變遷與公假建議》〔註20〕。黃濤先生認爲，在當代社會，由於社會生活、文化觀念的變化以及假日制度的限制等，清明節的內涵、活動、規模等都有了很大變化，但它仍以其特有的功能和地位爲國人所重視，有著不容忽視的社會影響。與其他傳統節日相比，清明節的特色有三個，一是兼有節氣與節日兩種「身份」，二是以戶外活動（掃墓、踏青等）爲主，三是在掃墓祭奠活動中兼有肅穆（或悲傷）與歡樂兩種情感氛圍。文章考察清明節習俗的起源歷史演變過程，結合它在當代社會的傳承狀況和社會功能，認爲對清明節做出順乎歷史、合乎國情民意的定位與規劃，有著重要的社會效益和文化意義。鑒於上述各種情況，作者建議政府採取清明節放假的決策〔註21〕。但是他關於清明節當代重構的觀點只是表現在官方節日和民間節日兩個系列各自的增減以及對兩者的整合，而這只是時間方面的重構，卻無文化精神的提煉與弘揚。他認爲清明節在當代具有如下社會功能：一是滿足民眾懷念先人的情感需要，同時密切了人際關係，二是有利於人文精神的建設和弘揚，三是有利於加強民族凝聚力，團結海外僑胞。客觀地說，

〔註17〕喬繼堂著：《細說中國節——中國傳統節日的起源與內涵》，北京：九州出版社，2005年。

〔註18〕馮賢亮著：《歲時節令·圖說古代節俗文化》，揚州：廣陵書社，2004年。

〔註19〕黃仲琴著：《清明的起源》，《民俗》第60期，國立中山大學語言歷史研究所編，1929年6月12日。

〔註20〕黃濤著：《清明節的起源、變遷與公假建議》，中國民俗學會、北京民俗博物館編，節日文化論文集，北京：學苑出版社，2006年。

〔註21〕黃濤著：《清明節的起源、變遷與公假建議》，中國民俗學會、北京民俗博物館編，《節日文化論文集》，北京：學苑出版社，2006年，第63頁。

作者對清明節文化功能的認識還是比較到位的。

近年出版的節日研究著作，主要是搜集相關文獻記載，加上有關的民間傳說故事，多屬於彙編性質，強調故事性和趣味性，讀者對象主要是青少年〔註22〕。這些關於清明節的研究，大多是介紹其起源，接著以各個時期的節慶記載來介紹有關習俗活動。主要是以時間為主線進行起源發展敘述，並且僅有習俗來源以及習俗內容的介紹，而缺乏細緻深入的分析。當然，也沒有從傳承路徑、文化意義、文化精神的弘揚等寬闊視野來闡述與清明節有關的各種文化現象。雖然從中國傳統文化語境中重新認識民間信仰的做法值得提倡，但我們不僅要用歷史的眼光來看待清明節，還要從多個層面來關注清明節的傳承與變遷狀況。千百年來，清明節祭祖活動都以一種獨特的形式承載著華夏文化的傳統內涵，從而構成一系列明顯的動態化文化符號。因此，應該把節日現象理解為傳統文化載體，把民俗作為一文化記憶。這就要求我們在「進行研究民俗時，不能僅僅停留在孤立地搜集和羅列民俗現象，而要建立起民俗現象與其他文化現象之間的有機聯繫，將表現同一或類似主題的各種民俗現象搜集起來，並聯結成一個大系統」〔註23〕。在民俗特定的生成環境中，揭示其產生、發展與傳承的內在規律與生成模式，以便深入地挖掘其中的文化精神。

因此，不能就清明節而論清明節，而是要將清明節背後的文化關聯背景加以把握。只有依據相關文化背景加以探討，才能更好地理解清明文化的文化精神。在當代中國，清明節掃墓的熱鬧景象依然，當然比歷史上各個時期典籍所記載的要甚。透過清明節的祭祖活動，可以看出民眾對孝道觀念、祖先崇拜及風水信仰的執著。從清明節多重文化意義當中，可以讓我們加深對民間信仰與宗族社會的諸多瞭解，從而清楚當代社會生活的巨大變遷，把握和理解清明祭祖活動的時代趨勢。

第二節　研究思路、研究方法和理論材料來源

從上個世界 80 年代起，鍾敬文先生在一系列的講話和文章中都闡述有關中國文化的分層問題。他認為，中國民間存在一種不同於官方所體現出來的

〔註22〕陳久金，盧蓮蓉編著：《中國節慶及其起源》，上海：上海科技教育出版社，1989 年，前言第 2～3 頁。

〔註23〕白麗梅著：《民俗的符號學詮釋》，《光明日報》，2004 年 8 月 17 日。

文化形態。如果要區分民間與官方的文化形貌，可以分別用下層文化和上層文化來指稱（當然這兩者之間還有中層的文化形態）。所謂下層文化文化，是指在文化比較發展的國家或民族的文化領域裏，那種跟一般處於政治權力高位的上層文化相對立的下位文化〔註 24〕。從歷史發展過程來看，清明祭祖活動中所隱含的祖宗信仰卻是包含上下層文化傳統的民間信仰文化。在歷代官方的管理與控制之下，這種祖宗信仰在上下層文化傳統中的表現都一樣，或者說都已經融合在一起。

　　作為一種心理調適機制，祖先信仰為社會成員提供心理上的慰藉。在原始社會至現代社會的若干種社會形態中，清明文化在民眾的生活中始終呈現出一種心理調適的功能。目前，清明節已有研究依然停留在介紹性質的初級層次，尚未有系統的清明文化研究出現。要進行深入的研究，在方法上必須有所更新。深層次清明文化的研究，必須從搜集和介紹清明節習俗源流的資料介紹上昇到探討清明節習俗所蘊涵的意義內涵與文化精神。當然，研究手段必須從單純收集文獻資料轉向運用有關文化理論來對文獻資料進行梳理，而研究視角也必須在立足清明節日習俗的同時，放寬視野，把相關事象納入研究範圍之中。當然，前人長期的資料積纍和取得的進展是進一步深入研究的基礎。

一、本文研究思路

　　圍繞清明期間進行的祭祖活動，構成了我國特有的清明文化。狹義上的清明文化是指以墓祭為要素的傳統信仰習俗；廣義上的清明文化不但包括清明習俗，而且還涉及以祖先崇拜、風水信仰和儒家孝道觀念為核心的傳統文化傳承活動，如民間宗族文化的建構和官方的相關祭祀活動。本文主要從廣義上的角度來探討清明文化的傳承發展、意義建構以及文化精神的弘揚。因此，本論文的研究主要體現在：1、構建清明節的起源與發展的歷史過程，特別對墓地空間的演變、墓祭活動的形成進行詳細的描述；2、通過文獻資料，回顧歷史上民間對清明文化的傳承模式，並描述官方管理清明文化的各種措施；3、關注網路祭祖活動的展開，闡述清明祭祀習俗的變遷；指出這種變遷既體現在形式中，同時也包含在意義層面上。4、在上述研究基礎上，在弘揚清明文化精神方面進行思考。為了實現這些研究意圖，筆者從以下研究視角

〔註24〕鍾敬文著：《話說民間文化》，人民日報出版社，1990 年，第 1 頁。

來把握論文中相關內容。

其一，利用歷史的視角來回顧清明節習俗的起源、發展與變遷歷程。清明節是「清明」節氣、寒食節融合而成的節日〔註 25〕，這是從其相關習俗的起源、形成、發展以及變遷軌迹中得出的結論。因此，清明節負載著遠古文化中兩個方面的信息：一是古代科技文化水平，二是古代民眾純樸的宗教信仰與神靈觀念。發展到當代，清明節的習俗雖然產生了巨大的變遷，但還帶有原始文化的痕迹，某些地域的清明習俗也還帶有不同歷史時期的遺風。歷時性的學術探究，有助於整體上把握清明節習俗的發展脈絡，瞭解清明節習俗在不同階段所形成的形態與變異。從這些習俗的變遷中找出民間傳承清明文化的路徑，從而揭示不同時期清明節墓祭習俗所承載的文化意義。

其二，從政治的視角來揭示歷代官方對清明節習俗的態度。目前，已有相關節日研究都比較注重習俗的介紹及其功能特性的闡述，較少涉及到歷代官方在政治方面對墓祭習俗所施加的各種影響。其中原因可能是從古至今的節日民俗活動都不能登大雅之堂；而古往今來，大多數節日文化都處在正統文化的邊緣，維持著一種自生自滅的自在傳承狀態。但清明節中的墓祭屬於「五禮」中的「吉禮」，在「國之大事在於祀」的古代備受官方關注，因而官方的一些祭禮一直影響、規範著民間的祭祀儀式。在現當代，由於傳統文化中的祖先崇拜與風水信仰等觀念還深入民眾的文化心理之中，與喪葬緊密聯繫的清明節祭祖風氣盛極一時。從官方角度看，這肯定對我國的現代化發展存在一定的負面影響，因此官方一直都非常關注清明節祭祖習俗，並採取了相應的政治手段來干預和引導民眾進行適度的清明祭掃。近年來學術界也把視點投向了官方權力與民間社會的互動關係上，從而形成了一種關注政治層面因素的學術新視野。筆者在本文中，以一定的篇幅來探究清明節習俗在受到來自官方的干預之後所出現的傳承狀況，並闡述清明節是一個由官方與民間長期以來共同建構而成的一個宗教性節日。這也是清明節與其他民間傳統節日之間所存在的最大不同點。

其三，通過田野調查，借用現實的視角來闡述清明節習俗在當代社會的嬗變。清明節習俗的核心要素就是墓祭，而墓祭的背後有著源遠流長的儒家

〔註25〕大量的歷史文獻已成爲證實清明節與寒食節融合的文字依據，這在學術界也已達成共識。但清明節與上巳節的融合，目前尚存爭議，還有待考證。

孝道、祖先崇拜、風水信仰等思想觀念作爲支撐。在中國的鄉土社會中，清明節墓祭習俗總是跟宗族組織緊密聯繫在一起的，當然也跟官方的干預程度以及民眾的生活方式密不可分。宗族組織在當代社會的復興，也導致清明大規模掃墓活動的興起；喪葬改革的持續深入展開，也給民眾的家庭式清明節祭祖方式帶來一些變革；城市化進程的加快帶來社會人口的大量流動，再加上互聯網的快速發展，使得現實中的清明節墓祭活動進入了虛擬的網路空間之中。因此，當代的清明節習俗嬗變最爲明顯，其中有很多現象值得關注。關心當下、關注民生，就是要求民俗學研究放眼現實生活中的民俗事象。因此，面對當代快速變化的社會生活，現實的研究視角確實必不可少。以這種研究路向去探究節日文化，有助於我們增加對清明節習俗的理性認識，並在清明節習俗的傳承問題上形成一種文化自覺。

其四，使用宗教的視角來剖析網路祭祀的信仰心理基礎，並以此闡述清明節墓祭習俗的現實存在意義及其未來的發展走向。清明節墓祭的觀念基礎是祖先崇拜，這應該屬於一種自然宗教性質的信仰。清明墓祭習俗的功能隨著人類的進一步發展而變化。在現階段，個人層面的清明節祭祀中，精神慰籍成爲了一種補充的文化意義。特別是在網祭過程中，人們以虛擬的儀式爲求得精神慰籍，達到心理平衡。清明節墓祭當然也能爲許多人提供了廣泛而單純的社會接觸，滿足了民眾的歸屬需要、交往需要。這跟宗教在功能上具有相同的特點。正如現代社會宗教不會消亡，清明節祭祖習俗也不會完全消亡。因爲清明節祭祖的意義在不斷變化，其非理性的東西逐漸被人們擯棄，而有關道德、精神方面的因素不斷滲透其中。推測我國清明節祭祖習俗的未來發展，筆者認爲，其形式將越來越寬泛化，且一直都是民眾發自內心的自發行爲。

最後，筆者認爲本研究的基礎在於清明墓祭習俗所具有的同質性結構。民俗是傳統文化的外在表象和載體，傳統節日又是表現民俗事象最爲豐富的一個文化時間。從傳統節日的發展變遷當中，可以清晰地看出傳統文化在當代社會的走向。清明墓祭習俗在民間有豐富的土壤，各地普遍盛行。清明墓祭習俗產生於中國傳統社會之中，其外在形式看似雜亂無章，但在內在結構和性質卻是一致的。首先，產生清明墓祭習俗的政治制度與經濟結構相同，這決定祖先崇拜觀念的一致性。其次，宗族社會對血緣關係的特別重視，也使得清明墓祭儀式呈現出相同的文化意義。正因爲清明墓祭習俗存在內在的

同質結構這種共性，本文因此把各地的清明習俗當作一個整體放在一起進行研究，並把廣州的清明節作為具體描述清明習俗變遷的個案。應該說，其可行性在很大程度上還是成立的。

本論文的內容包括導言、正文、結論和參考文獻四大部分。

第一章為導言，簡要介紹了本論文的選題思路、選題意義、研究方法、論文結構以及理論基礎，還對田野調查的情況作出簡要說明。這些在本論文中主要起到一個解釋性的作用，讓讀者瞭解整個論文的全面情況。接下來，第一到第六章開始按照清明習俗的形成、發展與變遷的歷史軌迹，從官方與民間、傳統與現代、現實與虛擬這三個二元對立的層面分別對清明文化的歷史傳承進行闡述；從符號本質和文化意義兩個層面來對清明節祭祖儀式進行分析，揭示祭祀空間的變遷形貌及其意義內涵。最後，認為清明文化蘊含傳統的信仰理念和倫理精神。因此，應該弘揚清明文化，並從引導其觀念方面的因素和疏導節日習俗活動入手，使民眾的信仰生活與民族的凝聚力能夠統合到同一個文化平臺上。

第二章首先從文獻史料出發，大致梳理清明節氣的起源及其文化背景。同時涉及寒食節和上巳節習俗向清明節氣的轉移過程，進而說明清明節俗的定型最終促成清明節日的生成。清明節的眾多習俗在長期的發展過程中，只有墓祭一直保留下來，並成為歷代清明節中首要活動內容。因此，本文在描述傳統清明節習俗種類的基礎上，主要從靈魂觀念、祖先崇拜、風水信仰與儒家孝道等方面來解釋墓祭得以盛行的成因。最後，從穩態和動態兩個層次對清明文化的要素進行理論闡述，認為兩方面的要素是清明文化得以生成的根源，也是清明文化中較為隱蔽和相對穩定的部分。清明文化中的相關習俗和祭祖儀式，處於節日外在層次，受其觀念因素的制約。一旦脫離原有觀念因素的制約，就很容易受到外來因素的影響而遭受改造。因此說，清明文化中的節日習俗是變異最活躍、變異性最大的部分。

第三章主要論述清明節在形成發展過程當中，散發出很強的季節特性和宗教氣息。特別是在傳統社會當中，清明文化借助豐富的民間諺語、神化傳說、清明詩、歷史典故等得以傳承。在清明文化發展過程中，民間社會還存在其他的維護手段和強化方式，如以編撰族譜、建造祠堂墓地、舉行祭祖儀式等。這是宗族組織所形成的一套文化機制，強化這種機制就使得宗族成員在無形中形成一種自我認同的氛圍。這在長期以來又為清明文化中觀念因素

的傳承提供了一個強有力的支撐平臺。私學的出現，打破了「學在官府」的舊傳統，學校從官方下移到民間。在擴大教育面的同時，也促進了儒家孝道觀念的廣泛傳播，爲清明文化觀念因素的傳承奠定了紮實的基礎。在近現代社會中，我們可以把清明意義的內涵用語言文字逐字逐句地保存下來，但要做有效傳承，還必須通過儀式的紐帶來強制性地重複清明節的習俗活動。鄉土社會的清明祭祖儀式，以其特有的祖先崇拜和風水信仰構成了清明文化中最潛移默化的一個記憶環節。清明文化既外化於儀式之外的相關活動裏，同時又內在地呈現於清明祭祖的儀式中。爲了更好地說明清明節當中祭祖儀式的傳承方式，當中以廣州番禺爲個案，探究民間傳統與現代生活中具體清明節的習俗；說明在官方的有效管理之下，清明簡便文明的拜祭風氣初成。

　　第四章關於官方如何參與管理清明文化的論述。認爲官方參與清明文化的管理，就是有意識把其觀念因素和祭祖活動都上昇到理性的文化傳統。清明墓祭習俗雖然產生於民間，但從來都是官方文化控制的一個部分。歷代統治者都以各自的形式來管理這種頗有傳統意蘊的民俗文化事象，結果卻是有意或無意地對清明文化產生了積極或消極的影響。我國歷史上文化記憶的管理，都與文化權力的分配和意義操作的機制有很密切聯繫。這首先體現在對各種文本的修訂和使用，以及通過教育機構和官員選拔制度來進行。近現代官方的相關管理措施已經導致清明文化在原始精神上出現偏離，因而呈現出失眞的狀態。由於民間對清明文化的集體記憶鏈條尚未斷裂，在官方的重新確認之下，這種民俗事象還是得以傳承下來。在當代，官方通過墓葬改革來改變民眾的墓葬觀念，最終導致清明節中的祭祖活動發生扭轉，並沿著符合社會現代文明發展的方向發展。此後，原有的很多祭祀習俗將會因此而逐漸消失，清明祭祖活動也將呈現出一種全新的文化意義。正如個體的記憶會隨生存情境的變化而有所調整一樣，文化記憶也是民眾在對將來的展望中被賦予新的內容與意義的。從這個角度看，清明網路祭祀方式的合理性和創新性已經得到社會各界認可。

　　第五章涉及儀式空間與文化意義，主要是從空間符號與儀式的變化來闡明清明祭祖習俗的文化意義。清明文化雖然具有很強的歷史穩定性，但無論其內容還是形式，都會隨著社會環境的發展而有所變化。其中清明祭祖儀式的墓地空間，在不同歷史階段就發生了很大的變化。這對清明的祭祖習俗產生了很大的影響。近百年來，民眾的文化心理和民俗感情已經遭受重大打

擊，清明文化中的傳統因素也毫無例外遭受到了嚴重的排斥。但在民眾的情感和文化觀念中，清明節的祭祖活動至今依然以其原有的文化活力展現其所蘊涵的文化意義。清明祭祖儀式所體現的文化意境，就是人與自然的和諧、人與人的和睦與自我內心的平和。因此，即使在當代社會生產生活方式改變了的情形下，清明文化同樣延續下來並有了全新的發展空間。現代性不斷衝擊著清明節的祭祖活動，迫使其以一種嶄新的形勢來體現一種全新的意義使命，那就是在網絡虛擬空間中尋求個體存在的情感表述路徑。網路祭祀是傳統清明節文化與現代網絡技術的結合體，與傳統墓祭習俗有著一脈相承的必然聯繫。它是傳統清明文化與網絡技術的重新組合，極大程度地依賴著清明文化的傳統資源因素，因而獲得廣闊的延伸空間和自我發展機遇。這種借助互聯網而得以強化的傳統文化記憶，實現了從有形物向虛擬空間的有效轉換。其方式更有利於民眾對先人進行紀念和表達哀思，同樣表達出真實的文化意義。

第六章內容是關於清明文化精神在當代的弘揚問題。主要觀點是，現代文明的介入使整個社會文化形態進一步發生演變，群體文化心理也將發生轉移。要扭轉這種轉移的趨勢，必須積極弘揚清明節的文化精神，主要的方式將清明節列為加強學校教育、法定清明假期、開展清明娛樂活動、擴大英烈祭祀活動、強化傳媒文化傳播功能等。其中，學校教育中的經典學習也是傳承傳統文化記憶的一個很好的手段之一。雖然清明文化的觀念因素不存在式微的問題，但其中的不少觀念和行為在當代社會出現了「泛濫」和「偏激」的情形。這也是民眾沒有領會傳統文化精神的一種表現，而這些傳統文化精神其實就蘊含在眾多的經典之中。在中小學校加強傳統文化教育和擴大英烈祭祀活動就是傳承清明文化的觀念因素，而法定清明假期主要還是為清明節的各種活動提供一個可以延續發展的動力時空。有了法定假期，青少年學生就有足夠的時間來展開傳統的娛樂活動，以便能夠陶冶情操和養成愛國情懷等等。官方必須通過媒體和學校教育渠道，逐步提升民眾的「文化道德」覺悟，即使民眾養成一種文化自覺的理性狀態。當然，網絡祭祀要在全社會形成一股風氣，還需要有關部門加大對網絡祭祀網站的支持力度。經過重構後的清明文化，在活動內容、文化內涵上肯定比原有的傳統節日和政治節日更有吸引力，並體現出更有民族特色的文化活力。

最後，在全文基礎上，得出本論文最終結論。本文的結論是，清明節經

過數千年的發展，相關習俗出現了很大的變遷甚至於消亡。但其中的祭祖要素一直頑強地傳承至今，體現了民眾追憶先人、重血脈倫理的古樸文化理念。在歷代官民的共同呵護下，清明節墓祭習俗最終形成了一個代表中華民族傳統信仰心理之深層結構的文化共同體。在當代，清明墓祭習俗在儀式上有簡捷化趨勢。清明節習俗的變遷必然帶來其意義上的多樣性，這是現實與虛擬互補、傳統與現代共存、民間與官方同構的多元文化秩序，在不同社會發展階段呈現出與時俱進的意義內涵，並於現實生活中呈現出多重意義的疊加共存狀態。但清明文化在民間的傳承表面上雖然愈演愈烈，實質上已經偏離了清明文化的原始精神。清明節期間的一些祭祖行為甚至與現代文明和生態倫理的要求相去甚遠，因此官方必須通過各種途徑來管理清明文化。其中主要的方式是弘揚清明祭祖的文化精神，即加強清明文化觀念因素的引導和在中小學中開展傳統清明節文化活動。

二、主要研究方法

　　清明文化是民眾生活層面的活態文化，具有群體心理積澱深厚、內涵豐富、影響廣泛等特點。本論文的研究對象主要是清明文化的歷史傳承與意義呈現，以及清明文化精神在當代的弘揚問題。本研究的目的是對清明節習俗的變遷作一個整體的考察，主要是通過縱向的追溯，即從各個時期的文獻史實出發，結合當時的歷史文化背景來探尋清明節習俗的發展變遷軌跡。針對不同時代的清明節的墓祭活動，描述清明節墓祭習俗的變遷形貌，同時揭示其多重的文化意義，並提出弘揚清明文化精神的思路。

　　為了達到此目的，通過深入研究將掌握到的大量資料上昇到一定理論高度來認識。也就是說，要把所得的資料作出合理的解釋。清明文化表面上顯得比較單一平白，但事實上它由多種因素組成並受多種外力所影響，內涵深厚，意義深遠。因此，局限使用單一學科的理論，就不利於徹底剖析與全面把握清明節習俗的變遷因素，得出的結論就有所偏頗，不能真實地解釋清明節習俗的文化涵義。為了保證研究過程的客觀性和研究結論的真實性，本文除了使用田野調查法之外，還採用民俗學、人類學、歷史學、文化學等學科的有關理論和研究方法。

　　（一）歲時節日是傳統文化的聚合體，歷來都受到民俗學人類學等諸多學科的重視。一般來說，民俗學關注節日中儀式風俗的產生、傳承和嬗變；

而人類學則探索節日儀式中透露的文化意義〔註 26〕。民俗學研究法就是特別關注形成民俗的「制度」和「傳統」方面的因素，也因此在研究方法上有別於歷史學。民俗學的研究對象往往是一些有特色的典型樣本。通過研究一個樣本，能夠解決一系列具有同一性的問題。而民俗學研究的口述材料幾乎都是集體的、天然具有展示特性的。不需要研究者深入調查，就可以獲得大量的材料，因其本身就在老百姓日常生活中自我呈現、流傳。對清明節習俗的調查更是如此。民俗學的方法，就是更多地關注個別民俗事象背後的整個「傳統」。正如早在民俗學的初創時期，英國學者博爾尼女士所說那樣，「民俗包括作為民俗精神秉賦的組成部分的一切事物，而有別於他們的工藝技術，引起民俗學家注意的，不是耕犁的形式，而是耕田者推犁入土時所舉行的儀式；不是漁網和漁叉的構造，而是漁夫入海時所遵守的禁忌；不是橋梁或房屋的建築術，而是施工時的祭祖以及建築物使用者的社會生活」〔註 27〕。因此，民俗學者需要研究的是通過民俗事象來反映其中所蘊含的意義內涵。重視歲時節日在民俗研究中的作用是正確的，但絕不能就節日論節日，必須看到節日背後的文化機制與意義內涵。因此，本文還用到了人類學儀式與符號關係的分析方法來探討清明墓祭活動所呈現出來的文化意義。

　　（二）歷史學、文化學研究法是自然科學與社會人文科學研究中通用的方法。本文用以梳理清明文化的歷史發展脈絡，並立足於現代的歷史觀來探究其背後的社會背景，還注意探究其背後的文化機制以及傳承機理。具體做法就是通過搜集文獻資料，並進行整理、解讀，關注文獻資料背後的文化背景。

　　中國的清明墓祭習俗衍生於中國傳統社會之中，在地域上其形式具有一定差異性，但其觀念基礎實際上已經呈現出一致性。原因是宗法制社會對血緣關係的特別重視使得中國家庭具有某種宗教意義，由此產生了祖先崇拜的重要性信仰〔註 28〕。人類進入當代社會以來，在科學技術大發展、文化知識大普及的背景下，並沒有遠離宗教信仰。比如在中國，反而出現清明祭祖熱

〔註 26〕 胡燕鳴主編：《人類學田野研究系列・平峰村的文化轉型》，北京：中央民族
　　　　　大學出版社，2001 年，第 76 頁。
〔註 27〕 〔英〕查・索・博尼爾著，程德祺譯：《民俗學手冊》，上海：上海文藝出版
　　　　　社，1988 年，第 1 頁。
〔註 28〕 參考黃景春著：《民間信仰的差異性、一致性和同質性》，《上海道教》，2003
　　　　　年第 4 期。該文主要討論了中國民間信仰的外在差異性、內在一致性和同質
　　　　　性，指出民間信仰（包括祖先崇拜）也是一種宗教存在。

潮。這種普遍的社會現象足以向我們展示了清明節墓祭習俗的宗教性質和文化品格。因此，簡單的習俗介紹不足以讓人瞭解清明文化的本真面目，還必須運用相關的文化理論才能準確把握清明節祭祖習俗的文化內涵。

（三）田野調查工作一直是具有悠久歷史的質化研究法。在運用上述學科的有關理論進行探討之外，本文在論述具體問題時，還根據實際需要運用文獻分析與田野調查相結合的方法，全面闡述清明文化的傳承機理與意義內涵。田野調查過程主要採用訪談法。清明節習俗既有整體事實，也有局部事實。我國幅員遼闊，各個區域之間在教育、經濟、歷史地理等方面存在較大的差距，從這些要素中選取一個與其他任何區域在各個方面都同質的調查點是困難的。處在同一政治制度下的祖先崇拜信仰，其同質性程度較大。就清明節而言，其習俗的發展變遷中都貫穿著官方施加的政治影響。另外在中國這樣一個複雜的大社會，同樣的崇宗敬祖觀念使得各地都延續相同的清明節祭祖習俗。對於本研究而言，這種大一統的政治因素與共同的信仰基礎屬於區域同質性的重要內容，是可以通過以點帶面的田野調查策略去搜集材料的。

三、理論來源與材料收集

（一）本論文的理論主要來源於德國學者阿斯曼的「文化記憶」觀點

「文化記憶」這一概念是阿斯曼根據社會記憶、集體記憶等記憶理論，在 20 世紀 90 年代首次提出。所謂文化記憶，就是一個民族或國家的集體記憶力，其實就是一個文化認同性問題。文化記憶的具體表現形式，一般來說有檔案與歷史、學堂教育、慶典活動、紀念性建築物等。阿斯曼關於「文化記憶」的觀點主要有：

1、文字傳統與學校教育的重要性

文字的產生不僅使得記錄和儲存成為可能，而且也極大地擴展了文化內涵的外傳空間。文字之所以可讀並不是因為文字自身，而是由於派生的記憶文化。強調對文字文獻的集體學習和注疏闡釋，能夠防止文化傳統在交流中丟失原意。但不能把記憶由此而簡單地被等同於文字，文字本身還不能就算是記憶，至少不是持久的記憶。它還需要借助文化教育手段，把文字中的意義和知識變成客觀可見的東西。

2、儀式與文本相輔相成

阿斯曼認為，儀式與文本是承載文化記憶的兩大媒體。在各種儀式行為中，節日以其高度的公共性、有組織性和歷史性而特別適用於文化記憶的儲存和交流。而書本知識需要學習傳授和反覆朗誦才能嵌入大腦；紀念性的建築物舉行定期的慶典儀式（定期的拜謁等）才會引起關注。儀式不僅和文本相輔相成，而且在很大程度上還具備了超越和駕馭文本的巨大潛能。

3、儀式在意義呈現中的作用

文字之前的記錄系統只儲存記憶的內容，但記憶只保存那些在將來重新用得著的、在群體的意義經營中佔有牢固地位的部分。因此，文化記憶在很大程度上都和群體內部在意義上反覆循環的東西相一致。意義永遠是「內在」的，因而是不可能被記錄的。意義只有通過親自參與的儀式過程才被體會，因此意義想要與不參與相應儀式的人分享卻是不可能的。儀式保證了信息的重新收錄，使得內涵顯現出來，並通過把擴張的情境制度化而保證了文化意義的傳播。

（二）材料收集包括兩個方面

一是文獻資料，主要包括專著、學術雜誌、學報及各種檔案資料等。以往的清明節研究主要以主流的官修文獻古籍資料為主，而對地方志、筆記類書之類的材料關注不夠。清明習俗經歷了兩千多年的發展，有很深的文化積澱其中。前人的記述研究都是本論文的研究基礎，能為本研究提供充實而具有權威說服力的材料。因此，筆者在搜集古籍文獻資料時，盡可能查閱相關的地方志、文人筆記等材料。此外，還大量查閱近幾年報刊中的新聞報導材料。

二是田野調查資料。本研究的重點是清明節習俗的變遷及其意義轉換。清明節習俗中的墓祭在全國都很盛行，要進行全面調查難度大。在官方的管理下，清明節習俗的同質性得到不斷加強。這種習俗的同質性可以這麼理解，就是民眾在相同的時間內以幾乎同樣的儀式進行著具有同一文化意義的信仰活動。縱觀民俗文化的發展歷程，筆者認為，相對於政治與信仰這個因素而言，其他因素對民間傳統文化的影響要小得多了。同理，清明祭祖習俗的同質性，主要受到政治因素影響最大，經濟、歷史、地理等因素所起的作用不大。中國範圍內都處在同一種社會制度之下，接受同樣的政治文化管理。僅在祖先崇拜信仰而言，中國總體上就是一個同質性社會。在各個時期內，各

地清明習俗所呈現出來的節日理念與祭祀方式都是大同小異。筆者把政治因素和信仰基礎看作本研究中「質」的主要內容，在選擇清明節調查點時把其他方面「質」的內容作為參考的因素。以這種方式所選取的調查點，完全能用其局部事實去揭示清明節習俗整體事實的變遷軌迹與文化意義。基於這種理念，從政治角度而言，本論文選取處於改革開放前沿陣地的廣州地區作為田野調查對象也不失為一個可行的選擇。廣州毗鄰港澳，在現實生活所體現出來的傳統性與現代性因素比較明顯，具有一定的代表性；從廣州清明節習俗的當代傳承狀況能夠看到清明節習俗嬗變的一種趨勢。調查內容主要是廣州市居民清明節的祭祖活動方式，以及廣州周邊鄉村之中的宗族清明墓祭形式，其中有選擇性地訪談參與墓祭活動的民眾。在此基礎上，所作的文化解釋應該說具有整體意義，體現一種普適性的價值判斷。

　　中國近代社會是一個轉型的社會，社會巨變必然引發社會各領域的變遷，當然包括民間傳統的變遷。在傳統節日文化都發生大規模變遷的當代社會，清明節中的眾多習俗也都消亡，唯獨其中的清明祭祖習俗卻得以傳承，並保持異常隆重的勢頭。其深層次的原因是什麼？在新時代條件下清明祭祖習俗發生了哪些變異？當代條件下，官方如何進一步弘揚清明文化精神，使之適應當前的倫理道德教育與精神文明建設？這些都是本文試圖探討的問題。論文將在前人研究成果的基礎上，拓展視野，力爭通過歷史文獻和田野調查資料揭示清明文化的歷史變遷與現實形態，並且在中國清明節的文化精神弘揚方面作進一步的思考。在具體研究中，注重對清明習俗的歷史傳承及其現實展演形式的把握，文獻搜集的史實與田野調查材料緊密結合，並將清明文化研究放在觀念因素和節日習俗的不同層面上，從「歷史・現實」兩個緯度展開探究，即在闡述清明文化的傳承脈絡、存在基礎與意義呈現的基礎上，對如何弘揚清明文化精神提出一些設想。

第二章　時序與節日合一的節氣

　　時間和空間是人類社會實踐活動的基本依據之一，當然也是人類認識世界的基本要素。無限延續的時間和綿延不絕的空間是客觀的物質運動現象，但能夠進入人類感覺的時空緯度實質上已是經過文化建構的產物。歷史上，不同的文化主體，都會在不同的時空來從事祭祀神靈的宗教活動。清明節就是一個類宗教性的文化時空。清明節期間各地都普遍舉行隆重的祭祖活動，其過程如獻祭、祈禱、叩拜等具有宗教儀式的一般特徵。從大範圍而言，這種祭祀過程沒有統一的組織機構和教條或教義，因此嚴格來說，清明祭祖儀式還只是一種民俗活動。因此有學者認為，以清明祭祖為代表的中國祖先崇拜活動，就其儀式過程和文化意義而言，至多可以稱為一種民俗宗教。所謂民俗宗教，「就是居於生活組織而得以傳承和創造的、極具地方性和鄉土性的信仰活動」〔註1〕。從清明節墓祭習俗的發展歷程來看，祖先崇拜、風水信仰與孝道倫理是我國歷史上各個階段社會結構和社會秩序得以保持穩定的觀念基礎。因此，清明墓祭習俗這種行為的功用不能夠僅僅從表面上來理解，要關注其背後隱藏在民眾內心深處思想觀念的形成與發展狀況。

　　清明文化是中華民族在與自然界長期的生存鬥爭和社會關係發展過程中，以集體潛意識方式所形成的信仰觀念和生存慣常模式，包括清明祭祖活動以及相關的喪葬方式的選擇與宗族文化的建構活動。從時間上來看，廣義的清明文化應該涵蓋遠古時期以來的墓葬方式與祭祖活動。狹義上的清明文化是指以墓祭為要素的傳統信仰習俗；廣義上的清明文化不但包括

〔註1〕　〔日〕渡邊欣雄著：《漢民族的民俗宗教——社會人類學的研究》，天津：天津人民出版社，1998 年，第 3 頁。

清明習俗，而且還涉及以祖先崇拜、風水信仰和儒家孝道觀念爲核心的傳統文化傳承，如民間宗族文化的建構和官方的相關文化活動。如果說清明節氣僅僅是農耕社會爲了順應季節變化而設置的一個標誌時段，那麼清明節日就是一個以一定的時空觀來建構的、以墓祭爲核心要素的符號化時間。兩者都具有自然與文化的屬性，但前者的自然性較強、文化性較弱，而後者則反之。清明節實際上是融合了上巳節和寒食節的習俗而形成的，但最終只有墓祭習俗得以傳承下來，其他習俗則轉化爲民眾的日常生活習俗，或成爲健身娛樂的體育。民眾在清明期間而進行的祭祖活動，則構成了我國特有的清明文化。

第一節　清明節的定型與習俗構成

　　清明文化與日常的宗族生活有很密切的關係，但是主要通過清明節的系列習俗來體現。因此，通過清明文化的發展歷程，可以清晰地看到清明習俗的動態變遷狀況。其中墓祭習俗是清明文化的主要因素，它貫穿整個清明文化的起源發展過程，並隨著時代的發展、葬式的變革而出現多種變異形式。清明節是一個特別盛大的節日，節期也比較長。它不僅是掃墓祭奠、懷念離世親人的節日，還是踏青嬉遊、親近大自然的節日。圍繞著墓祭和踏青兩種主題的民俗活動豐富多樣，蔚爲大觀，其中不少習俗就是寒食節遺留下來的〔註 2〕。隨著歷史的推移，這類活動現已大多式微。清明節的祭祖活動，傳承至今依舊不衰，因而成爲生命力最爲旺盛的民俗事象之一。雖然民間在許多節日都有墓祭的習慣，但墓祭都不是這些節日的主要習俗。而當代清明節，墓祭已經成爲主要的節日習俗，並逐漸成爲清明節的一個具有代表性的文化符號。

一、清明節的形成

　　古代節日來源於農事，它是在歲時節令的基礎上發展形成的。曆法反映了農業生產規律，對指導農業生產起著積極作用，同時也爲歲時節日的產生提供了必要的前提。有些節日如清明、冬至等，則是由節氣直接發展而來的

〔註 2〕　《荊楚歲時記》中有相關習俗的記載，如「鬥雞、鏤雞子、鬥雞子」，以及「蹴鞠、施鉤之戲」。

〔註 3〕。但曆日只是爲節日產生提供了前提，節日的形成還必須有一定的風俗填充其內容。與其他傳統節日相比，清明節的特色有三個：一是兼有節氣與節日兩種「身份」，二是以戶外活動（掃墓、踏青等）爲主，三是兼有肅穆（或悲傷）（在掃墓祭奠活動中）與歡樂（在踏青等遊玩活動中）兩種情感氛圍。

（一）時序節令與農耕生活

中國的時序節令與風俗是在農業社會中衍生，且由來已久。而大部份的節令日期，都是依據中國農曆曆法編成。清明一指節氣，一指節日，因而是一個時序與節日合一的節氣。清明時節，氣溫升高、降雨增多，屬於春耕的大好時光。因此清明也成爲古代農業生產中受到普遍重視的一個節氣。本論文所探討的清明主要指節日而不是節氣，談及清明節氣是因其在時間和天氣物候特點上爲清明節俗的形成提供了重要條件。因此，還應該把清明節氣看作是清明節的一個主要源流因素。

作爲節氣的「清明」與作爲節日的「清明」，有密切聯繫也有明顯區別。一方面，先有清明節氣，後有清明節日。另一方面，清明的節氣與節日又有明顯區別。清明節氣歷史悠久，而清明節日後來才逐步演變而成。就是說，清明節氣只是時序的標誌，反映我國物候變化狀況；而清明節則是一個節期，體現了民眾特定的思想觀念，其中還包含墓祭祖、踏青、遊戲娛樂等多種風俗習慣。

清明本是二十四節氣之一，出現較早的記載是在《淮南子・天文訓》〔註 4〕中。按「國語」四時有八氣，歷來都獨指「清明風爲三月節。此風屬巽，故也。萬物齊乎巽，巽日清潔齊，清明取明潔之義」〔註 5〕。從二十四節氣的命名可以看出，節氣的劃分充分考慮了季節、氣候、物候等自然現象的變化。太陽從黃經零度起，沿黃經每運行 15 度所經歷的時日稱爲「一個節氣」。每年西曆 4 月 5 日前後，太陽到達黃經 15°時開始的一天，即爲清明。漢・劉安所著《淮南子》稱：「春分後……加十五日指乙則清明風至。」這故有「三月節」之稱。後來，《歲時百問》一書曾作解

〔註 3〕　牟元圭著：《中國歲時節日的起源與演變》，《尋根》，1999 年第 1 期。
〔註 4〕　《淮南子・天文訓》載「何謂八風？距日冬至四十五日，條風至；條風至四十五日，明庶風至；明庶風至四十五日清明風至」，看來清明時節的氣候特徵是非常明顯的，其名稱故得。
〔註 5〕　胡繼勤編著：《時間與日曆》，上海：商務印書館，1959 年，第 82 頁。

釋：「萬物生長此時，皆清潔而明淨，故謂之清明。」《孝經緯》記載，「斗指乙爲清明，萬物至此皆潔齊清明」。清明風至之時正值陽春三月。顯而易見，清明節氣是因它所處的時令，在光照、氣溫、降雨等各方面俱佳而得名。

《月令七十二候集解》解釋爲，「三月節，……物至。此時，皆以潔齊而清明矣」。「清明」二字，宋陳元靚《歲時廣記》引《三統曆》曰：「清明者，謂物生清淨明潔。」故「清明」期間，春光明媚，氣溫變暖，降雨增多，大地呈現一派萬物欣欣向榮之景象。這時正值嚴冬過後，氣候宜人，自然成爲人們進行戶外活動的好時節。此時也是春耕春種的大好時機，所以清明對於古代農業生產而言是一個重要的節氣，與農業生產有密切的關係。

節氣是物候變化、時令順序的一種標誌，傳統節日包含有某種風俗習慣和紀念意義的文化事象。兩者既獨立，又有必然聯繫。清明節氣在農曆的每年三月份，其形成源於「八風」之說。八風稱謂是我國古代最早區分季、候風的方式。根據《呂氏春秋·有始覽·有始》所載，一年之間約每隔45天，就吹不同的風：

> 何謂八風？東北曰炎風（艮氣所生，一曰融風；《史記·律書》作條風）；東方曰滔風（震氣所生，一曰明庶風）；東南曰熏風（巽氣所生，一曰清明風；《淮南子·墜形訓》作景風）；南方曰巨風（離氣所生，一曰凱風；《史記·律書》作景風）；西南曰淒風（坤氣所生，一曰涼風）；西方曰飂風（兌氣所生，一曰閶闔）；西北曰屬風（乾氣所生，一曰不周風；《淮南子·墜形訓》作麗風）；北方曰寒風（坎氣所生。一曰廣莫風）。

可見，從冬至算起，依序是北方寒風、東北炎風、東方滔風、東南熏風（清明風）、南方巨風、西南淒風、西方飂風、西北屬風。清明時節，清明風大吹，其風爲東南暖風，多雨水，正適合農耕播種。因此，清明是表徵物候的節氣，含有天氣晴朗、草木繁茂的意思。這時春光明媚、楊柳垂絲、綠草如茵，城鄉內外呈現出一派生機勃勃的景象。二十四節氣演化至現代，原爲農事節氣的「清明」和「冬至」，遺存爲節日；但冬至節的農事節日在不斷淡化，而清明節的內涵和外延卻得到不斷擴大，最終成爲一個紀念祖先的重大節日。因此，在二十四節氣中，既是節氣又是節日的只有「清明」。作爲時序標誌的清

〔註 6〕 （戰國）呂不韋撰，高誘注：《呂氏春秋》，上海：上海古籍出版社，1989 年。

明節氣早已被古人所認識，在漢代就有了明確的記載。但「清明」作爲時序與節日相統一的節日，確是後來的事。

悠久的清明文化積澱在民眾一系列的日常行爲與節日活動之中，而通過節日風俗則可以反映其所包容的文化內涵。我國自古以農爲本，以農立國。清明節具有鮮明的農業文化特色，本身就體現出農業社會的生活規律。古人在長期的農業生產中，懷著強烈的求知欲不斷地探索不同季節氣候的變化規律。人們以節日的形式來標明季節和氣候的轉換，在這些季節中產生出許多祈禱豐收的儀式，並逐步演變成節日風俗。其中清明祭祖習俗，就具有農業社會的獨特意蘊。

在我國，歲時節令也是歲時、歲事、時節、月令、時令等事項。這種時節意識的產生主要是因爲宇宙間自然界的運轉推移，而農耕生活受這種自然運動的制約最爲明顯。我國各民族均處於季風地帶，因而水土氣候的基本特點大致相同。季風型的水土使人們對於時節敏感，並因之形成對自然的畏懼和崇拜之情。而且，季風地帶的水稻種植過程中，民眾對時節的規律感尤爲強烈、敏銳。水稻栽培過程強化了先民的時節節律感，這種現象在古代尤爲突出，即使在當代社會也同樣存在。可以推斷，在以滿月的一月十五日爲一年之始之前，古代還存在以稻作開耕時期也就是清明時節前後作爲一年耕作之始的可能。清明前後的十多天時間內，人們浸泡種子，待種子發芽後再插秧於田。此外，古人在播種前，都通過祈求祖靈來獲得豐收。這也應該是清明節祭祀先祖習俗得以延續下來的一個因素。因此，「農耕社會中的水稻種植不僅是一個技術問題，還是一個信仰問題」〔註7〕。

（二）清明節日的定型

從起源和形成的角度看，清明節是「清明」節氣、寒食節、上巳節三者融合而成的節日〔註8〕。作爲節日，清明節與寒食節前後相繼，古人常將寒食節的活動延續到清明，故在時間上寒食與清明便沒有了嚴格的界限。清明節的來歷經歷了一個相當長的歷史演變過程。最初的大禹治水，確有天清地明之功；武王伐紂，被譽爲「肆伐大商，會朝清明」；秦皇不時起居於墓側，則有祭奠之意。而這一切又都發生在「清明風至」之時。唐朝以後，人們把清

〔註 7〕 直江廣治著，王建朗等譯：《中國民俗文化》，上海古籍出版社，1991 年，第65 頁。

〔註 8〕 楊琳著：《中國傳統節日文化》，北京：宗教文化出版社，2000 年，第 221 頁。

明作爲祭奠先人的節日。從唐代開始，清明節逐漸成爲一個融合了寒食節與上巳節習俗的重要民俗節日。在唐朝前期，雖然清明時段的習俗多被稱爲「寒食」，但在實質上其主體部分已經是今天所說的清明節。宋代以至明清，爲清明節發展到最盛行的時期，其後綿延不絕〔註9〕。

1、上巳節習俗的轉移

上巳節形成於春秋末期，三月節開始定在「巳日」。雖然上巳作爲節日已經有了確切的時間，但農曆三月上巳每年都不固定，魏晉後統一把上巳節定在三月初三。《晉書・禮志》載：「漢儀，季春上巳，官及百姓皆禊於東□水上，洗濯祓除去宿垢。而自魏以後，但用三日，以上巳也。」雖然不局限於巳日，但上巳的節名卻固定不變。

很長一段時間以來，民間的上巳沐浴蛻變爲具有濃厚的巫術意味的「滌除祓禊」。到了漢代，修禊已經不再到河邊舉行祭祀儀式，而是逐漸演變成了春遊活動。爲清除污穢之氣，當時民眾流行到水邊嬉遊。晉代文人和官員則玩「曲水流觴」〔註10〕的野外遊戲，臨水酒會又取代了河邊祓禊。唐朝時，三月三還是各階層的共同節日；上至皇帝群臣，下到普通男女都踴躍到水邊宴飲遊玩。

由於時間與清明鄰近，又都是在郊外的活動，上巳節的踏青飲宴與清明掃墓後的春遊娛樂由開始的分頭進行，逐漸演變爲後來合二爲一。上巳節重郊遊踏青的特點就被整合到清明節習俗之中。也可以說，清明節盛行春遊的習俗主要是繼承上巳節的傳統。再到後來，三月節和清明節合二爲一。

2、寒食清明兩節的混合

寒食節，又稱熟食節、禁煙節，冷節。從節日起源上說，清明是由寒食節的演變而來。寒食節的節期，是距冬至一百零五日，也就是距清明不過一天或兩天。寒食節的主要節俗就是禁火。清明是節氣，所以有農時方面的活動。東漢崔寔的《四民月令》載：「清明節，命蠶妾治蠶室，塗隙穴，具槌、持箔、籠。」唐末五代韓鄂《四時纂要》也記載：「清明之日，修蠶具蠶室，

〔註 9〕黃濤著：《清明節的起源、變遷與公假建議》，《節日文化論文集》，學苑出版社，2006 年，第 44 頁。

〔註10〕見東晉・王羲之著《蘭亭序集》：「永和九年，歲在癸丑，暮春之初，會於會稽山陰之蘭亭，修禊事也。群賢畢至，少長咸集。此地有崇山峻嶺，茂林修竹，又有清流激湍，映帶左右。引以爲流觴曲水，列坐其次。雖無絲竹管絃之盛，一觴一詠，亦足以暢敘幽情。」

宜蠶。」不過，清明作爲節日廣泛進行，不僅僅因爲農時的緣故，更主要是改火觀念變化的結果。決定把清明作爲再點火的一百零七日是隋初王劭的建議。至此，清明離開寒食，在歲時節日中佔有獨立的位置〔註11〕。

從先秦到南北朝，寒食都是一個重要節日。《荊楚歲時記》注中曰：「介子推三月五日爲火所焚，國人哀之，每歲暮春，爲不舉火，謂之‘禁煙’，犯則雨雹傷田。」在發展過程中，人們就只知道清明節來源於紀念歷史人物介子推的歷史內涵〔註12〕。其實這個傳說只是說明寒食節的來歷，而禁火之俗早在周代已是慣制，爲懷念和祭祀介子推而禁火的說法純屬附會。這種附會在漢代發生後，傳播漸盛，在寒食節的形成和傳承過程中影響越來越大〔註13〕。唐宋時改爲清明前一天禁火。唐朝時，寒食雖然是一個較大的節日，但由於時間相近，其相關習俗已經遷移到清明節日當中。

隋唐之前，比較受重視的乃是寒食，而非清明。這一時期的清明還僅僅是區分季節交替和農事運作的二十四節令之一，與寒食節沒有太大的聯繫。隋唐五代時期，寒食節經過歷史演變最終確定在冬至後的「一百五」期間。在唐代隨著生存環境的改善和官方的提倡，寒食節活動與普及範圍出現空前極盛時期。尤其在唐王朝頒行的《開元禮》中增加了開元敕令中講的「食上墓、漸已成俗、宜許上墓、同拜掃禮」內容後，從此寒食節掃墓活動逐漸替代了禁火冷食，成爲該節日中的標誌活動。

唐宋時期人們所過和所說的「寒食節」其實是現在所說的清明節與寒食節的混合。唐宋時期清明前後的一系列活動是連成一片的，在當時人們的觀念裏清明節是寒食節的一部分〔註14〕。禁火食冷習俗在晚唐及宋初逐漸淡化，至元代已無痕迹。此後，寒食的名稱在民眾的生活以及詩詞文獻中提及甚少，而清明節氣作爲節日的特徵已經定型。明清時期，清明節的說法頗多，

〔註11〕參見常建華著：《歲時節日裏的中國》，北京：中華書局，2006年，第112頁。
〔註12〕傳說晉文公即位之前因介子推的相救卻不受祿而感動，下旨在介子推殉主之日禁煙火，故稱爲「寒時節」。又因這期間只能吃冷食，故又稱之爲寒食節。文獻記載見《後漢書卷六十一·左周黃列傳·第五十一》注曰：「晉文公反國，介子推無爵，遂去而之介山之上。文公求之不得，乃焚其山，推遂不出而焚死。」
〔註13〕黃濤著：《清明節的起源、變遷與公假建議》，《節日文化論文集》，學苑出版社，2006年，第44頁。
〔註14〕《唐會要》載：「自今以後，寒食同清明」。清明前幾天禁火，清明到墓地祭掃也禁止燒紙。可見寒食清明相通了。

已成爲取代寒食節名稱的事實。隨著時間的推移，由於寒食節的禁煙冷食逐漸被淡化，寒食節名稱已被清明節取代。這一時期，寒食名稱儘管在一些文獻、方志和文人作品中還不時出現，但大體用「清明」稱謂已成爲普遍公認的事實。發展至現當代，民眾的記憶中只有清明，而不知道之前曾有過寒食節。

清明融合上巳和寒食節的節俗而取代了它們，並不是因爲三者之間在時間上的鄰近，在筆者看來更是由於清明節氣與農耕生活的密切聯繫。由於上巳、寒食、清明不是同時出現，因此在後來的發展當中，清明不管在名稱含義上還是在實際運用中都給民眾留下了深刻的文化記憶，故清明取代上巳和寒食的地位應該說是很自然的。當然這個過程確是比較漫長，這期間的緩慢變化或許跟天氣以及墓祭習俗的盛行都有很大的關聯。一方面，從曆法上來說，清明節氣跟農時勞作的節律一致，而魏晉後期上巳節定在三月三，天氣的冷暖不定，從而導致有關活動無法正常展開。另一方面，寒食節定在清明節氣的前兩天，其吃寒食習俗時間時候不變，故不存在與清明混合的問題。當其習俗式微之後，再結合掃墓與踏青的習俗，那麼清明節氣的時限已經把寒食節包含在內。再說，在傳統社會中，掃墓活動類別分族、宗、房、支、家等，掃墓所橫跨的時段比較長，不是一天兩天可以完成的。故時間上清明節涵蓋了寒食節又是情理之中。

但是當寒食節增添掃墓和遊樂的習俗時，說明該節日的屬性發生了本質性的變化，並向後來的清明節轉化。因此，清明取代寒食是逐步自然過渡的，不存在官方或民間刻意扭轉的意圖。清明節與寒食節兩者在時間上相近，同時具有墓祭習俗、紀念先人的儀式過程。雖然兩者在原始文化精神方面並沒有明顯的相同之處。但由於寒食習俗的消失與墓祭習俗的流行，最終促使清明節在時間上混同於寒食節，並繼承了寒食節的墓祭習俗。寒食節之由重在改火到重在寒食，再轉化到以墓祭爲主的清明節。而清明也由一個自然時序的節氣，上昇爲一個強調孝思與風水觀念之文化價值的節日。這是節日不斷調整其存在意義而重新獲得生命的明證。

二、清明墓祭習俗的發展

發展至今的清明文化，跟其背後的祖先崇拜、風水信仰和孝道等觀念有直接的關聯。但是之前的寒食節、上巳節習俗中，很多都跟這些觀念沒有很

密切的關聯。當這些習俗背後原來所存在的傳統觀念，因社會的發展而發生了重大位移，故不可避免地走向了式微。由於在清明節的形成與發展過程中，這些習俗都曾經是相關節日的重要組成部分。因此，很自然也成為清明節日中的文化活動。當清明節發展到後來，墓祭習俗成為其主要節日成分之後，其中的一些祭祀習慣如祭品、儀式、祭祀空間等也都在發生變化。但清明墓祭習俗背後有相應的傳統觀念作為動力支撐，故不管這些祭祀習慣怎麼變化，清明祭祖的民俗事象都還是存在的。

墳墓本身既是清明文化的表徵，它是清明文化的起源，又是後來清明文化得以存留的一個重要空間依託。古人早已注意到墓地這個空間表徵所包涵的文化功能，所以才出現有針對墳墓以及墓祭的種種限制。墓祭也是宗教信仰的一個依託，因為有了墓祭，才有了清明這個民間節日的存在。墓祭儀式所體現的是一種中國特色的民間宗教信仰。清明很多習俗都已經不復存在，只有墓祭尚留存下來。千百年來，民眾圍繞著墳墓進行過無數的祭祀儀式，當中也發生過很多變化。在當代社會中，清明墓祭活動更是變得越發隆重，由此而引發的祭祀方式轉換與祭祀空間的變更更是形成一種廣受各界關注的社會問題。

（一）墓祭習俗

古往今來，中國民眾的生活始終沉浸在對天與祖宗敬畏與信仰的氛圍當中，而墓地就是民眾對祖宗表達敬畏與信仰的主要空間之一。中國祭祀祖先的歷史由來已久，但墓祭卻是後來才開始出現的。堯、舜、禹、湯、文、武時期，夏商都沒有墓祭。商朝時期，人們把鬼神分為天神、地祇、人鬼三類，認為鬼神有很大的權威，能夠決定人們的命運，所以十分崇敬鬼神。他們把其中的人鬼即祖先作為主要祭祀對象。漢朝蔡邕所言「古墓無祭」中的「古」，是指夏商之前時期。自周朝開始才有墓祭，但此時的墓祭尚未大面積流行。古人對墓祭的看法，如王夫之所言：

> 夫云古不墓祭，所謂古者，自周而言之，蓋殷禮也。孔子於防墓之崩，泫然流涕曰：「古不修墓。」其云古者，亦殷禮也。孔子殷人也，而用殷禮，示不忘故也。然而泫然流涕，則聖人之情亦見矣。殷道尚鬼，貴神而賤形，禮魂而藏魄，故求神以聲，坐尸以獻，是亦一道也，而其弊也，流於墨氏之薄葬。若通幽明一致而言之，過墓而生哀，豈非夫人不自已之情哉！

　　且夫謂神既離形而形非神，墓可無求，亦日魂氣無不之也。夫既無
不之矣，則亦何獨墓之非其所之也？朝踐於堂，事尸於室，祝祭於
祊，於彼乎，於此乎，孝子之求親也無定在，則墓亦何非其所在。
始死之設重也，瓦缶也；既虞而作主也，桑栗也；土木之與人，異
類而不親，而孝子事之如父母焉，以爲神必依有形者以麗而不舍也；
豈繫形之所藏，曾瓦缶桑栗之不若哉？墓者，委形之藏也。〔註15〕

中國在殷商時期所形成「帝」的概念，到了西周時期就被大眾所信仰的「天」
取代了。此時周公將祖先的靈魂比作天帝，諸侯將祖先的靈魂比作地神，士
大夫也將祖先比作宗教神靈。普通民眾的祖先無法與神相比，但也可當作神
靈來祭祀。於是，祖先便與天一起獲得了同樣的祭祀地位。這就形成了中國
古代傳統的敬天法祖信仰習俗。即使這樣，古代中國也沒有形成一個共同的
信仰。因爲天只是君王的祭祀對象，而祖先也只是各個家族祭祀的對象。

　　到了春秋戰國時期，墓祭活動開始變得比較頻繁。孔子死後葬在魯城北面
的泗水邊上，相傳每年魯國世代都定時到孔子的墓前祭拜〔註16〕。秦漢之後，
隨著貴族制度的沒落，到祖先墳墓去祭祀也就成爲普遍的習俗。王充在《論衡‧
四緯篇》中云：「墓者，鬼神所在，祭祀之處。」這表明墳墓既是死者的葬身之
地，也是死者靈魂在鬼神世界的象徵符號。墓地是祖先與後代交流的場所，因
此也是祭祀鬼神的重要空間。人死之後的靈魂可以離開軀體自由行動，但人們
觀念中靈魂更多地是停留在墳墓之中。正因爲墓地被人們視爲死者靈魂的安身
之地或臨時居住地，故後世都到祖先墓地進行祭拜。古代「墓而不墳」，就是說
只打墓坑，不築墳丘，所以祭掃就不見於典籍。後來「墓且墳」，祭掃之俗便有
了依託。到了秦漢時代，墓祭已成爲不可或缺的民俗活動。

　　上古時代祭祀宗廟是帝王、諸侯的特權，甚至春秋時期孔子的墓祭，也
還屬於貴族的特權。當時無廟的階層也要祭祀祖宗，但只能到祖先的墓地上
舉行相關儀式。此時貴族階層的祭祖儀式都在家廟中進行，而各種祭器、樂
器及祭品繁多，到墓地進行各種儀式也不方便。由此推斷，墓祭之俗，是在

〔註15〕　（清）　王夫之著，舒士彥點校：《讀通鑒論》（上冊），北京：中華書局，1975
　　　　年。
〔註16〕　見《史記‧孔子世家》：「魯世世相傳以歲時奉祠孔子冢，而諸儒亦講禮鄉飲
　　　　大射於孔子冢。孔子冢大一頃。故所居堂弟子內，後世因廟藏孔子衣冠琴車
　　　　書，至於漢二百餘年不絕。高皇帝過魯，以太牢祠焉。諸侯卿相至，常先謁
　　　　然後從政。」

家祭廟祭之後興起的。古時葬而無墓的標誌，因此墓祭習俗就不流行，如《春秋外傳》云：

> 日祭月祀，時享歲貢。祖禰則日祭，高曾則月祀，二祧則時享，壇墠則歲貢。至後漢陵寢致祭，無明文以言。魏氏三祖及晉，皆不祭於墓，故《晉書》云：「魏文帝黃初元年，自作終制，立壽陵，無封樹，無寢殿。夫葬者藏也，欲人之不明見，禮不墓祭，欲存亡不黷也，明帝尊奉之。晉宣帝預於首陽山為土藏，不墳不樹，斂以時服，不設明器。景、文皆奉成命，無所加焉。景帝後依宣帝故事。」自魏三祖以下，不於陵寢致祭，並附於古禮。

由此可見，先秦都是在宗廟裏祭祀先人的，其中的寢祭和廟祭頻繁，即「日祭於寢，月祭於廟」，卻很少在墓地裏進行祭祀。在先秦時期，帝王陵園制度實行的是集中公墓制度，到秦漢時期形成了獨立的陵園制度。秦漢時期的陵墓制度奠定了漢唐以後陵墓制度的基礎。漢代繼續了這種祭祀制度，各個帝陵上都有寢園，諸侯王也效法帝王在陵墓上建有寢園。東漢時曾一度把每年元旦朝賀皇帝的「元會儀」，搬到陵寢進行而成為「上陵禮」，並建造了舉行儀式的大殿，使得陵寢在祭禮中的地位大大提高〔註17〕。其實，「上陵禮」就是一種墓祭禮儀。

漢朝的政治、經濟和文化都發展到了高峰，從而形成中國封建社會的第一個興盛期。侯王權貴與庶民百姓都進行厚葬，以顯孝心，而與厚葬之風相對應的是墓祭之風的流行。漢代人們認為，陵墓是「鬼神所在，祭祀之處」，所以在墓前建立祠堂，作為定時祭祀死者的場所〔註18〕。與周代「冢以安形，廟以藏神」、廟祭而不墓祭的祭祖制度相反的是，兩漢墓祭之風特盛，東漢尤甚。這種特定的祭祖制度促使兩種祭祖禮儀即廟祭和墓祭，但這種祭祀的時間還未約定俗成地在清明時節進行。這種祭祀祖先的習俗，僅可算作清明文化的早期形態。

（二）清明節墓祭習俗的定型

墓前祭祖習俗在秦以前就有了，但清明掃墓則是秦以後的事。因此，清

〔註17〕 魏晉南北朝時社會動盪不安，陵寢屢遭侵擾甚至毀壞，故類似建築處於衰落階段。唐宋時期經濟得以復蘇，陵寢制度又開始得到發展。明清時期祭奠建築不斷擴大，但取消了寢宮的設施。王煒民著：《中國古代文化》，上海：商務印書館，2005年，第185頁。

〔註18〕 《晉書‧禮志》載「古無墓祭之禮，漢承春秋皆有園陵」就是這個意思。

明文化的記憶起點不會是從清明節定型開始。

　　早在西周時對墓葬就十分重視。一般觀點多認為清明掃墓的習俗是承襲寒食節的傳統，而「五代禮壞，寒食野祭而焚紙錢」〔註 19〕的說法，表明禮制廢弛的結果，是五代出現寒食掃墓的習俗。但也有人認為寒食掃墓可更往前去追溯，便可發現墓祭禮制在漢代就已形成〔註 20〕。清明掃墓習俗的最早記載在《唐會要》卷二十一《緣陵禮物》，當中記載永徽二年（651）時，唐太宗逢「朔、望、冬至、夏至伏、臘、清明、社（日）」祭拜唐高祖墓。但是這種清明墓祭也還是跟當時其他時節的普通之祭，還沒有把清明節墓祭當作每年當中重要的祭祖儀式。事實上，寒食祭墓習俗大約起源於隋、初唐時期。唐開元二十年四月十九日，朝廷規定寒食祭墓之俗成為一種儀制，要全國臣民執行，有家廟的卿大夫，也不例外，其文云：

> 寒食上墓，禮經無文。近代相傳，浸以成俗。士庶有不合廟享，何以用展孝思？宜許上墓，同拜掃禮。於塋南門外奠祭。撤饌訖，泣辭，食餘于他所，不得作樂，若士人身在鄉曲，準敕墓祭，以當春祠為善。遊官遠方，則準禮望墓以祭可也。有使子弟皂隸上墓，或求餘胙，隨延親知，不敬之甚。〔註21〕

由此可見，這道詔令運用法令的形式，對已在民間流行的寒食上墓風俗給予認可。這雖非清明墓祭習俗的起源，但當中不少墓祭事項如「撤饌訖，泣辭，食餘胙」與後來的清明墓祭習俗極為相同。朝廷的推崇使墓祭活動更為盛行，也使寒食期間的墓祭習俗日漸「規範化」起來。之後唐玄宗下詔定寒食掃墓為當時「五禮」之一，因此每逢寒食期間，「田野道路，士女遍滿，皂隸傭丐，皆得父母丘墓」〔註 22〕掃墓遂成為社會重要風俗。按照舊習俗，掃墓時，人們要攜帶酒食、果品、紙錢、鮮花等物品到墓地。為墓培上新土，擺上鮮花，

〔註19〕見（清）趙翼撰，欒保群、呂宗力校點：《陔餘叢考》，石家莊：河北人民出版社，1990 年。

〔註20〕應劭《漢官儀》認為，「古不墓祭，秦始皇起寢於墓側，漢因而不改。諸陵寢皆以晦、望、二十四氣、三伏、社、臘及四時上飯其親。」此時的「二十四節氣」應該包括清明，因漢·《淮南子》記錄表明，此時的「二十四節氣」已經跟現今的二十四節氣完全一致。但此時清明節祭祖跟其他節氣的祭祖活動並無區別，與後來清明墓祭的意義不同。

〔註21〕見《唐會要》卷二十三《寒食拜掃》，唐玄宗開元二十年（732）之「宜許上墓」詔令條。

〔註22〕見（唐）柳宗元所撰的《與許京兆書》。

又折上幾枝嫩綠的新枝插在墳上之後，將食物供祭在親人墓前，再將紙錢焚化，最後磕頭行祀祭拜。明朝《帝京景物略》曾這樣記載：

> 三月清明日，男女掃墓，擔提樽榼，轎馬後掛楮錠，粲粲然滿道也。
>
> 拜者、酹者、哭者、爲墓除草添土者，焚楮錠次，以紙錢置墳頭。
>
> 望中無紙錢，則孤墳矣。〔註23〕

此風俗至今不衰。清明墓祭習俗的形成，就構成了清明文化的定型時期。

　　寒食和清明相差僅一兩日，後世漸漸演變成於清明節上墳掃墓。後世寒食節縮減成最後三天或兩天，或者直接與清明節結合在一起，所以寒食掃墓也就變成爲清明掃墓。隨後，寒食節不舉火、吃寒食之俗，以及寒食節本身，就漸漸消失。但是，寒食節祭墓之俗，卻沒有消失，只是轉爲清明的節俗。祭墓之俗，在寒食節作爲一個節日消亡以後，還保留了下來，直到今天還非常盛行。中華民族重孝道、敬祖宗、信鬼神的傳統觀念是支撐這一習俗一直傳承下來的重要因素。

　　寒食清明節祭祖起初並不是來自官方的規定，而是百姓自發形成的傳統。這種傳統遠比禮法所規範的傳統要堅韌得多，也早得多。中國人講究慎終追遠，與此觀念相適應的有關祭祀活動曾多得不勝枚舉。隨著歷史的推移，這類活動現已大多式微，唯有清明時節的掃墓，傳承至今依舊興盛，因而被民俗學家視爲生命力最爲悠久的民俗事象之一。民間後世的墓祭活動非常頻繁，多選擇在清明、冬至、寒食、中元、霜降、除夕、大年初一以及死者的忌日舉行。在墓祭的諸多形式中，清明節的掃墓最爲突出，並形成了許多與墓祭有關的象徵文化符號。

　　清明祭祖掃墓，是中華民族慎終追遠、敦親睦族及行孝品德的具體表現。自古以來，清明掃墓不僅是紀念自己的祖先，對歷史上爲國家立過功，做過巨大貢獻的人物，民眾都會以祭拜的形式紀念之。1949 年以來，清明節祭掃烈士墓和紀念碑，已成爲我國進行革命教育的一種傳統形式。清明掃墓習俗延續到今天，已隨著社會的進步而逐漸簡化。掃墓當天，子孫們先將先人的墳墓及周圍的雜草修整和清理，然後供上食品鮮花等。由於官方對殯葬方式的有效管理，火葬方式越來越普遍，民眾修建私家墳墓的現象相應減少。因此，清明祭祖中的風水信仰在逐漸減弱。但爲了表達一種哀思和尊敬，人們還是會在清明節期間前去拜掃。所不同的是，前往骨灰堂（樓）拜祭先人的

〔註23〕　（明）劉侗、於奕正著：《帝京景物略》，上海：古典文學出版社，1957 年。

方式逐漸取代到傳統墓地拜掃的習俗。不論以何種形式紀念，清明節的祭祀先人都是基本的儀式活動。可以說，即使在喪葬改革的今天，清明掃墓還是以一種文化記憶的方式，存留在民眾的潛意識當中。

三、歷史上的相關習俗

關於清明節的習俗，現當代人都知道掃墓祭祖，相關的就只知甚少。其實在古籍文獻中就有很多相關的遊藝與食俗，如《東京夢華錄》卷七·清明節中就有這樣的記載：

> 清明節，尋常京師以冬至後一百五日為大。寒食前一日謂之「炊熟」，用面造棗飛燕，柳條串之，插於門楣，謂之「子推燕」。子女及笄者，多以是日上頭。寒食第三節，即清明日矣。凡新墳皆用此日拜掃。都城人出郊。禁中前半月發宮人車馬朝陵，宗室南班近親，亦分遣詣諸陵墳享祀，從人皆紫衫白絹三角子青行纏，皆係官給。節日亦禁中出車馬，詣奉先寺道者院祀諸宮人墳，莫非金裝紺幰，錦額珠簾，繡扇雙遮，紗籠前導。士庶闐塞諸門，紙馬鋪皆於當街用紙袞疊成樓閣之狀。四野如市，往往就芳樹之下，或園囿之間，羅列杯盤，互相勸酬。都城之歌兒舞女，遍滿園亭，抵暮而歸。各攜棗、炊餅，黃胖、掉刀，名花異果，山亭戲具，鴨卵雞雛，謂之「門外土儀」。轎子即以楊柳雜花裝簇頂上，四垂遮映。自此三日，皆出城上墳，但一百五日最盛。節日坊市賣稠餳、麥糕、乳酪、乳餅之類。緩入都門，斜陽御柳；醉歸院落，明月梨花。諸軍禁衛，各成隊伍，跨馬作樂四出，謂之「摔腳」。其旗旌鮮明，軍容雄壯，人馬精銳，又別為一景也。〔註24〕

從中可以看出，歷史上的清明節不但是一個祭祖省親的時節，而且還是一個歡樂遊玩與社交商貿相結合的重大日子。當然清明還包含有其他習俗，只不過在現當代社會中，不少習俗都已經轉化為人們的日常體育娛樂活動了。

（一）踏青

踏青娛樂，是清明節出城郊遊的一種風習。清明節期，正值春光明媚，

〔註24〕 （宋）孟元老撰，鄧之誠注：《東京夢華錄》，北京：中華書局，1982 年。

草木返青，是踏青郊遊的極好時機。所以古人常把掃墓和踏青結合起來。清明踏青，最早的源頭應是古之遊春習俗。《論語・先進》載：「暮春者，春服既成，冠者五六人，童子六七人，浴乎沂，風乎舞雩，詠而歸。」說明上古之民早就有季春三月野浴、踏青的願望和習俗。後來的清明踏青，應該說是發源於上古而又繼承上古上巳節祓禊遺風的結果。

宋代圍繞掃墓、踏青而形成大型的娛樂活動。宋莊季裕《雞肋篇》卷上云「寒食上冢，亦不設香火。紙錢掛於塋樹。其去鄉里者，皆登山望祭。裂帛於空中，謂之掰錢。而京師四方因緣拜掃，遂設酒撰，攜家春遊」。看來，這種踏青比當代尚存的一些廟會活動還要熱鬧。不但聚集的人多，活動內容甚至還包括野飲、歌舞、遊藝等。差不多就是一個大型的遊園活動了。另據宋人的《武林舊事》載，南宋都城臨安清明春遊的情景為「清明前後十日，城中士女豔妝飾，金翠琛縭，接踵聯肩，翩翩遊賞，畫船簫鼓，終日不絕」〔註 25〕。可見當時盛況空前。北宋時期的寒食踏青是我國歷史上踏青活動的極盛時期，其風盛行，著名畫家張擇端的風俗畫《清明上河圖》，就極其生動地描繪了宋代清明時節京都民眾踏青娛樂的情景。

（二）插柳植樹

寒食節插柳歷史悠久，南北朝時期梁宗懍撰《荊楚歲時記》記載：「江淮間寒食日家家折柳插門」。唐朝，「至清明戴柳者，乃唐玄宗三月三日被禊於渭水之隅，賜群臣柳圈各一，謂戴之可免蠆毒」〔註 26〕。後來，江南百姓在舉行踏青活動時都折些嫩柳枝條，編成柳圈或帽子戴在頭上。賈思勰在《齊民要術》中提到「正月旦取柳枝著戶上，百鬼不入家」，足可證明古人認為柳枝可以避邪。至於婦女插在鬢髮上，則是以此作為裝飾，表示青春可常駐。每逢清明，家家戶戶將柳條插在井邊，其皆可成活。這種始於唐代的習俗就是成語「井井有條」的來源，也是清明植樹的起源。農諺「植樹造林，莫過清明」，說明清明節前後，春陽照臨，春雨綿軟，確實是植樹造林的好時機。因此，自古以來，我國就有清明植樹造林的傳統，而到近代更是發揚光大。當代的植樹節在西曆 3 月 12 日，比清明節期早得多。

〔註 25〕　（宋）四水潛夫輯：《武林舊事》，杭州：西湖書社，1981 年。

〔註 26〕　（清）潘榮陛，富察敦崇撰：《帝京歲時紀勝・燕京歲時記・清明》，北京：北京古籍出版社，1983 年。

（三）蕩秋韆

秋韆，意即揪著皮繩而遷移，古人稱之爲「千秋」。據《古今藝術圖》記載：「鞦韆，北方山戎之戲，以習輕走喬者。」古代北方山戎民族習慣用獸皮製拴秋韆的繩索，故秋韆爲鞦韆。齊桓公出兵遠征山戎，秋韆也隨之向南流傳，其後逐漸在中原地區傳開，並從軍訓活動演化爲遊藝。至漢武帝時，以後爲避忌諱，將「千秋」兩字倒轉爲「秋韆」〔註 27〕。古時的秋韆多用樹椏枝爲架，再栓上彩帶做成，以後逐漸演化成用兩根繩加踏板的秋韆。在唐宋時代的宮廷和民間，蕩秋韆都成爲寒食節專供婦女兒童玩耍的遊戲活動之一。打秋韆不僅可以增進健康，而且可以培養勇敢精神，至今仍爲人們特別是少年兒童所喜愛。不同的是，現在這項雅俗已不爲清明節所特有，而在一年中的任何時節都可以進行。

（四）放風箏

風箏最初的名稱是紙鳶〔註 28〕。據《韓非子・外儲說》載，「墨翟居魯山（今山東青州一帶），……斫木爲鳶，三年而成飛一日而敗」。這種由古代哲學家墨翟用木製作而成的「鳶」，應該是文獻上記錄最早的風箏。中國風箏問世後，很快成爲空間測量、傳遞軍事信息、飛躍險阻等工具，後來才逐漸演變爲一種娛樂玩具。晚唐時，風箏上已普遍紮上用絲條或竹笛做成的響器，風吹聲鳴，因而「風箏」之名廣傳〔註 29〕。宋代以後，隨著造紙術的出現，風箏改由紙糊，很快傳入民間，成爲爲民間大眾化的一種活動〔註 30〕。其時還有人在風箏上安裝燈籠或小燈，夜間風箏升空，燈光閃爍，風情特異。明代，山東濰坊就已在民間出現專門紮製風箏的藝人〔註 31〕。明清時放風箏

〔註 27〕 《漢武帝後庭秋韆賦》載：「秋韆者，千秋也。漢武祈千秋之壽，故後宮多秋韆之樂。」另《湘素雜記》載「秋韆，漢武帝後庭之戲也，本云千秋，祝壽之詞也」，可見不是訛傳，應該是一種避諱才符合實際。

〔註 28〕 宋・高承的《事物紀錄》記載，「紙鳶俗謂之風箏，古今相傳云，是韓信所做。高祖之征陳希也，信謀從中起，故作紙鳶，放之以量未央之遠近，欲以穿地隧入宮也。」五代後漢的李鄴，在紙鳶上縛上竹哨，紙鳶升上空中，經風一吹便發出像古箏一樣悅耳的聲響，這便是紙鳶稱「風箏」的來歷。

〔註 29〕 另一說「風箏」這名字起源於五代，其時李鄴在紙糊風箏上裝竹笛，風入笛管發出悅耳之聲，好似「箏」鳴，俗稱風箏。

〔註 30〕 北宋張擇端的「清明上河圖」和蘇漢臣的「百子圖」中就有放風箏的場面。

〔註 31〕 《濰縣志》也記著：「清明，小兒女作紙鳶，秋韆之戲，紙鳶其制不一，於鶴、燕、蝶、蟬各類之外，兼作種種人物，無不惟妙惟肖，奇巧百出。」至今，山東濰坊仍然製作風箏，並成爲一個產業。

習俗已十分盛行，風箏藝術已在紮、糊、繪、放四藝上發展到相當高的水平。

　　清明的風適合放風箏，因此古人在清明期間把放風箏當作一種遊藝活動，但民眾把早期的放風箏當作一種巫術行為〔註32〕，如很多人放風箏前，將所有災病名和煩惱事都寫在紙鳶上。等風箏飛到高處時，就剪斷風箏線，讓紙鳶隨風飄走，寓意風箏帶走自己所有病痛、穢氣和煩惱。其實，人們在放風箏時，在牽線奔跑和擡頭仰望之際會感受到一種少有的喜悅和情趣，強身健體的作用該是由此而來。

（五）蹴鞠

　　蹴鞠是現代足球運動的前身〔註33〕，起源於原始社會末期的「黃帝時代」〔註34〕。漢代劉向的《別錄》載，「蹴鞠者，傳言黃帝所作，或曰起戰國時。蹹鞠，兵執也，所以講武知有才也」〔註35〕。其中的「鞠」，是一種皮球，「蹴鞠」為用足去踢球。《經法・十大經》其中有「充其胃以鞠，使人執（踢也）之，多中者賞」，這反映出上古傳說的蹴鞠之原始形式〔註36〕。中國古代的蹴鞠（蹹鞠）運動最早見於文字記載的文獻典籍當屬《戰國策》和司馬遷的《史記》。前者描述了 2300 多年前的春秋時期，齊國都城臨淄流行的蹴鞠活動；後者則記載，蹴鞠是當時訓練士兵、考察兵將體格的方式。

　　西漢初年，有了蹴鞠的專著《蹴鞠經》，蹴鞠運動已初步流行於貴族與平民之中。自南北朝起，寒食節就出現了從單一的禁火寒食向娛樂化方向演變的趨勢。至強盛的隋唐，寒食娛樂活動已經蔚為大觀。因為寒食禁火，為了防止寒食冷餐傷身而鍛煉身體。宋代有了相關的比賽規則，如宋人馬端臨《文獻通考》載，「蹴球，蓋始於唐，植兩修竹，高數丈，絡網於上，為門以度球，球工分左右朋，以角勝負」。到元明時期，蹴鞠運動發展到高潮。到了清代，清明已很少出現蹴鞠運動。

〔註32〕據《帝京歲時紀勝》載：「清明掃墓，傾城男女，紛出四郊，提酌挈盒，輪轂相望。各攜紙鳶線軸，祭掃畢，即於墳前施放較勝。」這裡說到的掃墓、踏青與放風箏是清明節的活動，其中放風箏就是掃墓過後的一種巫術儀式。

〔註33〕足球起源於中國已經得到了世界足聯的認可。邵先鋒著，《蹴鞠運動起源於臨淄之我見》，《管子學刊》，2004 年第 3 期。

〔註34〕林琳著：《古代蹴鞠源流》，《文史雜誌》，2003 年 5 期。

〔註35〕見《史記・蘇秦列傳第九・卷六九》，注引劉向《別錄》。（漢）司馬遷撰，劉起等注譯：《史記全注全譯》，天津：天津古籍出版社，1995 年。

〔註36〕湖南省博物館、中國科學院考古研究所：《長沙馬王堆二、三號漢墓發掘簡報》，《文物》1974 年第七期。

（六）拔河

最早的拔河源自春秋時期的楚、越兩國的水軍交戰。魯國的工匠魯班設計了一種稱之爲「鈎強」的兵器，用於阻擋和鈎住敵船。當敵船前進時就阻擋它，後退時就鈎住它。楚國水軍舟師由於使用「鈎強」這種兵器作戰，打敗了敵軍〔註37〕。清代學者孫詒讓在《墨子閒詁》中指出，「退者以物鈎之則不能退，進者以物拒之則不得進，此作‘鈎強’無義。凡‘強’字當從《太平御覽》作‘拒’」，故「鈎強」應爲「鈎拒」。

由於楚國以「鈎拒」之兵器取得了軍事勝利，楚人「以爲教戰，流遷不改，習以相傳」。軍隊也經常利用「鈎拒」之法來進行軍事訓練，訓練時伴著戰鼓聲和吶喊，場面緊張激烈、扣人心弦。這就是最早的拔河運動，後經秦漢、南北朝，一直在民間和軍中流傳。直到隋唐，「牽鈎之戲」傳播廣泛，影響深遠。隋唐五代，「牽鈎之戲」成爲扶正祛邪、祈求年豐的娛樂遊戲活動〔註38〕。唐玄宗《觀拔河俗戲》詩序亦曰「俗傳此戲，必致豐年」，「牽鈎之戲」至唐代始稱拔河〔註39〕。唐朝時，由於統治者的喜愛與提倡，迅速發展爲全國的全民性競技活動。唐玄宗時，曾在清明節時舉行大規模的拔河比賽。從此以後，清明拔河遂成習俗。

隨著社會的發展，上述這些寒食或清明習俗淡出節日活動範圍，其中一部分已從清明節中消失。另一部分則發生沉澱，轉而進入到民眾的潛意識當中，並在日常生活中得到一定程度的保存。具體來說，清明節的踏青、打秋韆、玩蹴鞠、拔河等風俗活動，由於沒有相應的儀式程序，隨著社會的不斷發展，已經變成爲民眾的日常活動。比如，現代人進行的蕩秋韆活動，已經跟日常體育運動聯繫在一起，而與清明節日沒有發生任何聯繫。

〔註37〕 見《墨子‧魯問》載「公輸子自魯南游楚，焉始爲舟戰之器，作爲鈎強之備：退者鈎之，進者強之，量其鈎強之長，而制爲之兵。楚之兵節，越之兵不節，楚人因此若埶，亟敗越人」。

〔註38〕 西元七世紀初的《隋書‧地理志》記載：「（南郡、襄陽）二郡又有牽鈎之戲，云從講武所出，楚將伐吳，以爲教戰，流遷不改，習以相傳。鈎初發動，皆有鼓節，群噪歌謠，振驚遠近。俗云以此厭勝，用致豐穰。其事亦傳於他郡。」

〔註39〕 唐代《封氏聞見記》明確記載：「拔河，古謂之牽鈎。襄漢風俗，常以正旦望日爲之。相傳楚將伐吳，以爲教戰。梁簡文臨雍部，禁之而不能絕。古用篾纜，今民則以大麻絚，長四五十丈，兩頭分繫小索數百條，掛於前。分二朋，兩朋齊挽。當大絚之中，立大旗爲界，震鼓叫噪，使相牽引。以卻者爲勝，就者爲輸，名曰拔河。」（唐）封演撰，趙貞信校注：《封氏聞見記校注》，北京：中華書局，1958 年。

第二節 基礎觀念：祖先崇拜與風水信仰

中國人從來都是有信仰的，其中的祖宗信仰在世界上最為明顯和突出。祖先崇拜，是中國文化的一個獨特組成部分。所謂祖先崇拜，是指人死後其後代認為死者的靈魂存在於陰間，需要活人通過祭祀、安葬等方式加以照料，而死者亡靈亦可繼續為後人降祥賜福，祛厄禳災，保祐後代子孫平安興旺〔註40〕。原始社會時期，我國就已經存在鬼神信仰。人們對於一切現象茫然無知，把自然力量人格化，把神人格化。久而久之形成一種既畏且敬的心理，因而產生神靈鬼魂的觀念。部落長輩生前往往因為具有生存的經驗常識而具有一定的權威，去世後很容易被後代神秘化，現實生活與縹緲神靈的結合就形成了祖先崇拜。後人也深信經由祭祀的儀式及祭品的供奉，祖先可護祐其後世的子孫瓜瓞綿延。故史前時期的祖先崇拜觀念，主要反映在喪葬和祭祀這兩個方面，其中的祭祖儀式常年不斷。

一、祖先崇拜

祖先崇拜由鬼魂信仰發展而來。祖先崇拜是在鬼魂崇拜發展到一定階段上而取代圖騰崇拜，並由原始社會的生殖崇拜蛻變而來的，特點是把自己的血緣祖先作為崇拜的對象。自母系社會後期起，當氏族的血統因緣觀念形成後，圖騰崇拜慢慢被拋棄，與鬼魂崇拜結合在一起並取而代之便逐漸形成了祖先崇拜的觀念。在母系氏族社會後期，隨著生產技能的提高和對生殖現象的逐漸理解，祖先開始以人的神格化面貌出現。隨著母系氏族社會向父系氏族社會過渡，神格化的祖先也就由女性變成了男性。

祖宗崇拜所以在我國信仰儀式中形成最早，而且數千年來一直非常普遍地流行。從神話傳說來看，最初，祖先崇拜的對象是部族的始祖或首領，如黃帝、炎帝、蚩尤等。人們有了明確的父系血緣關係後，祖先崇拜的重點就轉移到血緣親屬的鬼魂。因此，可以說炎黃事蹟或故事的流傳，就意味著祖先崇拜的開始形成。殷王的祖先崇拜，主要特點是對先公、先王、先妣頻繁而隆重的祭祀以祈福禳災。繼父系氏族社會之後，中國進入夏、商、周的早期奴隸制階段，男性在社會生活中處於絕對的優勢地位，建立了在父系血緣之上的宗法制度，祖先崇拜從此得以維繫下來。夏代，人們便迷信天地鬼神，

〔註40〕見《中國文化史詞典》「祖先崇拜」條，杭州：浙江古籍出版社，1987 年，578 頁。

盛行占卜。到了商代，對天地鬼神的迷信及對祖先的崇拜已十分盛行。後來的周人對於天神的祭祀雖然不如殷人狂熱，但祖先崇拜觀念與祭祀頻率仍然與殷人相同。周朝的祖先崇拜和完善的宗法制度結合在一起，形成祖先崇拜與宗法等級制相互適應的宗廟制和祭祖制〔註41〕。到了殷商時代，人們因對自然現象的無知而深信世界操縱於上帝手中，因此又產生祭祀上帝和天的活動。但是從現有的各種資料中，可知古人祭祀活動的大部分是與祖先有關的，但祭祀上帝的記載並不多見。這種現象表示殷人祖先祭祀的發達，也說明祖先崇拜一直壓倒其他信仰而處於一種首要的地位。

中國式的親屬關係總是希望家族世系能不斷地延綿繼續下去，所以才會出現五世同堂的家庭，而至於宗教、氏族、宗親會、宗親總會種種真實的或類比的親族團體，有的甚至持續百世依然不變。要使這些延綿不斷的親屬群體能夠真正延綿百世，最有效的方法就是借一個共同祖先的存在而整合所有的子孫，這也就是祖宗崇拜出現的根源〔註42〕。

隨著一個個家族或家庭的產生，又出現了家族祖先的崇拜。先人的靈魂成了他們懷念與祈求的對象，並用各種形式對祖先進行祭奠、膜拜。到了春秋戰國時期，宗教思想就分出了兩條路，其中孔子則採中庸態度即「敬鬼神而遠之」，同時將祭祖的理念提高到「慎終追遠，民德歸厚」與「報本反始」等倫理觀念。因此，早期的神靈崇拜有逐漸被揚棄之勢，但大多數民眾依然相信有天神人鬼的存在。秦漢時代，陰陽五行思想和讖緯學說摻雜到祖先祭祀的理論中，而祭祖行為則配合了徵兆、符命、五德、天統之說。魏晉時期，隨著玄學與佛道理念思想的逐漸滲透，傳統孝道思想與倫理化的祖先崇拜觀念又染上濃厚的宗教色彩。至宋代，儒、釋、道三教合一後，祭祖習俗逐漸繁複而制度化。祭祖習俗經過長時期的沿革變遷後，最終形成一種傳統習慣，一直流傳至今。

可見，祖先崇拜是一種觀念產物。隨著我國由傳統的農業社會向現代工業社會轉型，人們的祖先崇拜觀念也發生相應變化，以血緣為紐帶的宗法關係逐漸讓位於以經濟為紐帶的社群關係。「靈魂存在於陰間」的觀念逐漸淡化，而計劃生育制度的推行和喪葬制度的改革，都動搖了祖先崇拜的物質基

〔註41〕 參考趙洪恩，李寶席編著：《傳統文化通論》，北京：人民出版社，2003年，第126頁。
〔註42〕 參見李亦園著：《宗教與神話》，桂林：廣西師範大學出版社，2004年，第117頁。

礎與核心觀念。但祖先崇拜的信仰仍然沒有變，只是在內容和形式上發生了一定的變化。民眾仍在清明節去掃墓，但更多的是爲了「追思」先人與延續親情以及傳承家族精神。在鄉村社會中，宗族組織仍然存在，其祖先崇拜的觀念在很大程度上依然保留。目前沒有任何一種信仰能夠代替它，人們只能通過祭祖形式的變更來保存這種文化記憶。不同的清明祭祖儀式又使得其多重意義得到呈現，網祭的出現就使祖先崇拜觀念在當代社會中找到了另外一種表現方式。

二、風水觀念

中國文化幾千年來一脈相承，上下層文化傳統形成互動體系。在考察風水文化現象時是不應作斷章取義的分析，因爲每一個文化現象的背後都有深厚的觀念內涵爲支撐。清明文化所涉及的風水文化，其焦點主要是風水觀念與宗族、個體的認同，以及清明文化的傳承問題。

自人類有思維能力以來，便懂得如何選擇理想的生存環境。最初階段人類只是簡單地選擇適宜的墓地，惟一的目的是妥善保存死者屍體，還沒有引入吉凶禍福等觀念。這種單純的努力，實質上還不能稱作是陰宅風水。考古發掘表明，原始時期的初民對居住區、祭祀區與墓葬區等就進行有意識的選擇時，才出現最早的風水意識〔註43〕。風水，稱爲堪輿、地理、相地、形法、青囊、青鳥等。傳統的風水學說觀念有著幾千年的歷史，一直浸潤著人們的思想觀念，並與民眾的信仰生活緊密聯繫。直到西周時期，風水的觀念才有了初步的發展〔註44〕。在中國古代，人們認爲「風」和「水」的結合，就形成萬象滋生、生物繁衍的環境。但中國的風水信仰不是古人憑空所造，它的起源曾受過原始文化和先秦諸子百家哲學思想的綜合影響〔註45〕。秦漢時期，出

〔註43〕（晉）郭璞撰《葬書》載：「葬者，乘生氣也。氣乘風則散，界水則止。古人聚之使不散，行之使有止，故謂之風水。」這是最早給「風水」下的定義。（晉）郭璞著，《葬經》，北京：中國經濟出版社，2002年。

〔註44〕《詩經·大雅·公劉》載：「既溥既長，既景乃岡，相其流泉，觀其陰陽，其軍三單，度其隰原。」這表明，西周時期人們對居住自然環境、季節和天文變化有了很深的認識。但此時擇地尚未帶有任何迷信色彩，僅僅是「擇地利以便人事」而已。

〔註45〕《漢書·藝文志·術數略·五行類》中記載當時的風水書籍有《堪輿金匱》十四卷，以及《宮宅地形》二十卷。見（漢）班固撰，陳煥良、曾憲禮標點，長沙：嶽麓書社，1993年。

現了專門敘述風水術的著作。此時在地理堪察方面的技術水平發展較快,相地水平亦很高。西漢時,相地術又稱「形法」,當時仍無風水之名。及至東漢,開始重視喪葬,並發展出陰間觀念。這個時期的風水觀念與五行、干支、讖緯、天文、曆法等學說發生緊密聯繫,從而形成比較複雜的操作方法,但在理論上較先秦時期成熟。至晉朝祖郭璞的《葬書》〔註46〕始有「風水」的提法,標誌風水已具備了明確的思想體系。隋朝時,卜占葬日與葬地吉凶習慣興盛。後周時期,風水術納入民間的陰曹地府信仰,使原本屬地理學之風水與陰宅發生了聯繫。唐宋時期,神秘文化和各種術數流派的興起,使風水理論得到極大發展。這個階段的陰宅風水主要包括墓地的選擇和開穴的時間及方法,如勘察山勢走向、水文地質、植物分佈、土壤分析、墓葬環境等,進而確定墓穴方向與下葬時間。宋元開始,已對太極與陰陽八卦圖進行理論闡釋,羅經此時亦被廣泛運用。明清時期的風水理論與實際操作方法達到了頂峰。

　　墳墓是先人靈魂所在,神靈安則子孫盛。風水所建立的這種對土地的信仰體系與中國對祖宗的崇拜,構成農業社會超穩定結構的重要保障。通過風水觀念的外化形式——清明墓祭,是人們傳承一種具有中國特色的文化記憶,並以此衍生出一種文化圖象與象徵秩序。因此說,風水觀念與清明祭祖的歷史傳統有著必然的聯繫。民眾借助風水觀念,年復一年的進行著清明祭祖儀式,完成把其表面微弱的功能形態轉換為明顯的象徵意義。在現代社會教育與行政因素雙重作用下,民眾傳統的祖先崇拜觀念雖遭受一定程度的解構,但每年的清明節,各地依然沿襲墓祭這一具有中國特色的信仰習俗。風水觀念經過儀式化的多重洗禮,轉化為一種普遍性的民間信仰,從而「成為鄉土社會一股重要的文化整合力量,成為區域群體意識認同的文化象徵的催化劑」〔註47〕。風水觀念為民間社會所承認、接受並轉變為民俗信仰的過程,乃是一種價值轉換及意義生成的過程。這種文化價值觀在得到經驗實證(如榮華富貴、財壽安康等生命秩序的獲得)與儀式化的反覆演練之後,就逐漸下落到民間社會生活之中,並生根發芽,從而為廣大民眾所認同。風水觀念在墓祭儀式並沒有呈現出來,但墓地所包

〔註46〕其理論中的「遺體受蔭說」認為,「人受體於父母,本骸得氣,遺體受蔭」。認為死去的人與活著的人是「情氣相感」的,地靈則神靈安,神靈安則子孫盛。

〔註47〕陳進國著:《信仰、儀式與鄉土社會——風水的歷史人類學探索》,北京:中國社會科學出版社,2005年,第22頁。

含的風水理念卻是構成民眾參與清明進行祭祖的動力之一。祭祖的儀式活動就是描繪風水文化圖景、構建文化記憶的過程，也是民間社會在文化上獲得凝聚力的一個重要手段。

　　風水觀念其實具有中國傳統特色的思維模式和文化特質，所體現的是民眾內心的一種樸素觀念。墳墓在古代又被稱為陰宅，它關係到整個家族的興旺與家人的安危，故古人極為重視墳墓的方位選擇，以期葬于吉地，造福於後代。如《喪經‧喪親》云「卜其宅兆而安措之，為之宗廟，以鬼亨之」。其中的「宅」即墓穴，而「兆」即塋域。占卜測定墓地吉凶，然後安葬死者，這種做法對後世造成了很大影響，並形成了專門的風水理論。歷代帝王多按風水來選定陵墓，就是民間的一般老百姓也要請風水先生相陰宅，以求得心理上的安慰。可見，祖先的墓地都是用風水理論進行意義化設計的一種文化空間。這種空間秩序經過觀念規範之後，能使墓主人的後代在日常生活趨利避害。風水觀念中所蘊含的宇宙秩序（陰陽相合）、時空秩序與生命秩序相和諧等因素，是中華傳統文化中追求「天、地、神、人」之四重和諧的文化心理結構的生動呈現〔註 48〕。這種以規範的空間秩序來確立安穩的生命秩序（榮華富貴、財壽安康）的做法，在民間一直都在延續，雖然實際上這種做法大多時候都不能維持生命狀態（丁財富貴等）的恒常和旺盛。

　　風水觀念與風水術其實都是中國人賦予宇宙秩序以生命意義，同時賦予生命秩序以宇宙意義的一種大膽的嘗試。歷史上，風水信仰就一直在官方文化與民間文化之間暗中傳承，但在清明時節都毫不掩飾地表現出來。風水觀念以其超凡的力量，從先秦至今通過墓祭活動把祖先與後人緊密聯繫起來。與風水觀念相聯繫的清明墓祭習俗的確立，在一定程度上豐富了華夏民族的傳統文化倫理與生命意識內涵。

第三節　核心信仰：儒家孝道思想

　　近年來不少學者對中國傳統文化現狀和前景擔憂，認為在洋節的衝擊下，中國傳統節日日漸式微。但以掃墓為主要習俗的清明節卻不存在這種情形。民眾不需要動員，完全憑著一種傳統信念，在清明節期間就普遍進行祭

〔註 48〕陳進國著：《寺廟靈簽的流傳與風水信仰的擴散——以閩臺為中心的探討》，《宗教學研究》，2003 年第 1 期。

祖活動。清明文化是傳統民間信仰生命力的集中展示，其中的儒家孝道思想構成了清明文化的核心觀念要素。清明文化歷經時代變遷依然故我，其狀況不能不讓人感到深深的震撼。正是儒家孝道思想以及祖先崇拜、風水信仰等傳統觀念「左右」民眾的節日行為，使得民眾想方設法完成清明節所隱含的文化指令。

　　清明文化背後所蘊含的儒家孝道思想在相當大的程度上構成了中華民族最深厚、最基本、最具影響力的傳統內核，並長期統攝民眾的精神世界。這種觀念是中華民族「集體無意識」的表現形式，對民族心理的形成起了潛移默化的作用。其實，風水信仰、祖先崇拜和儒家孝道都存在一個共同的基礎，那就是相信死者的靈魂存在於陰間。在世界上各個民族的發展階段中，其喪葬祭祀過程都表現出不同程度的神靈觀念，當中也存在有祖先崇拜的信仰。但孝道觀念和風水信仰卻是中國特有的，並且貫穿中國整個社會發展史。這正如黑格爾所說那樣，「中國純粹建築在這一種道德結合上，國家的特徵便是客觀的‘家庭孝敬’」〔註49〕。這三方面的觀念因素彼此滲透與涵蓋，組成清明文化豐富的文化內涵。清明節能夠在其他傳統節日越來越淡化的情形下反而隆重，正是由於清明文化中的以儒家孝道為核心的傳統觀念在其中發揮重大的作用。儒家孝道思想成為人倫關係和社會關係的基礎和核心，成為協調一切關係的法則，成為可以微觀地協調家庭秩序，成為在政治、文化乃至經濟生活中貫通性、統領性的意識，足見其在人們心目中的地位之重要。

一、孝道觀念的產生與發展

　　在傳統農耕社會中，血緣宗法制度與祖先崇拜觀念共同培育了孝道觀念賴以產生和傳承的深厚土壤。夏商時期的孝道觀念已包含倫理規範的意味，但更多的是體現為追孝祭祖、宗廟祭祀的祖先崇拜意識，與後世作為道德行為準則的孝道觀念仍有著很大的差別。

　　古人以為拜祭祖先靈魂可祐及本族成員，從而產生祭祖孝宗的觀念。從「率見昭考，以孝以享」〔註50〕文獻描述中，可見孝的原始內涵就明顯具有宗教性質，即對祖先的一種崇拜。因此，祖先崇拜宗教意識的現實反映便是孝觀念的產生。孝產生於周初，其時孝的主要內涵是尊祖敬宗、生兒育女、

〔註49〕〔德〕黑格爾著，王造時譯：《歷史哲學》，三聯書店，1956年，第165頁。
〔註50〕見《詩經‧頌‧臣工之什‧載見》。

傳宗接代。時至春秋，孝義爲「追孝」，追憶已死之先祖。孝的行爲方式有多種表現形態，如「奉養父母、祭享先人、繼承遺志、敬奉夫君、勤於政事」〔註51〕。孝的對象是神祖考妣，而非健在的人，主要是通過無休止地享孝祖先的宗教活動來表達尊祖理念〔註52〕。春秋至戰國之際，孝義才向「善事父母」的事人層次轉變。

孝道觀念是中國文化的重要組成部分。農耕社會的自然經濟和血緣宗法緊密結合，滲透著祖先崇拜的宗教因素。祖先崇拜最早的對象是崇拜氏族、部族的共同祖先，隨著血緣宗法制的產生與完善，後來才出現家族的祖先崇拜。這種帶有血緣宗法制性質的祖先崇拜，極大地促進孝道觀念的形成。曾子對孝道的全面泛化使孝觀念在戰國晚期之後對社會產生深遠的影響，從而使官方與民間在孝的問題上形成廣泛的認同感。經過後來孟子以仁孝、荀子以禮孝相結合的論述，「善事父母」已成爲孝的核心內容。春秋時期孔丘所著《孝經》的問世，標誌孝觀念通過經典理論的形式得以合法化。

春秋時期的祖先崇拜與國家命運緊密相連，《左傳》有「國之大事，在祭在戎」之說。在西周時期，孝道是倫理思想的宗旨，也是中國古代倫理思想的誕生標誌。因此說，周代孝道觀念是我國傳統孝道的濫觴，爲後世孝道理論的奠基石，傳統道德就是以其爲基礎而引申出來的。從「相維辟公、天子穆穆。於薦廣牡，相予肆祀。假哉皇考，綏予孝子」〔註53〕的論述中，可見孝觀念在西周正式提出並被民眾所認同，其「孝」的涵義已包含追孝先祖，不忘祭祀，繼承德業的觀念。祭祀祖先，實際上是對鬼的崇拜和對先人的孝順這二者的結合〔註54〕。《禮記‧祭統》認爲做到「生則養，沒則喪，喪畢則祭」〔註55〕，就是盡到孝道的行爲。

〔註51〕　王愼行著：《試論西周孝道觀的形成及其特點》，社會科學戰線，1989 年第 1期。

〔註52〕　參見查昌國著：《西周「孝」義試探》，中國史研究，1993 年第 2 期。

〔註53〕　見《詩‧周頌‧雝》，原文是「有來雝雝，至止肅肅。相維辟公，天子穆穆。於薦廣牡，相予肆祀。假哉皇考，綏予孝子。宣哲維人，文武維后。燕及皇天，克昌厥後。綏我眉壽，介以繁祉。既右烈考，亦右文母。」

〔註54〕　趙丕傑著：《中國古代禮俗》，北京：語文出版社，1996 年，第 11 頁。

〔註55〕　見《禮記‧祭統》第二十五，注疏本第 1602 頁。原文爲「祭者，所以追養繼孝也。孝者畜也。順於道不逆於倫，是之謂畜。是故，孝子之事親也，有三道焉：生則養，沒則喪，喪畢則祭。養則觀其順也，喪則觀其 哀也，祭則觀其敬而時也。盡此三道者，孝子之行也」。

秦朝的統一與迅速崩潰，促使漢朝官方極力推行以「孝」爲核心的社會倫理道德。董仲舒的「三綱」成爲當時道德觀的核心，從此「百善孝爲先」與「孝爲國家之本」成爲歷代統治者維護封建倫理道德的基本觀念。後來從崇拜祖先引申爲敬仰祖先、效法祖先、親近祖先以致不願遠離祖先，形成強烈的安土重遷觀念和普遍認同的孝道。漢代在官方的倡導、教化與社會各階層的認可與踐行之下，加上有行動性的綱領和實施手段的保障，孝道觀念便得到連續不斷地發展。漢代以後，專制集權的加強，使得儒家孝道學說得到逐步完善與強化。隋唐時期，統治者繼承了重視孝道的傳統，繼續強調社會教化和政治表彰。兩宋時期，是儒家倫理思想完備的時代。元朝入主中原並未削弱歷代孝道教化傳統，反而促使孝道教化通俗化與深入化。明代以中央集權制來加強思想統治，借用宋儒理論把孝道提高到很特殊的地位。此時的孝道講求參與踐行，對後世影響極大。清代康乾時期宣揚傳統孝道，動蕩的政局導致孝道思想隨之走向式微，但傳統孝道思想在理論上還是得到了一些有益的拓展。

二、儒家孝道思想的內涵演變

孝的意義從「追孝」到「善事父母」的演變，其實是孝觀念從上層貴族向下層平民的延伸。在孔孟心目中，孝敬父母乃爲人子天經地義之大事。從社會角度而言，則是家庭穩定向社會穩定的延伸；從個體角度而言，則是從家庭力量平衡向個人道德完善的指歸。這二者就是孝的終極意義之所在〔註56〕。商人祭祖僅有宗教功能，沒有道德意義和宗法意義。商人向祖先祈福禳災，其中所蘊涵的尊祖之意，只是對祖先的神性表示敬畏而已。

但是，孝道觀念自產生之後遭遇兩次變化，一次是西周宗法對它的吸納，另一次是儒家學派對它的改造。這使孝道觀念與宗法和政治結下不解之緣。西周建立起完善、嚴密的宗法制，遂將原本屬於祖先崇拜的祭祖、屬於親子道德的孝納入宗法的範圍。宗法制以尊崇共同祖先維護親情，依據血緣親疏來確定同宗子孫的尊卑等級關係，使族人親睦以供奉大宗。宗法制採用了宗教祭祖的形式，並吸取了孝親道德的精神，以突出尊祖之意，提高了尊祖的意義。從「先祖是皇，神保是享。孝孫有慶，報以介福，萬壽無疆……諸父

〔註56〕參見陳筱芳著：《孝德的起源及其與宗法、政治的關係》，《西南民族學院學報》（哲社版），2000 年第 9 期。

兄弟，備言燕私」〔註 57〕的詩句中，可看出周人尊祖既是爲了得到福祐，也是爲了表達「親親故尊祖，尊祖故敬宗」〔註 58〕的孝道觀念。可見，孝與宗法相同之處在於祭祖，都通過對祖先的祭祀來表達尊宗孝祖之意。因此，自西周始，孝道觀念、祭祖和宗法三者融合起來。此時尊祖爲孝的內容，祭祖則是踐諾孝道的行爲表現。西周宗法對孝的吸納，儒家對孝的改造，皆使孝的對象擴大化。孝對象由在世父母、祖父母擴大到去世的父祖，孝也由單純的親子倫理、家庭倫理擴大爲宗族倫理。雖然這種變化使孝道觀念宗法化，但是孝的善事父母的本質特徵沒有改變。

周人受遠古祖先崇拜的影響，在倫理觀上表現爲孝祖，在喪葬觀上表現爲厚葬。秦漢時代，儒家有關孝道觀念學說的興起，致使祭祖已成爲一種極爲普遍的禮俗，此後深深地融入民眾的日常生活之中。由漢迄清，各代都奉行傳統的愼終追遠、事亡如事生的儒家孝道喪葬觀，把喪葬視爲人生中最重要的大事。在這種儒家孝道喪葬觀念的支配下，從周迄明清，厚葬成爲歷代盛行的主流喪葬觀。數千年以來，中國人無論貴賤貧富，都深深地受到這種傳統禮教的薰陶和影響。

在先秦時代，孝的政治意義並不十分明確，孔子關於孝的論斷主要傾向於家庭倫理的層次。自漢「以孝治天下」後，孝觀念才逐步走向政治化。上下互動的結果是在漢代使孝觀念形成了系統的孝道理論。從此，孝被納入封建道德體系中，開始成爲封建家長制專制統治的思想基礎。魏晉隋唐時期，玄學、佛教盛行，對儒家思想造成巨大衝擊。此時的孝文化體現出崇尚與變異的特點，強調孝道的自然親情，而削弱孝道的政治教化功能。到唐代，總體上不太重視孝道。宋明清時期，孝道在理論上出現了「哲學化、通俗化、規範化、專制化等特點，在實踐上則體現爲愚昧化」〔註 59〕。到了近現代，五四運動前後一批自由主義思想家，對封建家族制度進行了猛烈的抨擊。「文革」期間儒家孝道還遭受過激的詆毀，被打成了「文化殘渣」。縱觀孝之歷史演變過程，可以看出，孝作爲宗族社會的精神基礎，對維護社會長期穩定、調適民眾生活發揮著重要作用。

孝，本質上是基於血緣的一種愛護行爲，其生理基礎是親情血緣關係。

〔註 57〕見《詩經·小雅·楚茨》，（春秋）孔子編訂；于夯、吳京譯注，《詩經》，武漢：武漢出版社，1997 年。

〔註 58〕見陳澔注：《禮記·大傳》，上海：上海古籍出版社，1987 年。

〔註 59〕肖群忠著：《孝與中國文化》，北京：人民出版社，2001 年，第 315 頁。

從個體而言，孝最基本的特質和起點應是愛。進入文明社會後，孝被賦予了很多的外在規範。但其作爲人類互愛的自然本質內核並沒有改變，只是孝的涵義更加豐富而已。外在形式上，強化爲人類親代之間，或者說個體生命不同階段的文化機制。因此，民間祭祀祖先，與孝道有很密切的關聯，體現出盡孝的用意。至今祭祀祖先成爲清明節習俗的最重要事項，其行爲背後的核心觀念便是孝道。民眾借助祭祖制度，使孝道與之緊密聯繫，最終成爲中國傳統社會中非常重要的理念與力量。清明節給祖先掃墓的習俗因而長期存在。清明時節，宗族成員不管身在何方，或親自來，或每戶派代表聚集一起，祭祀儀式十分隆重。

春秋時期，孝道的內涵是「孝子之事親也。居則致其敬，養則致其樂，病則致其憂，喪則致其哀，祭則致其嚴。五者備矣，然後能事親」〔註60〕，而「養生送死」爲盡孝，送死又包括著愼終與追遠二事。這是古人認爲培養民德的方法，曾子的「愼終追遠，民德歸厚矣」，以及孔子「葬之以禮，祭之以禮」的說法都很完備地解釋了「愼終追遠」的含義。因此，喪祭盡禮，是爲人子盡孝所必做的事情。祖先崇拜如此被賦予倫理的義務，因此人人都要祭祖，凡不祭祖就是不孝。這種觀念長期以來佔據中國人心靈間的一種價值評價標準。至此，「孝」的觀念便在上下層文化傳統都被遵奉，祖先崇拜就變成「孝」重要行動之一。中國傳統文化之所以以孝爲核心，且延續數千年而不絕，主要是存在孝道所依存的血緣宗法制家庭。宗法制家庭是中國封建社會的基本結構，各個家庭的個體參與祭祖等宗法活動，自然便形成孝道觀念。所以，孝道從高於個人的家庭方面而言，便是一種具有普遍意義的倫理層次，即家庭倫理。重孝傳統對孝道的延續起著約定俗成，繼承和發揚的作用。千百年來孝道滲透到各個文化領域，並被賦予了不同的文化內涵，最後成爲中華民族文化中的統領性意識。這也是清明文化得以傳承千百年的核心因素。

小　結

從清明文化中的信仰觀念和清明文化的演變與習俗構成中，可看出清明文化具有穩態和動態兩個層面的要素。從中可以便於清晰地瞭解清明文化的

〔註60〕 （春秋）孔丘著：《孝經》（紀孝行章第十），烏魯木齊：新疆青少年出版社，1996年。

成因和變遷態勢。就清明文化而言，其穩態要素是一些在民眾意識中佔據著一定位置的傳統觀念，如儒家孝道、祖宗崇拜、風水信仰等。它們是清明文化得以生成的根源，也是清明文化中較為隱蔽和相對穩定的部分。清明文化的動態要素，是清明節在歷史發展過程中所產生的習俗總稱，主要表現為墓祭、寒食、秋韆、踏青、蹴鞠、拔河、斗雞、插柳等，當然還有相關的墓葬習俗和宗族文化活動。在清明文化發展過程中，其穩態要素中的各種觀念以一種潛在而強大的「引力場」吸引和規約清明文化中的動態要素，從而使得表面上各自分離的節日活動在本質上凝聚成一個有機整體。穩態要素處於節日文化的背後，由一些經歷千百年考驗的核心觀念構成，不太容易受到如政治、文化、經濟等外在因素的影響。相反，清明文化動態要素的變遷比較常見，因為其容易受各種外在因素的影響。

　　清明文化的穩態要素和動態要素的區別在功能和結構上是很明顯的，二者之間顯然不能相互轉化。動態要素部分會在外界環境的作用下在空間形式上產生一定程度的位移，但其形式上的變化都跟穩態要素有著必然的聯繫。清明文化因其穩態要素對個體心理意識所具有的強烈歸屬感而能在相當長的歷史時期內保持穩定，清明祭祖習俗因而保持較高的連貫性和相承性，並不容易發生根本性的變化。當然，整體結構形態的穩定並不表明清明節就成為一個僵化的東西。實際上，正如已經發生並正在發生的那樣，清明節的穩態和動態要素都已經發生了很大的變化；而這些要素的變化都跟社會生活的狀況和官方文化政策有很密切的聯繫。隨著社會的發展，一些原有的慣習消失了，新的文化因素就成為了動態要素的一部分。目前，清明節中穩態要素和動態要素相互作用，共同為清明文化的發展帶來持續的動力。

　　因此，在清明文化保持相對穩定的基礎上，其穩態要素和動態要素之間的作用是客觀存在的。這種相互作用為節日自身帶來了較強的自適應力。隨著文化變遷的不斷進行，這兩個層次之間作用的結果就有可能使得動態層次得到強化和突顯，最終給節日文化的層次內容帶來全新變化。在現代化過程中，「有些文化因素被另一些文化因素取代，有些則在表面上消失，但這並不意味著一去不復返，因為它們會退居為一種可能性而附著在文化體系的機制中，一旦時機成熟又會重現或得到複製」〔註61〕。但是，這並非意味著清明

〔註61〕高丙中、納日碧力戈等著，《現代化與民族生活方式的變遷》，天津：天津人
　　　　民出版社，1997年，第381頁。

文化層次性結構的失去平衡，清明文化存在的合理性也不會遭到質疑。恰恰相反，這將給節日文化的繁榮發展帶來巨大生機。

第三章　清明文化的民間傳承

　　清明節自唐朝由於官方倡導之後開始成爲一個公開流行的歲時節日，其節俗豐富多樣。清明文化的觀念因素和各種活動，都存在民間和官方兩種傳承途徑。在歷史發展過程中，清明文化在民間與官方之間也呈現出廣闊的展演空間。因此，清明文化的歷史傳承與現當代發展都與殯葬方式、社會變遷、文化權力、民間慣習等有直接而密切的聯繫。

　　清明文化的早期是關於節氣方面的內容。那就是古人生存意識的最初覺醒，後來才跟自然崇拜和祖先崇拜結合在一起而成爲一個節日。這種生存意識或科技意識，以及民間信仰，一直以來都是民間維持農耕生產的有序和民間文化穩定發展的有效措施之一。在改革開放、基層行政力量弱化的今天，這種功能在鄉土社會仍然存在，即民眾同樣把清明當作每年農耕的一個肇始時間和一個紀念先人的時節。無論是農事勞作還是祭祖活動，人們的觀念跟口承傳統有緊密的聯繫，其中清明節氣和節日的諺語發揮了重要的作用。古今的口承傳統要得到更有效的傳承，都必須借助擴張的情境形式，也就是要帶有一定儀式特徵才能具備更好的傳承條件。清明節的祭祖儀式是一種擴張節日文化內涵爲情境制度化的典型形式，它在每年特定的時間裏使祭祖觀念得到重新確證，其文化意義因而得以彰顯出來。

　　民間傳承清明文化，主要通過口承傳統和墓祭儀式，當然還包括建造祠堂、修撰族譜、私學教育等。僅就民間而言，清明祭祖儀式就是清明文化直接的傳承手段，同時宗族中的祠堂、族譜、人生禮儀等也都在一個側面強化了清明文化的觀念因素，屬於間接傳承清明文化的有效途徑。宗族除了借用清明祭祀儀式來傳承清明文化之外，還用別的形式來維護這種文化記憶。宗族通過對祖先的祭祀活動、修撰族譜等方式來表達對祖先的認同，藉此來團

結宗族。也就是通過族人家庭之間血緣關係上的認同,來保持宗族的凝聚力和維繫宗族小社會的整體性。

第一節　口承傳統與清明文化

　　語言符號作爲文化記憶的一種重要形式,古往今來直接爲人類保存和積纍各種各樣的文化信息。如果說墓地是清明祭祖活動的實際物質中介,那麼語言符號則是民眾祭祖活動的觀念理論中介。它們分別使民眾的祖宗崇拜信仰對象化爲實際存在的儀式活動和觀念形式。

　　文化記憶不能簡單地被等同於文字。事實上文字本身還不能就算是記憶,因爲無文字的社會並不是沒有文化記憶,而是以另一種方式來記憶〔註1〕。這種方式就是口承傳統,一種不同於文字的保存記憶手段。烏丙安從符號學角度把民俗符號分爲語言系統符號和非語言系統符號兩大類,其中的語言系統符號主要包括俗語符號及口頭文學的形象符號如隱喻象徵、神話符號等內容〔註2〕。在使用文字之前,文化記憶的保存方式主要包括這兩類符號系統。當然離不開一些實物和傳統儀式,因爲各種祭祀儀式中的頌詞和古今流行的一些日常習語都是文化記憶的傳承載體。實際上,這已經涉及到口承傳統在文化記憶中的功用問題。早期的口承傳統通過聲音、表演儀式、活動指向等眞實場景來強化有關事項的記憶,也就是說記憶的傳承與知識的習得和運用是緊密結合在一起的。清明文化正是以這種方式,歷經幾千年文化長河的洗禮,並深入到民眾的思想意識當中,最終通過祭祀儀式以其獨特的凝聚力和情感宣泄方式影響民眾去認同並維護它。

一、口承傳統對清明文化的影響

　　文化記憶的過程並非全部通過文字來完成的,這在傳統鄉土社會表現得尤爲明顯。在民間社會中,民眾世代口耳相傳的、具有明顯「地方性」的口承傳統在具體的數量上可謂汗牛充棟。這些故事的流播,實際上是無數次被「創造」的過程,「創造」性的「重複」使民眾關於清明文化的記憶得以保存

〔註1〕揚・阿斯曼著:《有文字的和無文字的社會——對記憶的記錄及其發展》,《中國海洋大學學報》(社會科學版),2004年第6期。

〔註2〕烏丙安著:《走進民俗的象徵世界——民俗符號論》,《江蘇社會科學》,2000年第2期。

下來。這些口承傳統雖不可以作為可靠的史料，但也是對清明文化的一種真實反映，是民眾關於清明文化的一種集體記憶。

　　遠古時代，人類記錄和保存文化的手段匱乏，所有的觀念、經驗和活動都是以原始的方式保留在先民的記憶中。「上古結繩而治，後世聖人易之以書契」，「事大，大結其繩；事小，小結其繩」〔註3〕，這說明古人很早就開始借助原始的結繩記事、集珠記事手段來確保口承傳統在記憶上的穩定性。口承傳統是指人們用口耳相傳的方式來保存和傳遞生產經驗、風俗習慣、歷史傳統並借助口頭輿論對人們的行為進行評價、規範的文明延續方式。它在人類社會「還不具備大規模系統地使用文字符號的技術條件下對於傳承文明推動社會進步曾起著無可替代的作用」〔註4〕。事實上，在發明印刷術之前，人類就形成了以神話傳說為基礎的口承傳統。以口承傳統為主要記憶的方式，往往與人們的口述代代相傳的神話傳說聯繫在一起。

　　書面的文字是對口頭語言的記錄和再現，也就是說語言與文字在意義上是一體的。因此，語言在歷史上一直擔負著獨特的文化傳承功能。但在人類歷史上，語言有著比文字更為悠久的歷史和廣泛的使用範圍。毫無疑問的是，人類以口耳相傳記事的史前時期遠遠長於其以文字記事的有史以來時期。在此之前，中國歷史「已經歷了漫長的無文字社會，其歷史主要是民眾創造的民俗文化史和社會生活史」〔註5〕。因此，史詩、神話、歌謠、民間故事、說唱文學、諺語古訓等等都是口頭承載和流傳文化記憶的主要種類，也是一個較之文字載體更為悠久和更深入人心的教化傳統。

　　民俗可以對人們的思想觀念和行為產生一定約束力，但必須通過人們日常生活中聽說途徑來起作用。這類民俗的主要構成部分是民間口頭文學，而故事、傳說、歌謠、諺語則是構成民間口頭文學的重要內容。這些口耳相傳的活動隨時可以進行，不必要求特殊的機構，也不受特別的時空限制，因而具有便於傳承文化記憶的特點。許多中華傳統習慣就是通過口承傳統一代又一代延續下來。因此在清明文化發展過程中，故事傳說一直是其重要的傳承途徑。特別是中國上古時期，正是文字出現之前的詩歌「口傳時代」。這個時

〔註3〕前見《易經繫辭》，後見蘇勇點校：《易經》，北京：北京大學出版社，1989年。後為《周易正義》引鄭康成注，見張善文注譯：《周易》，廣州：花城出版社，2001年。
〔註4〕孫德忠著，《社會記憶論》，武漢大學博士學位論文，20030401。
〔註5〕康忠慧著：《民間信仰與社會記憶》，《民族文學研究》，2006年第4期。

期的詩歌，在祭祖、頒時令、施教化之儀式上，都出現頌歌和爻辭。這應該是初期清明文化的一個顯著特點，即以口頭唱誦爲其最主要的傳播方式之一〔註6〕。在宗族社會中，口頭傳統所傳承的內容一方面是歷史上的傳說，另一方面是本宗族內祖先的各種事迹。

古代廣泛流傳的各種民間歌謠和諺語，是古人生活的眞實寫照，它記錄了前人的農事勞作和祭祖活動狀況。各種儀式上的聽誦活動是民族記憶、文化傳統、地方性知識得以積澱、傳播和流傳的一種方式。傳統的鄉土社會可謂是一個面對面的情景社區，社區內以口頭傳播及口語交流爲基本的社會互動模式。民衆正是在接受各種口頭傳統的同時，也傳承類似的文化內涵。鄉土社會通過這種口承傳統把宗族成員緊密聯繫在一起，使得個體意識到彼此之間的血脈相連和休戚與共。清明文化中的觀念因素和祭祖活動就是在這種狀態下得以豐富和延續下來。

正如愛德華・湯普森所說，沒有受教育機會的眾多民衆別無他法，只得通過口頭來傳達其沉重的「習慣的」負擔〔註7〕。在我國歷史上，文字教育不普遍，民衆只能充分利用日常及歲時節日中一成不變的許多口承傳統來傳承文化記憶。因此，祖先崇拜、神靈信仰及儒家孝道思想通過世世代代口耳相傳，依然在廣袤的鄉野悠悠流傳，並通過清明祭祖活動體現出來。這些口承傳統世世代代傳承清明文化的觀念因素，並有力地影響民衆的精神生活和行爲習慣。但是，更多時候這些生活習慣是在宗族的壓力之下而強制形成的口承與行爲的混合體。

因此，最初的清明文化，主要是通過口傳史詩、傳說、慶典、禮儀和祭祀等途徑保存下來。這種信息傳遞和交流採取了直接的面對面的形式，往往能夠取得很好的效果。一旦文化記憶以此種方式形成，就強烈地刻印在有關成員的腦海中，不會輕易地被抹去。但其傳承方式在很大程度上依賴於生活在一定時空的個體，因而民族文化記憶的傳承儘管就其強度而言非常深刻，但就其廣度和速度而言又是非常有限的〔註8〕。因此，與其他因素如地域、民

〔註6〕 韓高年著：《儀式文化與先秦詩歌》，博士後研究報告，復旦大學，2003 年 6月，第 28 頁。

〔註7〕 〔英〕愛德華・湯普森著，沈漢、王加豐譯：《共有的慣習》，上海：上海人民出版社，2001 年，第 3 頁。

〔註8〕 張德明著：《多元文化雜交時代的民族文化記憶問題》，《外國文學評論》，2001年第 11 期。

族等結合在一起，各地的清明習俗仍存在一定的差異。

二、清明文化中的口承內容

　　哈布瓦赫指出，存在於歡騰時期和日常生活時期之間的文化，事實上是由集體記憶塡充和維持著的。這種集體記憶在史詩性的詩歌中得到紀念，並在單調乏味的日常生活中以常規實踐的方式保持其鮮活的口承特色〔註9〕。清明節在形成發展過程當中，散發很強的季節特性和宗教的氣息。這些都通過意蘊豐富的民間諺語、神化傳說、清明詩、歷史典故等體現出來。口承傳統的流傳方式全憑各個個體的生理機能，因此不像書寫傳統那樣便於記憶，但其也自有獨特的保存記憶的技巧。後人就是通過古人日常總結出來的諺語、傳說來強化清明文化記憶的。因此，與清明相關的諺語、傳說等口承傳統既是清明文化的內容，也是清明文化傳承的途徑之一。

（一）諺語

　　民間諺語是民眾總結集體經驗或表達普遍認識的相對定型的精煉常言。因此，諺語實際上是一個民族集體智慧的結晶，在一個民族大量的諺語中，往往集中體現著該民族的精神世界〔註10〕。民間諺語在文獻中也常稱爲俚諺、俗諺、野諺、俚語等，民間常稱之爲俗話、常言。古籍中有關諺語的解釋很多，其中有普通的觀點，認爲「諺，俗諺也」〔註11〕；也有不乏深度見解的，如（諺）「傳言者，一時民風土著議論也，故從言；若鄙俚淫僻之詞，何諺之有！觀諺語可知寓教於文矣」〔註12〕；還有人是更加到位的，如「諺，傳疊韻。傳言者，古語也。古字從十、口，識前言；凡經傳所稱之諺，無非前代故訓」〔註13〕。可見，前人不但注意到諺語的通俗化和口語化的特性，還認爲其包含一些傳統觀念，具有歷史價值和教化功能。

　　諺語是一個民族智慧的結晶，是一個族群的風土民情和思想信仰的縮影。它還是人類生活經驗的累積和人類意識型態的表現，通過族群共同的文

〔註9〕莫里斯·哈布瓦斯著，畢然、郭金華譯：《論集體記憶》，北京：人民出版社，2002年，第44頁。

〔註10〕祁連休、程薔主編：《中華民間文學史》，石家莊：河北教育出版社，1999年，第641頁。

〔註11〕陳澔注：《禮記·大學》，上海：上海古籍出版社，1987年。

〔註12〕見明代趙宦光的《說文長箋》。

〔註13〕見（東漢）許愼撰：《說文解字》，上海：上海教育出版社，2003年。

化記憶和象徵符號展現集體的智慧和成就。作爲二十四個節氣中的清明節，在一定程度上反映季節氣候的變化，一直都體現我國民眾在農事季節方面的寶貴經驗，比較眞實地反應特定時期的氣候特色，從而對農事生產有著很強的指導作用，並能夠長期流傳下來。有關清明習俗的諺語在一個側面反映了民眾的禁忌心理和祭祖習俗，爲清明文化在民間的傳承提供了一個口頭語言載體。這些諺語不少都進入了後來編撰的地方志書當中，更多的依然還在民間廣爲流傳。

　　諺語發源於生產生活，是先民的生產生活經驗之談，具有易說、易記、易傳的特點。因此，諺語歷來都是民眾認識世界的教材。早在先秦時期，《易經》、《詩經》、《左傳》、《尚書》以及諸子著作等文獻典籍裏就載錄了不少諺語。由各個時代的古籍文獻里保留下來的諺語，一直在實際生活中得到廣泛的應用。在鄉土社會中，諺語能在民眾中保存節氣節日中的自然知識和經驗常識，對清明節等節日所包含的風俗習慣和信仰觀念也是一種傳承。

　　有關清明的諺語很多。關於清明節墓祭的時間，有新葬之山必於春社前先祭的慣例，南方民間諺云「新墳不過社也」〔註14〕，而北方則有「新墓不過社」的說法〔註15〕。南方地區認爲清明的雨水對農業生產很有好處，所以有諺語云「雨打墓頭錢，今歲好豐年」〔註16〕。其中的「墓頭錢」就是清明墓祭時用石頭壓在墓上的紙錢，有「雨打墓頭錢」現象出現，說明這是清明期間下的雨。民間在清明節祭墓踏青時有插戴柳枝的習俗，人們往往掃墓後還折幾枝柳枝帶回家，插在門楣上或用柳枝編成柳圈戴在頭上，如明朝田汝成《西湖遊覽志餘》載「（清明）家家插柳滿簷，青茜可愛，男女或戴之」。清朝插柳戴柳，在我國大部分地區都是爲辟邪之用，但在一些地方有紀年華之義。清明戴柳習俗也有避邪作用，是宋代「寒食」冠禮的遺存。宋代將男

〔註14〕　《興仁縣志》（二十二卷・一九六五年貴州省圖書館油印本），第478頁；《開陽縣志稿》（十三卷・民國二十八年鉛印本），第521頁，中國地方志・民俗資料彙編・西南卷。四會縣志》（十編・民國十四年鉛印本），第862頁；中國地方志・民俗資料彙編・中南卷。

〔註15〕　《榮河縣志》（二十四卷・民國二十五年鉛印本）。丁世良，趙放主編：《中國地方志・民俗資料彙編》（中南卷），北京：書目文獻出版社，1989年，第713頁。

〔註16〕　《宣恩縣志》（二十卷・清同治二年刻本）；《來鳳縣志》（三十二卷・清同治五年刻本）；《荊州府志》（八十卷・清光緒六年刻本）。丁世良，趙放主編：《中國地方志・民俗資料彙編》（中南卷），北京：書目文獻出版社，1989年，第386，443，445頁。

女成年行冠禮的時間統一定在「寒食」節，而不論生時年月〔註17〕。故南方有民間諺語云「清明不帶（戴）柳，紅顏成皓首」〔註18〕。清明這天還要摘採新柳，製成柳圈，戴在頭上，如清人富察敦榮的《燕京歲時記》云「至清明戴柳者，乃唐高宗三月三日被撥契於渭陽，賜群臣柳圈各一，謂戴之可免蠆毒。今蓋師其遺意也」。不僅插柳，而且戴柳，寒食節時，人們紛紛將柳條編成環，戴於頭上；如華北地區民諺所說「清明不插柳，死後變黃狗」和「清明不戴柳，紅顏成白首」〔註19〕。

　　隨著社會的變遷，清明文化也逐漸發生變化。在當代社會，即使民眾的認識能力有所提高，清明文化意義上也有了多重的呈現，有些習俗甚至還離原有的清明節一定的距離。但傳統的清明文化還出現在民眾當下的生活中，不少還以俗語、諺語、故事、傳說等形式存在。如廣州人在外因故吵架而無法解決時，就會說「有咩留返拜山先講啦（有什麼話等到掃墓時再說吧）」。其背後的含義一方面是指拜山時在先祖面前多說好話，祖先也不會嫌你囉嗦；而平時就好好幹活，不要說那麼多的閒話，引申的意思是不願意聽別人說囉嗦話；另一方面的意思是在清明拜眾山時，在墳前有祖宗作證，大講良心話，不怕祖宗責怪。另外廣州還有「恨到清明肚又屙」〔註20〕的清明諺語。廣州清明時節，百姓一般都要上墳掃墓。掃墓的祭品由「公堂田」的錢款購買，祭後分發祭品，屆時可以放開肚皮吃喝一頓。其意是說盼得盛宴來，卻又拉肚子，引申為「不走運」。

（二）關於清明節的來由等傳說

　　讀書人通過誦讀典籍，因而大多都知道有關清明由來的傳說。而歷史上

〔註17〕　《夢梁錄》謂「凡官民不論大、小家，子女未冠笄者，以此日上頭。」因此，寒食戴柳為一種成年儀式了。

〔註18〕　《鄭縣志》（十八卷·民國五年刻本），第 4 頁，中國地方志·民俗資料彙編（中南卷）

〔註19〕　《天津志略》（二十卷·民國二十年鉛印本），第 53 頁；《武安縣志》（十八卷·民國二十九年鉛印本），第 466 頁；《永平府志》（二十四卷·清乾隆三十九年刻本），第 225 頁；《灤州志》（八卷·清嘉慶十五年刻本），第 261 頁；《武安縣志》（十八卷·民國二十九年鉛印本）第 466 頁；《懷安縣志》（八卷·清光緒二年刻本），第 91 頁《永平府志》（二十四卷·清乾隆三十九年刻本），第 225 頁；《灤州志》（八卷·清嘉慶十五年刻本），第 61；中國地方志·民俗資料彙編·華北卷。

〔註20〕　馬學良主編：《中國諺語集成·廣東卷》，中國 ISBN 中心出版，1997 年，第 403 頁。

不少民眾幾乎沒有受過學校教育，只能通過口耳相傳的方式瞭解這方面的內容。在我國不注重經典教育的時期，廣大民眾所瞭解的清明節來源，主要還是歷史上口耳相傳的傳說。而在每年清明節祭拜祖先的往返路上，長輩們又有可能會向晚輩述說有關清明節的各種習俗和祖輩的故事。這些口頭傳承加深了後人對清明文化的瞭解和對先人的崇敬之情。清明文化通過這一傳承途徑，把祖先崇拜與墓祭活動整合起來，並在宗族成員中形成一種凝聚力，增強成員的宗族認同感。

1、丁蘭刻木祭母

相傳東漢時的丁蘭（二十四孝之一）原本是個不孝子，以砍柴為生。他常因母親未能按時送飯，而常發怨怒。一日，因見烏鴉反哺恩情而倍感慚愧，見母前來便迎向前去。其母不解其意，驚慌退卻之際失足湖中喪命。丁蘭救援不及，只得一木。他在木頭刻上母親的名字，加以祭拜，以表達對母親的哀思。這就是「十八行孝是丁蘭，刻木為母傳世間」〔註21〕的說法，民間流行的「神主牌」即由此而來。丁蘭此一孝舉在民間廣為流傳，成為日後人們清明祭祖之習俗的由來。廣西壯族祭祖來源的傳說，主人公是丁蘭。雲南哀牢山一則「祭母的由來」的傳說，其中說主人公「兒子」是無名氏〔註22〕。不管其主人公是否是丁蘭，傳說的內容都是驚人的一致。這應該是清明文化在口承傳統中得以延續下來的重要依據之一。

2、紀念介子推

介子推的故事追溯到春秋戰國時代，晉獻公的妃子驪姬為了讓自己的兒子奚齊繼位，設計害申生，逼走重耳。重耳流亡十九年，受盡屈辱，眾臣陸續棄他而去。介子推不僅能追隨始終，並割股救主，成就了晉文公後來的一番霸業。晉文公執政後，隨後「返國，賞從亡者，介子推不言祿，祿亦弗及。推遂與母偕隱而死。晉侯求之不獲，以綿上為之田，曰：'以志吾過'。綿上者，西河介休地也」〔註23〕晉文公從此葬靜臣，立祠堂，改綿山為「介山」；並通諭全國，此日禁忌煙火，定為寒食節。翌年，文公素服徒步，登山祭奠，卻見焦枯的柳樹綠縧漫舞，如介氏復生。文公遂賜

〔註21〕見張雲風著：《二十四孝》，西安：三秦出版社，1980 年。
〔註22〕雪犁主編：《中華民俗源流集成·信仰卷》，蘭州：甘肅人民出版社，1994 年，第 115、118、192 頁。
〔註23〕見（春秋）左丘明著：《左傳》，西安：陝西旅遊出版社，2003 年。

之名爲「清明柳」，定當日爲清明節。拜介子推的習俗，隨之也成爲清明掃墓習俗的起源了。

3、劉邦找墓〔註24〕

相傳秦末，漢高祖劉邦和西楚霸王項羽大戰後終得天下。劉邦衣錦還鄉時，想到父母親墳墓上去祭拜，但連年的戰爭導致山上墳墓混亂，雜草叢生。墓碑東倒西歪，上面的碑文也都模糊不堪。因無法找到父母的墳墓，劉邦十分難過。部下也幫他翻遍所有墓碑，可是直到天色黃昏，還是未果。最後劉邦拿出一張紙，撕成許多小碎片後，捏在手上向上蒼禱告說：「現在風刮得這麼大，我將把這些小紙片，拋向空中。爹娘在天有靈，讓紙片落在一個地方，風刮不走，那就是爹娘的墳墓。」說完劉邦把紙片拋向空中。果然有一片紙片落在一座墳墓上，無論風怎麼吹都刮不走。劉邦跑過去仔細辨別墓碑上模糊的碑文，果然看到父母的名字。劉邦高興之餘，請人重新整修父母的墓碑。從此以後，每年的清明期間劉邦都到父母墳上祭拜。民間百姓得知後，也都模仿劉邦，每年清明期間都一定到祖先的墳墓祭拜，並用小土塊壓幾張紙片在墳上，表示該墳墓是有人祭掃的。

4、掃墓掛紙的來歷

清明掃墓時把墓地清理乾淨，然後把白色墓紙或紅、黃、藍、白、黑的五色紙壓在墓地，即「掛紙」。關於掛紙的來歷，民間傳說唐朝高祖李淵即位前流浪各地，在返回故里時，母親已亡。他想祭拜母親，卻不知母親墓地的確切位置。李淵往各墓地都放上一張紙，說：「如是母親的墓，就請收下紙錢。」他的孝行感動了鬼神，突然有接受紙錢的墓地。他如願以償地找到了母親的墓地〔註25〕。當然，墓地掛紙在現在看來是表示墓主有子孫後人前來祭掃過，如不掛紙錢被視爲無後的墓地，隨時都有可能被剷除。

民間文學作爲一種特定的口承傳統而不同於一般意義上的書面文本。它以聲音爲傳播途徑，聽者以聽覺的接受方式來達到強化記憶的效果。在漫長的歷史長河中，極富文化創造力的中華民族創造了包括傳統節日在內豐富多彩的口頭文化遺產。這些珍貴的文化遺產由於其天生的草根性，不時遭受官

〔註24〕河南人民出版社編：《節日的傳說》，鄭州：河南人民出版社，1982年，第68－69頁。

〔註25〕參見黃有志著：《社會變遷和傳統禮俗》，臺北：幼獅文化事業公司，1990年，第152頁。

方的排斥或正統文人的忽視。但它們依然像春天的小草一樣，以十分旺盛的生命力，數千年來一直在民間蓬勃生長。然而，清明文化單純依靠口承傳統的記憶方式，其缺陷是不言而喻的。口承傳統的記憶方式首先是具有狹窄性和封閉性，其流傳範圍大多局限於狹隘的血緣性共同體之內。其次借助於大腦記憶進行的口頭傳誦，隨著時間間隔的擴大，口承記憶的失眞與保眞、失傳與流傳、敘事的眞實與歷史的眞實之間的矛盾便愈益突出。因此，社會發展和歷史進步客觀上需要更加高級的社會記憶形式〔註 26〕。事實上，清明文化在發展過程中，在民間還存在其他的維護手段和強化方式。

第二節　清明文化觀念因素的維護方式

　　從戰國到秦漢時期，隨著祖先祭祀權分散下移，更多家庭開展了祭祖的活動。各個宗族借助墓祭活動來達到聯絡宗族情感的目的。魏晉南北朝時期，宗族組織以血緣爲基礎結合，發展成世家大族，在日常生活中發揮很大的主導作用。唐代到宋元之間，在戰亂下發展出來的宗族，主要以血緣關係相保。宋元時期以來，各地宗族的祖先崇拜觀念得到普遍認同。

　　祖宗崇拜屬於一種民間信仰，但其沒有組織外殼，因而很長時間以來就依附於宗族組織。在民間，編撰族譜、建造祠堂和祭祖儀式是祖先崇拜這種信仰主要的表現途徑，也是實現敬宗、尊祖、睦族的有效方式。在宗族制度中，祠堂是宗族的中心，象徵著祖先和宗族的團結。祠堂和譜牒以其共同作用於宗族制的宗旨而備受重視，並且成爲判定一血緣群體是否形成宗族的重要標誌。在作用上，祠堂和族譜有些相似，總體上來說都是用來作爲血緣相連的憑證。一般來說，宗族往往在祠堂裏面懸掛本族的名人志士像，在族譜中述說先祖的事迹。其目的是以此來宣揚先人的功德，讓子孫以此產生一種歸屬感。宗族編寫族譜的另外一個目的就是要明確族人之間的血緣關係〔註 27〕。這是宗族組織所形成的一套文化機制，強化這種機制就使得宗族成員在無形中形成一種自我認同的氛圍。這樣的文化氛圍，無不在強有力地凝聚著宗族血緣情感的同時，也讓人形成一種祖先崇拜的世俗觀念。這正是清明文化觀念因素中的主要內涵之一。

〔註 26〕孫德忠著：《社會記憶論》，武漢大學博士學位論文，2003 年 4 月。
〔註 27〕參見羅意著：《宗族的內聚性、分化性及其變革性》，中華文史網，國家清史編委會網上工程，http://www.historychina.net/

一、族譜的編撰

　　文字的出現和印刷術的發明從時間和空間兩個方面極大地加快和擴展了文化記憶傳遞的速度、廣度和密度，同時又給與了超越個體記憶而出現永久保存的可能。這「既爲民族文化記憶的線性傳遞提供了方便，也爲民族文化記憶庫的擴充和累積提供了巨大的潛力」〔註28〕。可見，族譜正是利用書寫技術這一優勢來達到宗族血緣關係的確立和祖先崇拜觀念的強化。文字的使用長期以來都是一小部分人的專利，然而公平地說，「書寫技術的威力卻是不可小覷——它在很大程度上改變了人們信息交換和保存的方式和規則」〔註29〕。很多原來依靠口承傳統方式傳承的清明文化內涵，都可以在族譜中得到反覆呈現，其效果自然更爲明顯。正如哈布瓦赫所言，「族譜是宗族的自傳記憶，它要比歷史記憶更重要，更豐富，更個性化，在文化上也更有意義」〔註30〕。

（一）族譜的演變

　　中華民族各個宗族編製族譜的歷史已達三千多年，其間所編製出來的族譜難計其數。這些族譜在不同時代，都起到一定的作用。上古時期的族譜，僅爲君王諸侯和貴族所獨有，是爲襲爵和財產繼承服務的。從先秦時期、商周到漢代，族譜的內容僅爲世系，起著證明血統和辨別世系的作用，並以此作爲祭祀祖先的依據。兩漢的族譜功能是爲恢復、復建宗族和形成、鞏固世族的統治服務。在魏晉南北朝，族譜的內容也相應比以往有所增加，在政治生活、經濟生活和社會生活中所起的作用較大。

　　隋唐兩代，族譜在婚姻等方面有分清門戶的作用。魏晉至唐代族譜的內容大致包括姓氏源流、宗族世支系、墳墓等等，但這期間的族譜現在已基本無存。在宋代，不少儒者呼籲和倡導儒家的倫理，如程顥、程頤和張載都強調說，「管攝天下人心，收宗族，厚風俗，使人不忘本，須是明譜系、世族與立宗子法」〔註31〕，「宗子法壞，則人不自知來處，以至流轉四方，往往親未

〔註28〕張德明著：《多元文化雜交時代的民族文化記憶問題》，《伊斯蘭人文學術》，2006 年 5 月 15 日。

〔註29〕朝戈金著：《口頭、無形、非物質遺產漫議》，《文史精華》（口頭傳統專集一），2004 年第 3 期。

〔註30〕莫里斯‧哈布瓦斯著，畢然、郭金華譯：《論集體記憶》，北京：人民出版社，2002 年，第 51 頁。

〔註31〕張載著：《張載集》（經學理窟‧宗法）‧《河南程氏遺書》卷 6，北京：中華書局，1978 年。

絕，不相識」〔註32〕。宋代以後編修族譜成為宗族內部的事情，此時尤其注
重血緣關係，其作用轉移到尊祖、敬宗、睦族上，因而內容上發生了一些變
化。宋元明清時期，族譜由各宗族自己撰修，僅記載本宗族的歷史和現狀。
特別是清王朝的盛世期間，各地宗族都有餘力來修撰族譜，族譜的內容也日
漸廣泛翔實。宋元時代的族譜流傳極少，明代的族譜現在保存較多；這在嶺
南地區表現得最為明顯〔註33〕。此外，還有專門以記載宗族祠堂各種內容為
主的祠譜和記載本宗族歷代祖先墳墓位置、坐向、守墳、規約、墓祭 儀式等
內容的墳譜等特殊族譜。

（二）族譜的功能

如前所述，早在文字出現之前，古人就曾以結繩記事的方式記錄歷史，
宗族世系的記錄也是這以這種方式進行。可以說，族譜是一種口頭傳說和文
字記錄的集體記憶。在強化宗族凝聚力的過程中，編撰族譜更是豐富宗族歷
史論述的重要文化手段之一。對族譜的經常性修撰，「為民眾提供了一種文化
意義上的滿足感，即對自身的歷史感和歸屬感的追求，以實現一種道德感和
責任感並籍此促進宗族的團結、聯繫和發展」〔註34〕。再加上清明節祭祀祖
先的活動，後人通過此無形中會產生一種祖先崇拜的觀念。

尊祖敬宗，是中華民族的傳統美德。俗話說，「家之有譜，猶國之有史也」。
族譜上溯姓源之始，下逮繼世之宗，是我國古代遺留下來的記錄宗族世系源
流的譜表或文書。族譜完全成為民間宗族事務，用以傳承祖宗信仰等傳統觀
念的，是自宋代以後。此時社會權力的進一步下移，士族宗族也向平民宗族
發展。族譜由於失去了以前的政治功能也從官方修撰演變為民間私修，內容
也就更加廣泛豐富，包括姓氏淵源、遷徙本末、世系發展等。表面上是明昭
穆、序長幼鶴別親疏，實質上是為了達到尊祖敬宗、睦族敦親和提高宗族社
會聲望的作用。族譜中大量出現宗族祖先的善舉恩榮和各種家訓，其教育功
能有所增強。這表明，族譜的功能也由政治功能，完全向發揮社會生活功能
的方向過渡。具體地說，私修族譜通過維繫和凝聚的人群也越來越眾多。因

〔註32〕 張載著：《張載集》（經學理窟‧宗法）‧《河南程氏遺書》卷 15，北京：中華
書局，1978 年。

〔註33〕 葉漢明著：《明代中後期嶺南的地方社會與宗族文化》，《歷史研究》，2000 年
3 月。

〔註34〕 費成康主編：《中國家法族規》，上海：上海社會科學院出版社，1998 年 8 月，
第 97 頁。

此說，族譜也是向後人宣傳祖先業績的一種重要方式。它追本溯源，記述祖先業績，以激勵來者。在這些新修的族譜中，族規族約保持了相當部分的傳統宗族文化中的精華成份。不管是傳統族譜，還是當代新修的族譜都把「敬宗」、「睦族」作爲其根本宗旨，如對清明祭祀活動的相關規定就是「敬宗」思想的最好體現。這方面的篇幅較多，在傳統族譜的族規族約中往往佔有極其重要的地位。這種借助族譜來發揚敬宗睦族的傳統，在當今時代仍在延續，並發揮著積極的意義。

1980 年代以來，社會大環境的變化成爲清明文化復興的動因，支撐它復興的是宗族制度及其在地方社會經濟和人際網路中的重要作用。傳統習慣上，清明祭祖儀式分爲兩類，即全宗族的「公共祭祀」和各支房與家戶分開的「私人祭祀」。不同層次的儀式反映了不同程度的血緣認同感。在 1949 年至 1976 年間，隨著各種政治運動的開展，大型的宗族清明祭祖儀式部分幾乎全部消失，而私人儀式則在很大程度上被容許和保留。值得注意的是，宗族祭祖儀式在 1980 年來已經得以恢復，族譜和墓祭也逐步受到重視和修復。清明文化的復興，究其原因，主要是「政府對意識形態控制的減弱，地方文化的發展因此獲得了了寬鬆的存在和發展空間」〔註 35〕。

二、墓地與祠堂的營造

在漫長的歷史時期之中，除了一般的文字書寫和口述材料外，物質文化也是集體記憶的一個重要形式。宗法制度的核心就是祭祀祖宗，祭祀祖宗必須有場地，有房屋供奉祖宗牌位。因此，爲了鞏固血緣紐帶，光修族譜還不夠，還要修建宗祠和修造祖先墓地。就民間而言，也比較重視對墳墓的保護，保護陵墓已成爲一種道德行爲的準則。唐人杜荀鶴的「耕地誠侵連冢土」〔註 36〕詩句，說明即使處於社會底層的勞動者也受到了無形的道德約束。對於毀壞墳墓者，民間也多有因果報應之說，故破壞墳墓往往受到社會輿論的否定。

祠堂就是這樣的一種以物質文化的形態來傳承清明文化中祖先崇拜觀念

〔註 35〕王銘銘著：《宗族、社會與國家》，《中國社會科學季刊》（香港），1997 年第 16 卷。

〔註 36〕（唐）杜荀鶴撰：《杜荀鶴詩全集卷》卷 692，上海：上海古籍出版社，1994 年，第 27 頁。見《題覺禪和》：「少見修行得似師，茅堂佛像亦隨時。禪衣衲後雲藏線，夏臘高來雪印眉。耕地誠侵連冢土。伐薪教護帶巢枝。有時問著經中事，卻道山僧總不知。」

的生活場所，而宗族墓地則是一個以傳承風水理念爲主的文化空間。宗族組織勢力甚是發達的地方社會，都會通過修墓建祠的物質形式、風水觀念的心理定勢以及以清明爲主的祭祖儀式，爲宗族或房派的發展空間提供了一套神秘而又實用的文化機制。民間這種文化機制，長期以來又爲清明文化觀念因素的傳承提供了一種強有力的支撐平臺。

（一）宗族墓地構建

在原始社會，氏族公社所有成員死後埋葬在同一墓地。到了西周春秋時期，實行由官方指定的公共墓地中同族而葬。這種族墓由官方劃分，同時派遣官員管理。墓地直到西漢時才被分割爲私有財產，當時買賣墓地已是民間的普遍行爲，原先由國家規劃並掌管的邦墓也就完全解體。不同的家族，可以依照各自的地位、財力，選擇不同的墓地。墓穴通常由各個家族自行安排，不再受官府的干預。從民間的一般情況而言，由於家族共有墓地面積有限，而族中人口不斷繁衍，到後來，由各房各支乃至各個家庭另行自擇墓地成爲必然趨勢。

對每一個社會成員來說，家族墓地具有神聖的意義。在中國，保護祖宗墳墓，被認爲是人倫首要。西漢中期以後，陰陽五行學說鼓吹葬地是否合適，對子孫將來的吉凶禍福能起極重要的作用，並以這種理論爲依據，形成了一套相地之術。這種相地術叫做堪輿之學，民間一般稱之爲看風水。堪輿家認爲風水有好壞之分，如果擇地得宜，葬處山川形勢俱佳，能藏風得水，則子孫平安發達；反之，子孫將遭受禍殃。這種風水之說長期以來一直盛行於社會，對宗族或家庭墓地的選擇影響很大。現代宗族並沒有統一的、經過規劃的集中公墓地，更多的是實行風水定址的辦法。這是一種事先未經規劃的風水墓地，與帝王那種「集中公墓制」有著本質的區別。這種按風水理念定址的墓地，在所有宗族都普遍實行的。因此，大宗族的祖先墓地都是分散在各處。各個墓地彼此之間相距較遠，形成獨立的單元，是一種鬆散的、甚至是無序的排列關係。

弗里德曼將祖先崇拜分爲三個部分：家庭膜拜、宗族膜拜以及堪輿術。其中宗族膜拜是以祠堂爲中心的集體性、公開性活動，具有濃烈的宗教色彩。宗族膜拜並不是絕對的宗教義務，僅表明和加強一個宗支的榮耀。風水術則是子孫們向祖先祈求福祉的一種手段，表現了宗族內外的競爭關係。弗里德曼認爲宗族膜拜按照參加成員爲宗族全體性、公開性、集體性來定義的

話，則應該涵蓋墳墓崇拜和家中的靈牌崇拜的一部分〔註37〕。宗族膜拜和家庭膜拜都可以出現在清明墓祭活動中，而墳墓崇拜則相當普遍，也是最爲重要的。因爲無論貧富，墳墓總是要修建的。有錢人大興土木，修建陵墓；貧窮人也要堆一堆土。下面談到的祠堂，過去曾是一種權利和財富的象徵，無權或無錢者無法興建；而墳墓卻是相當普遍，只是豪華與簡陋的區別而已。加上民眾歷來普遍相信祖先墓地風水的感應力強，認爲其好壞常決定家運的興衰。因此民眾普遍積極地投入祖先的崇拜奉祀活動和墓地風水的象徵性營造工作，這表明風水觀念是誘導個體族裔去維持通族「系譜記憶」的象徵資本〔註38〕。

下面以菱湖孫氏五支三房墓祭規約爲例〔註39〕。這一《墓祭規約》，訂立於清代康熙三十一年（1692），是菱湖孫氏一個支派下一房的房規，約束的範圍僅限於這一房。內容包括掃墓的日程、祭品的規格、祝文的式樣、散福的標準、祭產的管理，以及墓區的修葺等，是一份內容較爲全面的墓祭規約。

1、司祭。大父莒愚府君位下，凡四小支，以此輪流祭掃，不得推諉。

2、祭期。春祭定清明節前，秋祭定十月朔前，不得後期。溪西、鳳林一日，千金一方日，五康城山二日，不得更張。

3、知會。值祭者先以日發知單，傳請與祭者注「到」字，不得遲緩。

4、與祭。四小支以下，每分須一人與祭。不許不到，違者罰。

5、祭品。牲醴粢盛，必誠必腆。溪西怡珊公、毅軒公墓，靈峰公墓，三牲各一付；肴饌各一桌，十二簋；時果各五碗；攢盒各一架；春粽冬團各一盤；香各一對，重四兩；楮各四帋；錠各一千。智酒、湯、飯、飄白紙不可缺。千金東園公墓，鳳林龍橋公墓，武康城山莒愚公墓，悉找此式。總不得苟簡褻越，違者罰。墓上啓土肉一方，魚巳盤，春粽、冬團十枚給管墳人。

6、讀祝。年幼者爲之，不得推諉。

7、散福。溪西、鳳林、千金二日，各自早膳，會舟次。刀墓祭畢，

〔註37〕史宗主編，金澤、宋立道、徐大建等譯：《20世紀西方宗教人類學文選》，上海：上海三聯書店出版，1995年，第883頁。

〔註38〕陳進國著：《風水信仰與鄉族秩序的議約化》，《中國社會經濟史研究》，2004年第2期。

〔註39〕費成康主編：《中國的家法族規》，上海：上海社會科學院出版社，1998年8月第278頁。

舟次午飯六籃，飲酒不過十杯。歸家夜膳十籃，果碟如之。酒無算爵，不可及亂。武康二日，隔晚宿舟次。早膳用粥，午飯六籃，夜膳八籃、四果，申刻點心隨意。次晚散福，亦十籃果碟如之。不得過儉鄙陋。與祭隨從不宜多帶，周次午飯二籃一燙，夜膳司籃，酒每人觚許。

8、祭產。地蕩租息，本房產子侄督理，收貯各著家人催取。今冬在璞司祭起例，兩年一轉。在璞值壬申、癸酉，在斯值甲戌、乙亥，在心值丙子、丁丑，在旦值戊寅、己卯，在位值庚辰、辛巳，在中值壬午、癸未，見行值甲申、乙酉，周而復始。務須實心任事。每年除完國賦外，分為兩次，祭資臨期付值祭者備辦，不得侵挪。違者議罰，並不許掌管。

9、修葺。墳墓廬舍，歷久必須修葺。掃墓時逐一看驗，應修整者酌量料理。蔭木亦宜查察，培植不得忽略。

菱湖孫氏族譜，1940 年本，第四本，《五支三房墓祭規約》

可見，為了從制度上保護本族祖宗墓地風水的長期有效性，宗族修撰的族譜都有清明墓祭方面的規定，要求族人參與祭祀以維護祖墓所有的風水寶地。但是隨著喪葬改革的深入，社區公墓開始成為主要的埋葬之地。這種風水觀念逐漸有淡化之勢，但清明到墓地祭祖的習俗仍然存在，只不過其文化意義略有不同而已〔註40〕。

（二）宗族祠堂

祠堂是一種作為傳統文化的浸潤因素，在宗族中的作用僅次於宗族墓地。作為民間傳統文化的一個重要部分，祠堂無疑是社會記憶傳承的一個重要載體。它承載著厚重的歷史內涵，成了為民眾祭祀祖先的超時空場所，因而擔負著神聖的現實祭祀功能。

古代的祠堂主要是為了便於祭祀，因此西漢時「冢上起祠堂成為風俗。只富即為之，不必貴人。且與祠堂之外，築高闕，闕之隅，築罘罳，以壯觀瞻」〔註41〕。北宋中葉以降，宗法制度又發生較大的變化。民間的宗族組織已試圖衝破舊有官方宗法制度的桎梏。中原理學家張載、程頤率先主張在宗

〔註40〕見本文第五章第三節。

〔註41〕尚秉和著，母庚才、劉瑞玲點校：《歷代社會風俗事物考》，北京：中國書店，2001 年，第 264～271 頁。

族內部設宗子、建家廟（即後來的祠堂）。朱熹更是將張載、程頤有關宗子法的設想予以完善並付諸實踐，設計了一個「敬宗收族」的宗族組織模式；即每個宗族內須於正寢之東設立一個奉祀高、曾、祖、禰四世神主牌片的祠堂神龕，其有關祠堂可祀四代以內祖先。實際是將「五世則遷」的「小宗」之祭落實到民間社會。儘管朱熹把始祖及先祖排除在祠祀之外，卻又認同以墓祭的形式舉行「百世不遷」的「大宗」之祭，以抒發慎終追遠、尊敬孝穆的情操。受朱熹祭禮影響，宋代理學家也都十分重視對宗族制度的建構與實踐，其主要方式之一就是建造祠堂。

宋代以後，隨著鄉土社會各種宗族組織的發展與完善，儒家的宗法倫理觀念逐漸積澱成爲族眾的集體記憶。這時候民間已經克服祠堂祭祖的代數限制，追祭遠祖也就成爲合理的行爲。特別是明中葉以降，建造宗族祠堂與祭遠祖漸漸成爲一種普遍的社會習俗，至清代尤盛。與此相適應的，「隨著風水信仰在鄉土社會的深耕化和在地化，各種形態的宗族組織越發熱衷於遠祖墓地風水的投資和維護，目的在於積纍並保持宗族共有的象徵資本，從而促進宗族的緊密聯結或鬆散結合」〔註42〕。南宋以降，朱熹主張形成以宗子法爲核心的祠堂之制，後經官方的推崇，更化爲民間宗族的立廟之則，民間從此普遍可以擁有祭祀祖宗的權力。明代墓祠是宗族祠堂形態的一種重要形式，民眾「一般承認墓祭的現實合理性，從而證明設立墓祠的合理性」〔註43〕。明代的墓祠不少是宗族性祠堂，具有組織宗族的作用，祭祀始祖的宗族祠堂還發揮著宣傳家規的教化功能。

從歷史發展軌迹來看，墓地和祠堂逐漸演變爲凝聚民眾集體記憶的文化符號和意義象徵物，其實是跟祖先崇拜和風水信仰這種傳統觀念密不可分的。這些文化象徵符號再通過清明期間大規模的祭祖儀式過程，其文化意義就得到生動展現和充分展示。清明祭祖儀式是宗族群體中產生的行爲方式，可以鞏固或重塑宗族群體中的某些心理狀態和觀念形態。因此，從「祭祖儀式的維度來考察祖先崇拜現象，可以更深入地理解其所凝聚的社會記憶」〔註44〕。關於這個問題探討，將在下一節進一步展開。

〔註42〕陳進國著：《風水信仰與鄉族秩序的議約化》，《中國社會經濟史研究》，2004年第2期。

〔註43〕常建華著：《明代墓祠祭祖述論》，《天津師大學學報》，2003年第4期。

〔註44〕康忠慧著：《民間信仰與社會記憶》，《民族文學研究》，2006年4月。

三、民間私學教育

我國的私學是與官學相對的一種教育組織形式，其源遠流長，有 2000 多年的歷史。其最早產生於春秋中葉，勃興於戰國中期。此時，孔子在魯國曲阜設學舍，以詩書禮樂教授弟子，始開私學之風。秦廢百家而獨重法，私學受挫。漢初因官方倡導而私學復興開始，蒙學也開始出現。魏晉南北朝，以儒道為首的私學規模巨大，並再度出現繁榮景象。唐宋時期，私學的發展受抑，但要求較低的蒙學卻有較大發展。南宋的蒙學已開始分化出村學、族塾等各種形式。到元代，私學繼續得以蓬勃發展。明清時期的高級私學的發展也呈興旺之勢，但明顯受到了官方當時文教政策的限制。從晚清至 1949 年，具有民主色彩和自由精神的新式私學開始出現並獲較大發展。但這時的私學在教育內容上，跟時代潮流接軌，而與儒家文化傳統相去甚遠。

傳統私學按其要素分為蒙養教學和高級私學。蒙養教育階段，強調蒙童養成良好的道德品質與習慣；高級私學產生較蒙學要早，是私學最早的表現形式。早期高級私學的教學內容，都是以諸子著作為依據的，如以儒家重孝重仁重禮為主要教育目標。特別是秦漢以後，私學成為民間教育的重要部分，為儒家思想的傳揚提供了廣闊的空間。私學的出現，「學在官府」變為「學在四夷」，學校從官方下移到民間。這在擴大教育面的同時，也促進了儒家孝道觀念的廣泛傳播，為清明文化各種觀念因素的傳承奠定了紮實的基礎。

中國文化從廣義上來看，由儒、釋、道及法、術、兵、雜等各家組成。但在中國的教育發展史上，具有教育功能的只有儒家文化。孔子晚年，皓首窮經改編出的「六書」（詩、書、禮、樂、易、春秋）是我國第一套完整的教科書，以後被荀子尊稱「六經」（「樂」經亡佚失傳）。從孔子辦私學開始，直到清末廢除書院制度與科舉制度，兩千多年的時間中，中國私學的最基本教材都是《六經》（後加《孝經》）、《四書》、《近思錄》、《傳習錄》等儒家經典。這是因為儒家經典把道德放在首位，具有培養理想人格與引導積極人生的正面功能。

梁代周興嗣編輯了影響深遠的蒙學讀物《千字文》、顏推之的《顏氏家訓》成為家庭教育的代表作。歷代的啟蒙教材還有《五經》、《論語》、《百家姓》（宋）、《三字經》，以及以後編的《千家詩》、《雜字》、《童蒙訓》、《少儀外傳》、《性理字訓》等。這些既是識字教學的教材，也屬於倫理道德的教材，目的是向兒童傳授倫理道德知識。這些教材固然是按照儒家義理價值來編寫的，

也具有教育兒童的正面功能。

　　與官學相比，私學具有社會基礎廣泛、形式多樣等特點，而且游離於政治之外，較少受官方意識形態的控制。所以在文化傳承方面，有著官學難以比擬的優勢。私學雖不能完全脫離「學而優則仕」這一思想的影響，但讀書入仕並不是私家立學者的最終目的；弘揚以儒家孝道爲主的傳統文化，才是私學立學的宗旨〔註 45〕。私學辦學具有連續性，這塊教育陣地使得清明文化隨著中華文明幾千年的發展而經久不衰，並能隨時代前進而不斷發展。

　　私學中的族學，也叫塾學、族塾，是封建時代宗族文化的組成部分之一。一個大宗族，闢房一間，聘請塾師一人到數人，教若干孩童讀書識字。族塾一般由宗族中人集資興辦，目的是讓本家子弟能夠接受傳統文化教育，其教學內容不可避免地融入了敬祖仰宗的意識。如果說，在土地王有的殷商西周時期養育出神權至上的官學文化，那麼中國長期土地私有的小農經濟土壤中，則培植了肇始於晚周以人文傳統爲研習重點的私學文化。兩漢以後私學又形成儒學爲正宗傳授內容的格局，並一直延續到清中葉。民間私學教育就這麼發揮著獨特的傳統教育教化作用，清明文化的各種觀念因素也借助這一渠道得以不間斷的延續下來，並成爲民眾恒常的文化記憶。

第三節　清明節日活動的強化手段

　　文化記憶只保存那些在將來能夠重新用得著的、在民眾所追隨的意義中佔有牢固地位的部分。因此，文化記憶在很大程度上都和民眾在文化意義上反覆循環進行的活動相一致，而這種活動過程其實就是儀式行爲。即使有了文字把語言的表達和意義的內涵逐字逐句地保存下來，但是還必須通過儀式的紐帶來強制性地重複其中的內容。否則其意義將不復存在，相關的文化記憶也會逐步淡化。

　　如此說來，「記憶需要來自集體源泉的養料程序不斷地滋養，並且是適合道德的支柱來維持的」〔註 46〕。從文化傳播與社會交流的方式來看，文化記憶的傳承並不是由個體的參與活動構成的，而是由集體參與活動構成的。一部分是在日常生活中通過口頭故事傳說來進行，更多的是在民間生活儀禮中

〔註 45〕徐曉霞、曲峰著：《私學與文化傳承》，《華夏文化》，2004 年第 2 期。
〔註 46〕莫里斯·哈布瓦斯著，畢然、郭金華譯：《論集體記憶》，北京：人民出版社，2002 年，第 60 頁。

完成的。文化記憶在一個群體中存續，並由個體從其相關儀式中獲取養料；因爲只有作爲群體成員的個體才能產生具體的記憶。清明文化都是由其各個個體成員通過很長的時間才得以建構而成。這些植根在特定群體情境中的個體，也是利用與清明祭祖的儀式情境去記憶或再現過去的。鄉土社會的清明祭祖儀式中，以其特有的祖先崇拜和風水信仰構成了清明文化中潛移默化的一個記憶環節。清明文化既外在於儀式之外的相關活動中，當然也主要呈現於清明祭祖儀式上。

一、傳統墓祭儀式的文化功能

信仰是一種觀念，儀式卻是一種實踐。儀式中所表現的行爲經常是另有深遠的目的或企圖的，而民眾關心的是其象徵性而非實用性的意義。儀式可分爲兩類，一類指與人的溝通，另一類則是與神的溝通。清明墓祭儀式就是屬於後一種，其所呈現的就是一類象徵性的，或者說是世俗性的文化意義。作爲一種「文化表演」，儀式所喚起的一方面是範圍頗廣的情緒與動機，另一方面是形而上方面的觀念。它們共同構成了一個民族的精神意識。可見無論是針對自然神還是祖先神，「獻祭儀式在心理上都有與審美活動相契合的地方」〔註47〕。

（一）外在功用發揮

1、在我國，祭祖的起源，十分久遠

進入夏代以後，「有虞氏禘黃帝而郊嚳，祖顓頊而宗堯；夏后氏亦禘黃帝而郊鯀，祖顓頊而宗禹；殷人禘嚳而郊冥，祖契而宗湯；周人禘嚳而郊稷，祖文王而宗武王」〔註48〕，這是指夏代對祖宗的祭祀活動。到了商代，形成了一套完整而系統化的祖先崇拜儀式。秦漢以後，祭祖不再是像周代那樣全國性的統一行動，而更多地局限爲宗族的內部行爲。這時祭祀的空間也發生了轉移，就是民間大規模自發由廟祭過渡到墓地祭祀，而唐朝終於由官方確立寒食清明期間進行墓祭的習俗。宋代以後，祭祀祖宗的活動進一步經常化和制度化。祭祖活動一般在元旦、清明、春分、秋分、冬至等重大節日進行。在這些祭祀活動中，清明祭祖儀式得以生成並不斷得到強化。可見，清明祭

〔註47〕韓高年著：《儀式文化與先秦詩歌》，博士後論文，復旦大學，2003年6月，第19頁。
〔註48〕《禮記·祭法》，陳澔注：上海：上海古籍出版社，1987年。

祖儀式是民間傳統社會傳承清明文化的主要方式。

明清時期的清明祭祀祖先，既沿襲古制而又有所變化，其中在墓地舉行的祭祖儀式，其過程大體上有「修墳」、「掛紙」、「擺供」、「上香（燭）」、「說祝詞」、「酹酒」等內容。

祭祀之後，多數宗族都會就地宴飲，全體與祭人員席地而飲。這叫「享胙」或「飲胙」。也有另外一種情形叫「分胙」或「散胙」。胙，即胙肉，祭祀供神之肉。單純的分胙即不設酒席，按戶按人分發胙肉（即祭肉），各人帶回家享用。分發胙肉的儀式也頗為隆重：由族中德高望重者負責高聲唱念受胙者的姓名、學歷、年齡、功德，之後再報出胙肉的重量，受胙人在眾人的注視下上前恭敬領胙。年高德昭或有功於族的男子，以及守節的寡婦等，往往能得到「增胙」即多分胙肉的獎勵。而在平時或在祭祀時違反了家法族規的族人，會受到暫時性或永遠的「革胙」之罰。這種儀式在民眾心理層面進行多次重現，相關的心理投射對象——獻祭和享胙就與民眾的心理祈盼內容相暗合。

2、清明祭祖儀式是以各個時代的祖先崇拜為基礎觀念

從這個意義上說，可以把清明節習俗稱為以宗族和家庭祭祀儀式為核心的習俗文化。弗里德曼認為，中國的宗族膜拜儀式在性質上更多表現了生者與死者的關係，表達了後人對先人的感情，但其背後還帶有更深的宗教意味[註49]。在祠堂裏，祖先們成為後代集體崇拜的對象，清明以及其他節日中的祖先祭拜就成為重大的儀式表演活動。這種表演過程，起到了與其他所有宗教儀式一樣的作用，在安頓了個體心靈的同時，也增強了宗族全體成員的凝聚力。無疑，這種神聖的表演將亡魂和現實的人們分隔開，給與亡魂更多的神秘性、神聖性。這種具有宗教性質的儀式，在清明期間的墓祭活動中顯得更加重要，其中所體現出的宗教氛圍因墳墓所具有的風水理念而表現得更為明顯。可見，祖先崇拜不僅僅有儒家「孝道」的文化內涵，也是民間宗教信仰的重要一部分。它表達了鄉土社會草根階層對家族永恒的仰望，也體現了他們向往趨福避禍的功利心理。

無文字的社會得益於實物的、禮儀的和傳統的幫助，因而「其集體記憶大都比較穩定。在記憶不可見性的前提下，無文字的社會保存了更多的

〔註49〕史宗主編，金澤、宋立道、徐大建等譯：《20世紀西方宗教人類學文選》，上海：上海三聯書店出版，1995年。

古代文化。但在文字社會，書寫得越多，事物的變化就越大，遺忘也就越快」〔註 50〕。因此，即使在當代社會中，具有原始記憶方式的儀式過程在文化傳承中同樣發揮著重要的作用。清明祭祖儀式本身就是一種習俗，它不僅僅具有具體直觀性，還蘊含耐人尋味的文化意義。首先，簡便的儀式演練具有啓動族群記憶和動態傳播傳統文化的特質。集體祭祀宗族祖先的儀式作爲一種傳承文化記憶的媒介，對於塑造集體記憶具有重要的推動作用。清明祭祖這種周期性的儀式一直都發揮了一種焦點的作用，就是使民眾對本宗族的文化記憶不斷得到和強化。其次，清明祭祖的儀式生活實際上起著社會粘合劑的作用。如果個體長期不參與這樣的儀式，那麼，他與家庭成員的紐帶就有可能鬆弛下來。因此，儀式過程中能夠活躍個體交流和加強文化認同，其意義重大。祭祖儀式實際是民間長期傳承的產物，它因內在的文化象徵意義而具有社會教化功能和感情宣泄作用。通過清明祭祖儀式，民眾可以對祖先進行追思，從而達到固化民族傳統和文化性格的作用。這種儀式的作用是潛移默化的，但往往是口頭和文本的說教方式所難以達到的。

（二）內在運作機理

清明墓祭儀式中的燒香磕頭是一個核心環節。生者因此拉近了與死者的距離，完成了一次對先祖感恩的情感交流，並產生一種衝擊心靈、淨化靈魂的精神力量。而其中的分胙禮儀則爲整個清明墓祭儀式的高潮階段，是祭與宴兩個主體組成部分中的過渡禮儀。所謂的「分胙禮儀」，就是宰牲祭神之後，將祭肉分給與祭者食用的一種活動。它起源於原始的圖騰文化中宰殺和分食圖騰聖物的古老習俗，後來經過逐步發展和演化，在祭祀文化體系中，以禮文的形式固定下來。古人藉以實現人神之間的交流，滿足心理或情感的欲求。而在現實生活中，它又具有強化宗族血緣關係，並鞏固和加強宗族政治地位的作用。因此說，「分胙禮儀」現象體現了古代祭祀儀式的主要功能和深層要義〔註 51〕。

清明祭祖儀式當中，有基本的步驟程序、必備的器具用品、相對固定的時間段和固定的墓地。這個儀式系統中的文化符號表面看來顯得稍爲鬆散，

〔註 50〕揚·阿斯曼著：《有文字的和無文字的社會——對記憶的記錄及其發展》，《中國海洋大學學報》 （社會科學版），2004 年第 6 期。

〔註 51〕參見何長文著：《中國古代分胙禮儀的文化蘊含》，《東北師範大學學報》（哲學社會科學版），1999 年第 3 期。

可一旦通過一系列內在的文化轉換機制它就形成了一套嚴謹的象徵體系。這種儀式象徵體系是由傳統精神文化活動與現實社會關係以一種無形的方式建構起來的。在原始文化中，象徵體系的秩序是由儀式來組織和建構的，祭祖儀式尤其如此。這是由於「符號化的思維和符號化的行為是人類生活中最富於代表性的特徵，並且人類文化的全部發展都依賴於這些條件」〔註52〕。在清明祭祖儀式中，個體放棄日常生活的經驗，欲望和恐懼都在這一特殊的文化場中消解並凝聚為一種隱喻性的圖景。個體正是通過墓祭儀式來獲得這種隱喻性圖象，並以其象徵性來豐富自我生命意識中的真實景象。雖然兩者在大多時候都不太可能疊加在一起，但由於強烈的心理意識所引起的積極行為也是傳統社會中的一種不可忽視的自我拯救方式。

在傳統社會中，這種清明墓祭儀式是增強清明文化氛圍、強化清明文化傳承的有效方法。它遠比文字知識或日常說教更讓人喜聞樂見，因此也更容易深入人心、印入記憶之中。清明墓祭儀式使得集體中的每位成員得以獲得或者溫習集體的文化記憶，並以此來確立或者鞏固自己作為集體成員的地位。而對宗族或家庭來說，也正是通過儀式的演示來使家族的清明文化在記憶上不斷重現並獲得現實意義，同時保證個體能夠成為集體的同一性。這種集體祭祀儀式本身是消解日常矛盾衝突的手段，對每一個儀式的參與者而言都是一種消除隔閡、化解矛盾的機會，同時也是尋找歸宿感和獲得認同感的重要途徑。

一方面，清明祭祖儀式過程所傳遞的文化信息帶有濃縮的性質，原因是在清明節期間各個不同渠道都表達和重複了同一種信息內容。具體而言，清明祭祖儀式所傳遞的信息主要表達這一祭祖活動中所隱含的信仰內涵和文化精神。但在時間上具有「內斂性」，即這些信息比較集中統一。同時，在空間上又具有「擴散性」，即這種信息不具有區域的特性。因此，在我國，清明墓祭活動已經突出和強化了其儀式中的「一元性」特徵。

另一方面，祭祖儀式把其象徵體系中的空間秩序（風水）賦予特殊的文化意義，並建構出神奇而具有隱喻性的功能。但這些功能的獲得，必須借助清明文化觀念因素中的基本內涵才能實現。清明祭祖活動雖然是民眾在清明期間的主要習俗，但它畢竟不是日常生活，非日常化就決定了祭祖儀式及其

〔註52〕　〔德〕恩斯特・卡西爾著，甘陽譯：《人論》，上海：上海譯文出版社，1985年，第5頁。

文化內涵的符號化和象徵性。因此，在超越了日常秩序的基礎上，民眾在對現實關係整合的同時，也在對理想生存狀態的想像中從事既有的儀式程序，從而獲得一種對未來生活圖景的企盼。可以說，清明祭祖儀式的傳承和執行依賴更多的是情感和欲望的統一性而非邏輯的法則和理性的規律，而這種情感的統一性是祖先崇拜信仰中最強烈最深刻的推動力。從這一角度來看，民眾的清明祭祖儀式及其文化的符號體系與象徵系統雖然是非理性的，但卻是合理的。清明文化正是在這種文化符號和象徵體系中得以不斷傳承。

二、作爲墓祭補充形式的網路祭祀

經濟的發展與社會的進步，都要求清明祭祀儀式有創造性的轉換，或與時俱進，以獲得廣闊的自我延伸和發展空間。在當代社會中，繼現代公墓、骨灰堂的建設之後，傳統的祭祀空間隨著互聯網的發展已呈現無限擴展的趨勢，其標誌是網絡公墓的發展。網絡公墓借助電腦網絡技術，把傳統的祭祀空間擴展到無邊的程度。網絡世界造就一個個體本位的虛擬空間，但個體本位並不意味著個人處於原子式的孤立狀態。恰恰相反，這個階段的人的依賴關係是全面而廣泛的，只不過這種依賴是通過物的方式間接地表現出來罷了。這種個體本位的確立和推行不是由官方來主導，而是個體自我在一定的技術條件下自我意識覺醒的結果。這其中包含兩個方面的制約，即互聯網技術的發展和自我意識的覺醒。

風俗的產生和流變，很多時候自民間而起，網絡祭祀活動也是這樣一種狀況。網祭是清明文化透過網絡空間的文字或影像，在相應的儀式重塑之下所形成的思維模式與行爲的混合體。網絡墓地的載體仍然是傳統媒體的符號語言系統，包括文字、聲音和影像。從這個意義上說，網墓並不是一個完全陌生的異類存在物。因此說，網墓並不具有本質意義的特殊性，更多地是傳統墓地空間的「類比」和重新組合。從空間上說，網墓是傳統風水墓地的在觀念和技術上的一種「延伸」。嚴格來說，這是一種合理的邏輯，是傳統清明文化在網絡空間的延伸，而不是創新；是清明文化的變遷，而不是斷裂或者重生。其祭祀儀式，最初是個體的文化實踐與情感體驗的一個新途徑。這極大程度地依賴清明文化的傳統資源因素，因此至多只能說網絡祭祀儀式是傳統清明文化與網絡技術的重新組合，而非本質意義上的顛覆或反叛。

因此，網絡墓地的存在是很必然的事情。借助現代的網絡技術而創造性

的空間遷移，祭祀方式因而發生了巨大的變遷。清明的網絡祭祖儀式是在一個虛擬空間進行，雖與傳統墓祭習俗在形式上大相庭徑，但這種祭祖儀式讓祭祀者依然能夠表達對先人的哀思，同時讓自己的內心精神得到慰籍，在緬懷先人中緩解內心壓力。

　　互聯網是一個跨越時空的虛擬平臺，空間阻隔和時間限制被完全地打破。遠在他鄉的人，只要在網絡註冊後就可以擁有紀念先人的網絡墓地，登陸後可以進行祭掃。用戶完全可以根據個人的意願來設置個性化網上墓地，包括填好的逝者資料和圖片，定制墓碑樣式、墓地的背景、定制墓誌銘等等。在建立逝者親人墓地之後，可以在清明或任意時間裏上線進行祭奠和悼念亡者。祭拜先人時，用戶輕輕點擊鍵盤和滑動鼠標，就可以在墓碑前選擇獻花、上香、點燭、送錢、獻供、點歌、留言等方式進行。祭奠過後，還可以保存當時的「祭文悼詞」，後來的悼念者可在留言簿上查找舊友親朋的追思和感懷。如 2007 年的中華清明網上有這樣的祭祀留言：

> 我們相隔在遙遠的時空，可又好像出現在彼此的跟前。低下頭，任無盡的淚水滴濕眼前的一顆顆鍵盤。面對深邃無邊的網路，思緒正穿越時空回到從前的你我。眼前的鮮花燦爛、歌聲綿綿，加上心中的祝福，就是我捎給你的思念與牽掛。這太多的一切，但願陰間的你能悉數收到。去年在你的墳頭跟前，我無力地插下兩枝火紅的蠟燭，還有一大把香火。當著滿目青山，還有弟弟妹妹，我只是虔誠地站著，卻不能向你說出心中的話語。四周的一切皆肅靜，大家都屏住了呼吸，凝視著被風吹落的香火灰，還有逐漸熄滅的燭火。而此時，我卻可以在傳統的清明節裏，看著你的影像，與你輕聲細語的交流，心中同時也出現無序的心跳。〔註53〕

這是 2007 年 4 月 5 日，一位網友在網上祭祀去世父親時的留言。從中可見，清明網絡祭祀也是一種能給人提供表達哀思的較好方式。

　　網絡墓地中，逝者的音容笑貌，親友的深切懷念，獻詞、照片、歌燭，都化爲多媒體文件，永久保存，無限擴容，不因歲月的流逝而磨蝕，不因空間的轉移而損耗。紀念館讓逝者的精神融入永恒，讓每一個生命的故事永遠流傳。可見，網路空間作爲媒介，在改變民眾空間感的同時，在一定程度上也改變了傳承數千年的祭祖習俗。原有的物理空間被抽象化的文字

〔註53〕參見中華清明網站 http://www.qingming.net/liuyanban/goodnote.asp

構成的虛擬空間世界取代，抽象的文字構成的虛擬空間要求以個體的方式接受〔註54〕，而這正是網路祭祀的主要特色之一。

隨著社會的發展，人們從農耕為主的小範圍謀生，變成了大範圍的流動大軍。人口流動性越強，在外工作的人員就越多。因為路途遙遠，加之清明假期短，一些人往往並不能如願以償地回到家鄉祭祀親人，採用網絡祭祀便是較好的選擇了。人們可以在不同的地點，同一時間，在網上祭奠自己的親人。網上祭奠是一種文明、進步的表現，它使人可以免去清明時節的奔波之苦；可以省卻購買大量祭品的費用；可以解決同時外出掃墓而引發的交通擁堵、火災隱患等問題，不失為傳統祭祀的有益補充。網上掃墓則給古老的傳統注入科技和時尚的元素。但是，「網祭」不可能完全取代「墓祭」，只能是一種重要的補充形式。作為一種緬懷先輩、寄託哀思的新方式，網上掃墓可以利用網絡優勢注入更多的元素，讓傳統清明節祭祖活動散發出新光彩。

現代社會和後現代社會中的結構性因素被比特符號一一解構，失去了傳統意義上的結構性影響。網絡生存借助一個虛擬的儀式，個體能達到自身價值的追求和對先人感情的追思。傳統的集體祭祀儀式被崇尚個性精神的網絡空間徹底拋棄，因特網正是憑藉網絡空間的無限魅力而侵入個體的私人空間領域，從而有效地消解了個體的生存交往方式和世界觀〔註55〕。當個體進入網絡空間進行祭祀的時候，網絡的高度隱蔽性和自由性，為現實生活中個人內心中平時被隱藏、被壓抑的各種欲念找到一個釋放的缺口。他們把自己的心靈世界完全交給了網絡，個人隱私在此得以酣快的宣洩。

中華清明網是一個紀念網站，包括清明新聞、清明文化、緬懷苑、留言版和元寶山莊生命紀念公園等版塊。多年來，網站以倡導國家殯葬改革政策、弘揚中華傳統文化、反映陵園發展變化、引領現代紀念方式為宗旨。2007 年4月4日，僅是中華清明網的訪問量就突破 200 萬，成為廣大網民瞭解陵園文化、默悼親友和傾訴心語的巨大空間之一〔註56〕。類似祭祀網站的發展過程正在逐步延伸，人們的視聽感官和情感表達方式則向更自在的方式發展。事實上，因特網本身就是具有典型個性化的虛擬空間。但是在網絡空間裏，個人主義有可能會出現一定程度的膨脹，祭祀儀式中的原有凝結力量無法形成。這是網絡祭祀的不足，也是一個值得關注的社會問題。

〔註54〕王炳鈞等著：《空間、現代性與文化記憶》，《外國文學》，2006 年 7 月第 4 期。
〔註55〕張震著：《網路時代倫理》，成都：四川人民出版社，2002 年，第 71 頁。
〔註56〕參見中華清明網站 http://www.qingming.net/liuyanban/goodnote.asp.

第四節　廣州的清明文化傳承狀況

　　廣州人屬於廣府民系居民，不少是古越族人的後裔。因此廣州的清明習俗風俗具有中原漢人的古風遺韻，也有百越古族的獨特稟賦。在歲時節日民俗方面，節日的儀式活動處處可見嶺南的特色與中原的傳承因素。「明清之時，北方隊寒食清明不太重視，故北方的文化重心已向南移，因此，北方的節俗也被嶺南廣州一帶的人民接受。特別有趣的是，嶺南人過清明十分重視的是掃墓」〔註 57〕。可見，廣州人的清明墓祭習俗，基本承襲中原而來，儀式內容也大致相同。

一、現當代廣州清明習俗

　　清明節是廣州人祭拜先人的日子。因先人埋葬山裏，故廣州人習慣稱掃墓為「拜山」。還有其他說法，如「行清」、「拜清」。清人屈大均《廣東新語》記載嶺南「清明有事先塋，曰拜清。先期一日曰劃清。新塋必以清明日祭，曰應清」〔註 58〕。而古代死人以土掩埋，年代越久，墳墓離市中心越近，因而白雲山和東山多有墓地〔註 59〕。地處珠江三角洲的番禺，丘陵山地較多，信仰風水的人認為番禺多「風水寶地」。當地有這樣一句俗話「順德祠堂南海廟，番禺處處有墳山」，說明番禺民眾歷來重視祖宗墳地的營造，也折射出番禺存在濃厚的祖先崇拜風氣。

（一）風車

　　廣州習俗，清明時節人們上墳祭畢，一般都要買一個風車擎回家。風車用紙做成，插在以彩色金紙和紙花裝飾好的形同花圈的竹圈上，有的還有竹圈上吊一條造型逼真的紙蛇。微風吹過，風車飛速旋轉，紙蛇躍躍欲動，煞是有趣。不過，風車並非一般玩物，民間傳說，紙蛇代表「墳龍」，風車象徵轉運，竹圈也即花圈。其意是通過悼念祖先，喚醒墳龍，保祐全家消災得福，時來運轉〔註 60〕。此俗現依然流行，往往在清明節期間都能見到不少人手執

〔註 57〕韓養民，郭興文著：《中國古代節日風俗》，陝西人民出版社，1987 年，第 170 頁。

〔註 58〕（清）屈大均撰：《廣東新語》，中華書局，1985 年，第 299 頁。

〔註 59〕董宛著：《珠水長流‧羊城清明話舊時》，《羊城晚報》，2006 年 04 月 14 日。

〔註 60〕馮桂林主編：《中國名城漢俗大觀》，昆明：雲南人民出版社，1998 年，第 665 頁。

顏色鮮豔的風車穿行於大街小巷。近年的風車,在製作材料上有所革新,外觀上顯得更爲亮麗。當然也少不了印製一些吉利祝福的話語在上面,人們普遍喜歡這種喜慶吉祥的傳統物品。

(二)祭祖習俗

現代社會中,每逢清明廣州人都要以其特有的方式掃墓祀祖。廣州人極其重視清明節,每逢節前後半個月,人們無論遠在外省或是在海外,都要趕回來爲先人掃墓。拜山時,帶上燒乳豬(燒肉)、甘蔗、水果、包子、酒、鬆糕、軟皮煎堆以及香燭、酒、紙帛等祭品,擺放在墳前,大家一起剷除雜草,打上一塊草皮將紙寶壓在墓頂上,然後點燭燃香,對先人行跪拜或鞠躬禮,燒紙錢,爆竹,最後就地分食甘蔗和燒豬等祭品。銀河公墓、市殯葬公司骨灰樓及燕子崗、新市、沙貝等處山崗,是廣州墓地骨灰存放最多的地方,清明掃墓者數以萬計。近年來,廣州人掃墓,一般很少備牲醴,只是帶些鞭炮、香燭、紙錢、紙衣等;更簡便的就帶上一束鮮花和一些水果前往。據說,掃墓時放鞭炮,是爲喚醒「墳龍」,讓其保祐本族後裔無災無恙,財丁兩旺。焚燒紙錢、紙衣給先人在陰曹地府中穿戴使用,則表示後輩有孝心。這些被焚燒的「紙寶」,都一一寫有已故先人的姓名;上墳掃墓時,還要帶上水果、糕點等食物,供畢,眾人分而食之,以求消疾除恙。有的家長還專門留些供品帶回,給家中的老人和孩子食用〔註61〕。

燒乳豬已有1400多年的歷史,史上稱之爲「炮豚」。《齊民要術》中將其描述爲「色同琥珀,又類真金,入口則消,壯若凌雪,含漿膏潤,特異凡常也」,因此,燒豬肉也是廣州人喜愛的一道佳肴。包裝精美的「金豬」則是廣州市民清明拜祭的慣例,故2007年的清明節還有不少人家帶上傳統的燒乳煮前往墓園祭拜。而平時菊花、百合等素色花作爲一種新式祭品,最適合掃墓拜祭,在廣州的清明前後其銷量很大。市場上的菊花、康乃馨、百合、白玫瑰等清明時節紀念親人的鮮花價格都有小幅上漲,不少攤位還都推出了紮製花籃和花圈的服務。而市民們在祭祖中所用的鮮花也不再僅限於黃白菊等花卉,更多地青睞與淺粉色的康乃馨、粉蕊的蝴蝶蘭以及素色的玫瑰等色彩豔麗的鮮花。在廣州各個公墓內外,都有不少擺賣鮮花的小攤。

〔註61〕 馮桂林主編:《中國名城漢俗大觀》,昆明:雲南人民出版社,1998年,第666頁。

在廣州的外地務工者，因為家遠路遙，無法回鄉祭拜。部分人因而在廣州市一些路邊私設祭拜臺燒香祭拜，這對市容市貌都有不良影響。廣州每年清明節期間都沒有為這部分人設立固定的祭拜場，各大墓場也沒有相應專門接待外地務工者的服務。部分外出前來廣州求學的青年學子，只能通過網路進行追憶先人的祭奠活動。這在經濟比較發達的廣州地區，對不能及時趕回家掃墓的外來人員而言，參與這種祭奠先人方式的人也不少。

每到清明前後，便有以家族的形式去掃墓。寒食習俗中盛行的禁火、凍食、蹴鞠、秋韆、餳粥、鬥雞、雕鴨等習俗在嶺南各地向不倡行，在廣東的地方史志亦極少記載〔註62〕。過去清明節，廣東各地大多都踏青、插柳、上墳、掛紙、修理墳塋等，掃墓時則具備各色祭品，然後在先人墓前焚燒褚帛，祭奠一番。近幾年，廣東清明節祭掃祖宗墳墓較為隆重，不少遠居海外的人，每年清明前也趕回鄉掃墓。

2007 年，由於清明節和復活節重疊，港澳返鄉客流大幅增加，深圳口岸清明前後連續刷新單日出入境人次紀錄，創下歷史新高。4 月 5 日清明節當天，深圳邊檢總站檢查出入境旅客創下近 40 萬人次的單向入境的歷史最高紀錄；6 日、7 日，邊檢總站分別檢查出入境人員 641587 人次、641929 人次。當年深圳出入境客流高峰，還表現在 4 月 3 日到 16 日期間，有 700 萬人次經過深圳口岸〔註63〕。

二、廣州的宗族文化

族譜是舊時封建宗族記錄血親延續的系統文字。記錄族譜，在舊時十分盛行，特別是一些仕宦之家，族譜必不可少。廣州人家修續族譜，以本姓始祖開始逐代人的輩份字號，每代人中值得光宗耀祖的家庭成員事迹，記載得嚴格清晰，言簡意駭。所續族譜中後代人的輩份字號，一般在前三至五代時即以排好，一字一代，有的族譜還記錄了家庭中一些有為成員的顯著事迹。

祠堂在功能上起著敬宗收族，防止宗族渙散，甚至有功於世教。在珠江三角洲，祠堂尤其受到重視，修祠祭祖的風氣從明朝嘉靖年間後就一直延續下來。清初，屈大均曾經指出：

〔註62〕葉廣良著，《廣東風物志·歲時風俗》，廣州：花城出版社，1985 年，第 378～379 頁。

〔註63〕彭勇著，《國內焦點新聞·深圳口岸清明期間出入境人次創紀錄》，新華網·廣州，2007 年 4 月 8 日報導。

> 嶺南之諸姓右族，於廣州爲盛。廣之世，於鄉爲盛。其土沃而人繁，
> 或一鄉一姓，或一鄉三姓。自唐宋以來，蟬連而居。安其土，樂其
> 謠俗，鮮有遷徙他邦者。其大小宗祖禰皆有祠。代爲堂，構以壯麗
> 相高。每千人之族，祠數十所。小姓單家，族人不滿百者，亦有祠
> 數所。其曰大宗祠者，始祖之廟也。庶人而有始祖之廟，追遠也，
> 收族也。追遠，孝也；收族，仁也。〔註64〕

當地修祠堂、立族規、築祖墳、建族產、興族學，以培養獲取功名之士，是
明中葉發展起來的地方文化形式〔註65〕。清初廣州大族建祠堂祭祖已是常
事，清中葉後，「祭禮舊四代神主設於正寢，今巨族多立祠堂，置祭田以供祭
祀。並給族賢燈火。春秋二分及冬至廟祭，一遵朱子家禮。下邑僻壤數家村
落，亦有祖廳祀事，歲時薦新，惟清明則墓祭，闔郡亦俱相仿」〔註66〕，從
中足可見其情形更爲普遍。

　　清朝同治年間，廣州番禺的習俗「最重祭，縉紳之家多建祠堂，以壯麗相
高。每千人之族，祠數十所。小姓單宗，族不滿百戶者，亦有祠數所。置祭田、
書田，歲祀外，餘給支嗣膏火、應試卷金。清明重九行墓祭禮，二分及冬至則
廟祭。即僻境荒村亦有祖廳，昭祀歲時薦新。祭田謂之『蒸嘗』，亦謂『嘗產』，
餘利表散謂『分蒸嘗』云」〔註67〕。這段文字，大致反映了清代珠江三角洲鄉
村地區置祭田、祭祖等繁盛情況。清明祭祖這一宗族文化自我認同所帶來的功
利性是如此的明顯。通過祭祖、分胙、讀譜、宣約（即宗規家法）等活動，培
養對宗族本位理念的認同，以加強族內的凝聚力〔註68〕。近年來，通過華僑資
助和族內攤派，不少鄉村又掀起了修繕祠堂之風，加上聯宗祭祖之風，宗族文
化有愈演愈烈之勢。

〔註64〕（清）屈大均著：《廣東新語》「宮語」（卷17）「祖祠」條，北京：中華書局，
　　　　1985年，第464頁。

〔註65〕葉漢明著：《明代中後期嶺南的地方社會與宗族文化》，《歷史研究》，2000年
　　　　3月。

〔註66〕（清）史澄等撰，瑞麟、戴肇辰等修：《廣東省廣州府志》，臺北：成文出版
　　　　社，1966年。

〔註67〕（清）李福泰修，史澄纂：《番禺縣志·卷六輿地略四》（點注本），同治10
　　　　年（1871），廣州：廣東人民出版社，1998年。

〔註68〕參見馮桂林主編：《中國名城漢俗大觀》，昆明：雲南人民出版社，1998年，
　　　　第640～641頁。

三、番禺清明祭祖習俗

番禺，為中國南方歷史上最初出現的名字，至今已有兩千多年。番禺建制悠久，是嶺南地區政治、經濟、文化及軍事的重心。歷史上的番禺與南海郡治、廣州府城及廣東省會結下了不解之緣。由於兩地緊緊相連，風俗文化也相一致。但番禺屬於一個鄉土色彩濃厚的城區，其中的宗族文化尚存，而各種清明風俗在近代還傳承較好。

（一）清明掃墓古俗

過去，清明掃墓對於番禺人來說是一件非常緊要的事情。在清明前後半個月裏，無論人在遠近，都會趕回家祭祀先人。全族男丁齊齊出動，帶好香燭寶帛來到祖塋祭祀，除淨墓地四周雜草，用紅漆描寫墓碑的文字，然後拜祀先人。在墓地行拜前，由年長者帶領，掛紙、擺燒豬肉等供品、上香、燒蠟燭、讀祝文和放鞭炮。其中，宗族清明祭祖的祝文內容都固定不變：

> 歲序流易，時維清明。雨露既濡，當掃封塋。塋公德顯，顯返南雄。
>
> 慕思故里，於茲告終。弗克歸實，遺恨無窮。追遠感時，不勝永慕。
>
> 潔牲羞祇，薦歲事伏。祈神祐降，宗祠格衷尚饗！〔註69〕

其祝文早已擬好並抄錄在族譜上，由族中德高望重者在清明祭祖時宣讀。讀過祝文後，按年齡大小、先男後女的順序磕頭，磕頭時每個人可以許願。拜祀後，向各位分發用各家交納的拜祭款所買的豬肉，俗稱「太公分豬肉——人人有份」，古稱「分胙」。生豬肉一般不帶上山，上山祭掃以帶燒肉的居多，所以帶用「金豬」祭祖也是廣東清明展演千年的習俗〔註70〕。燒肉分發給各房子孫，意在勉勵子孫墨守祖業，謹尊孝道。分胙肉也有多有少，當然此僅對男丁而言，女子無此待遇。60 歲以上的父老還可以享受宴請和領取雙份胙肉的優惠待遇。臨走前一般還會將一些食物分給在近處的牧童，以此方式與之搞好關係，避免其放牛踐踏墳墓〔註71〕。

〔註69〕番禺化龍鎮柏堂村大街劉氏族譜的「清明祭祖祝文」。

〔註70〕李亦園認為，民間祭祀儀式中用不同的祭品來表達對神靈的尊敬與親疏態度，其基本原則有「全」與「部分」、「生」與「熟」兩個方面。用「全」來表達最高的崇敬與最隆重的行動，而形狀切得愈小，尊敬的程度也隨之而降低；用「生」來表示關係的疏遠，用「熟」來表示關係的穩熟和較為隨便。以這種觀點來看廣東清明祭祖中的祭品燒豬，可知廣東人對祖先是何等的敬重。李亦園，《宗教與神話》，桂林：廣西師範大學出版社，2004 年，第 125 頁。

〔註71〕據當地人介紹，過去清明祭祖時，都有墓地附近的孩童來「打調望」（希望得

（二）清明甘蔗與柳條

《番禺縣志》（1774 年版）記載「下番禺諸鄉……亦多有荻蔗」，表明二百多年前番禺南部蔗區已有果蔗栽培。近代每到清明前後，番禺的「潭洲白蔗」就開始暢銷，歷來是人們郊遊掃墓愛吃的果蔗。廣州人習慣在清明節將蔗的兩端斬成尖鋒狀，用以拜祭先人，取義「甘蔗旁生，以衍宗枝」之義。祭掃過後，將吃過的蔗渣丟於墳前，還要將包子掰碎後撒於墳前。其中，甘蔗的寓意是「節節高」。近十多年廣州地區的清明，人們不再把甘蔗斬成尖峰狀。爲了便於攜帶，一般都砍成統一的小段。清明時節，馬路上有不少做柳枝生意的人，掃墓者爭相購買，每戶門口插了柳枝，綠柳成蔭，亦成一景。掃墓後，將柳條帶回家插在家門，象徵把已故親人引領回來。廣州人舊俗還在清明的前四五天，在家中的祖宗牌位前和在門口插上一枝柳枝以避野鬼，清明一周後撥除。關於清明插柳的習俗，清朝南海有宦室婦《寒食郊行》詩云：「郊原極目影蒼蒼，二月熏風掃野塘。蝦菜船歸爭市鬧，雞豚社起賽神忙。牆低柳葉偷雙眼，港曲桃花露半妝。荒冢累累無姓氏，斷魂芳草夕陽黃」〔註72〕。

（三）當代清明祭祖活動

由於清墳過後，所有的骨灰都統一存放到各鎮新建的骨灰樓裏，因此近年來，番禺民眾的掃墓和拜祭的地點相對集中，便於管理。上山拜祭的現象也大爲減少，過去那種大放鞭炮和亂燒冥物的掃墓拜祭現象也有改觀，簡便的拜祭風氣初成。即使要燒紙錢和放鞭炮，爲了安全起見，大家都自覺在指定的地方進行。近兩年清明節，傳統的祭品已經被簡化爲一束鮮花和一盤水果，當然燒豬或者燒肉是不能少的。清明祭祖家人團聚，拜山後不在墓地吃飯，各大墓園附近的餐飲酒樓因此而生意興旺。

1949 年以前婦女地位低，沒有資格去拜山，現在則女兒、媳婦也同時聚集在一起。清明拜祭前按人頭（過去只按男丁數）出錢購買燒豬、甘蔗、包子、飲料、餅等祭品，宗族祭拜一般人數多達數百人。族務理事會要主持掃

到一點吃的）。如果不如願，過後會牽牛來踩踏墳頭，造成墓冢坍塌。有的甚至當場「念咒語」，如「打調望，望不得，今年死十一，明年死十七」之類。因此，清明祭祖時一般都多備些零食，到時就發給他們。有時候來的孩童多了，只好用一些零錢來打發他們。近年來，這種現象已經絕迹。

〔註72〕（清）范端昂撰，湯志岳校注：《粵中見聞》卷三・天部三，廣州：廣東高等教育出版社，1988 年，第 23～24 頁。

墓或祭祀儀式，率領全族男姓子孫參加拜祭。清明「是日早餐時祀祖先，用煎堆、鬆糕、糖豆及煮熟的蕎菜、豆腐乾作祭品」，「如往拜山，則用煎堆、鬆糕、蔗、燒肉、熟雞等作祭品」〔註73〕。一般大姓宗族，族人在清明期間提著書有本姓的燈籠引路，成群上山掃墓。因此，同族人上山祭掃墳墓，也是展示宗族實力的地方習慣。如果宗族人多又分散在各處，其場面就更大。各村族人肩挑車載祭祖金豬緩緩而來，大家一起供金豬、焚香、磕頭、酹酒、燃放鞭炮等，一切儀式都按傳統的儀式進行。祭祀結束後，就返回村裏祠堂周圍擺開百多圍流水席，大家分享金豬的同時，也一起共話相聚的親族情誼。

當代廣州人即使在公墓中進行祭掃，多數人還是要點香火，當然也象徵性地擺上一些祭品、點燃臘燭。人們就坐在祭臺邊上，等到香火熄滅祭拜才算結束。

小　結

在某種意義上說，民間信仰是早期人類社會結構和社會秩序得以維持穩定的基礎因素。古代人力微茫，無法應對自然界和人類社會的種種困難和障礙，人們便將生與死、福與禍的種種無奈都寄託於那些超自然的神靈。神祇使人們有強烈的安全感和方向感，能在精神和心理上取得慰籍。通過祭祀祖先，用神力來彌補和克服子自身的弱點和不足，從而獲得自我安慰。這在很大程度上增強民眾戰勝自然和困難的勇氣，從而對生活充滿信心。在古代非常缺乏抗災能力和解災辦法的情況下，這種祖宗信仰方式填補了人們心靈和能力上的空白，使自身的生存需要因依靠神的威力而得到了一種虛幻的滿足。很長一段歷史時期以來，清明文化的民間傳承路徑是通過口耳相傳、儀式活動的方式進行。其中的口傳史詩、傳說和祭祀等途徑，使得文化記憶的傳遞和交流採取了直接的面對面形式，並伴隨著相當強烈的情感性和運動性因素。在宗族社會中，圍繞清明的祭祀祖先儀式、修撰族譜、建造祠堂等都起著確認家族成員血緣親情的作用，民間也因此獲得一次又一次重整家族秩序的機會。清明文化正是借助其實際的文化功用而得以在民間延續下來。

民眾有關清明文化的記憶一旦形成，就強烈地刻印在腦海中，不會輕易地遺忘。特別是農耕社會中，通過家庭教育及日常禮俗的實踐，個體學習認

〔註73〕容肇祖著：《番禺和東莞的清明》，《東莞文史·風俗專輯》，第15～16頁。

知群己之間的關係，並逐漸領會清明文化的精神內涵與存在價值。當民眾在進行清明文化再生產的時候，把文化記憶的傳承教育內化為人格，使這些記憶成為習慣，變成無意識、理所當然的事情。網絡墓地通過無意識強化了文化傳統中的諸多東西，原因即在於虛擬的空間雖然打破文化記憶的傳統模式，可是文化記憶的要素卻沒有變化。從某種意義上說，清明網絡祭祀還是民間在清明祭祖方面一個重大的文化發明。尤其在人口流行性較大的、生存壓力加大的當代社會中，網絡祭祖的優點很快得到認可。網絡祭祀方式在很大程度上依賴於網絡技術和經濟條件，對清明文化的傳承帶來了便利。但就其廣度而言在短時期內又是非常有限的，因而只是清明節祭祖活動的一個補充方式而已。對於絕大多數民眾來說，在相當長一段時間內，還是習慣於以傳統墓祭方式來表達追憶先人的行為。

第四章　官方對清明文化的影響

　　文化記憶是指民眾在對共同歷史與傳統活動的感性領悟與理性反應。文化記憶的傳承不可能僅僅依賴少數文化符號的再現來進行，即使是眞正的文化載體，也無法詮釋文化記憶的複雜性。在中國歷史上，出於政治需要而對於文化記憶進行篡改的現象屢見不鮮。這種政治因素對文化記憶的篡改所起的作用巨大，但時而起到強化，時而起到弱化的作用。可以說，經常修正民眾文化記憶的因素便是遺忘──主觀上的主動遺忘和客觀上的被迫遺忘、全部遺忘和部分遺忘。但是除了生理因素會導致遺忘之外，最爲致命的是因政治、經濟所帶來的觀念因素。目前，如果單靠民間來傳承傳統的節日文化記憶，這是不現實的，也是難以有成效的。文化記憶包括觀念因素和活動方式兩個層面，官方參與進來，就是要有意識把這兩個層面都上昇爲理性的文化傳統，並使之符合我們所處時代的精神要求。清明文化是一種歷經幾千年之久積澱的傳統因素，從來都沒有經過理性化的導向，因此還保持著比較原始的記憶模型。但是它的存留狀況，對於民族文化今後的發展走向具有非常重要的決定作用。

　　祖宗崇拜雖是包含草根文化的元素，但是從其產生之日起就跟官方政治緊密聯繫在一起，從而形成一種上下層文化傳統相結合的特色信仰。在中國相當長的歷史時期內，正統文化全都爲官方所控制，因而一切意識形態均出自官方的統治需要。以墓祭爲主要因素的清明文化總是受到官方約束，並在唐朝開始以強制的形式出現。這種廣受影響的文化記憶在民眾生活中所誘發的文化意義具有時代性。文化道德與政治立場兩相矛盾就會使文化記憶被塗改，最終導致民眾暫時或永久失去文化記憶的後果。當清明文化已經植根於

民間之後，會在民眾的心理積澱爲一種道德與倫理相融合的約定；這種道德倫理的約定作用無形之中又規約人們的行爲。但是近代官方的相關管理措施已經導致清明文化出現偏離，甚至失眞的狀態。由於民間對清明文化的集體記憶鏈條尙未斷裂，在官方的重新確認之下，這種以宏大框架爲基礎的文化記憶還是得以傳承下來。

第一節　古代對清明文化觀念因素的鞏固

心理學上個體自我存在的標誌是記憶，是記憶發揮功能把過去之「我」與現在之「我」連接起來，從而構成一個穩固的自我。一旦記憶鏈喪失就會導致自我意識的喪失，個體就會變成白癡或瘋子。同樣，就文化而言，一個民族存在的標誌是有民族的傳統文化記憶。文化記憶中的內涵把民族成員緊密聯繫在一起，並使之意識到彼此之間緊相連的文化血脈。文化記憶鏈條的斷裂，也就意味著作爲一個整體的民族自我意識的喪失。正因爲如此，「每個民族，哪怕是尙處在文明發展早期的、尙未有文字記載的原始部落，都十分重視對本民族/部落成員進行民族文化記憶的傳承工作」〔註1〕。我國歷史上，產生祖先崇拜信仰和祭祖活動之後，作爲國家管理機構的官方一直都進行各種文化管理，其結果是有意或無意地對清明文化產生了積極或消極的影響。

文化記憶的複雜性，是由其傳承手段的多樣性和不確定性所確定的。比如，閱讀屬於派生的文化記憶（回憶）的活動範疇，而文字本身既無意且也不會自動去追求和建立作者和讀者之間的交流。文字的兩個最根本的功用是保存和交流，因此文字的意義只有在懂得文字含義並通過閱讀才能實現。文字的功用主要還是把記憶外化，幫助個體記住那些如果沒有文字的支持就會被遺忘掉的資料。一切都表明，文字是被作爲儲存的媒介物而非交流的媒介物發明出來的。如果追溯到各種記錄系統的源頭，就會發現文字最初都是爲記憶服務的。文字在國家的意義上起著已經不能單憑生理上的記憶來完成記錄的作用，它能幫助早期的官方管理更多的文化記憶，以及加強對社會的控制。

〔註 1〕 張德明著：《多元文化雜交時代的民族文化記憶問題》，《外國文學評論》，2001
年第 3 期。

　　我國歷史上文化權力分配和意義操作機制，都與文化記憶的管理有很密切聯繫。這首先體現在對各種文本的修訂和使用上，這對鞏固清明文化觀念因素方面的文化記憶起著重要作用。這些文本包括各種文化經典、官撰正史、地方志等，其功用的發揮就是通過教育機構和官員選拔制度來達到。其次就是體現在官方對某些祭祀禮儀規程的擬定。不過這種措施的指向僅僅是文化記憶的活動層面因素，屬表層因素，對風俗影響較前者小。

一、《詩經》的收錄與加工

　　《詩經》是我國第一部詩歌總集，共收入自西周初期（西元前十一世紀）至春秋中葉（西元前六世紀）約五百餘年間的詩歌三百零五篇。最初其被稱為《詩》，漢代儒家奉之為經典，乃稱《詩經》。周王朝通過採詩人、樂師分別在民間和宮中搜集歌謠〔註 2〕。現存的《詩經》，語言形式基本上都是四言體，韻部系統和用韻規律大體一致。這與周王室樂官的加工修改有很大關係。可以這麼說，在官方主導下搜集、整理、製作樂歌，是《詩經》時代周王朝不斷推進的文化事業之一。

　　《詩經》中的始祖神話，反映出自然崇拜與祖先崇拜雜糅的現象；雅頌部分許多祭祀詩自成一類，反映的正是具有禮法性質的宗教祭祀活動。《詩經》中的祭祀詩源於對祖先的崇拜，其重要功能就是敬祖敬宗、團結宗族，施之於宗廟的先祖祭祀是以承繼血緣宗統、祈求先祖保祐祖宗子孫繁盛為直接目的。由於社會政治和人們意識形態的發展，周代頻繁祭祀祖先的情況就成為了一種必然結果。祖先崇拜符合周朝的王政理想，並且具有俗世作用，指向德行的修持與德政的維持〔註 3〕。

　　《詩經》還有數量不少的祭祀祖先的樂歌，主要描寫王者、貴族的祭祖活動，當然也有描述普通百姓祭拜先人的詩句。其中的《那》是當時祭祀祖

〔註 2〕　一說是採詩人到民間廣泛採錄，如班固《漢書・食貨志》說：「孟春之月，群居者將散，行人振木鐸徇於路以採詩，獻之太師，比其音律，以聞於天子。故曰：王者不窺牖戶而知天下。」另一說是各國樂師搜集，如《國語・周語上》云：「……故天子聽政，使公卿至於列士獻詩，瞽獻曲，史獻書，師箴，瞍賦，矇誦，百工諫，庶人傳語，近臣盡規，親戚補察。瞽、史教誨，者、艾修之，而後王斟酌焉，是以事行而不悖。」根據周王朝所處的時代，這二說都是成立的，並有可能同時存在。

〔註 3〕　參見周小兵著：《〈詩經〉宗教現象原論》，《湘潭大學學報》（哲社版），1999年第 2 期。

先通用的樂歌，詩中稱被祭者爲列祖，稱祭者爲湯孫：

> 猗與那與，置我鞉鼓。奏鼓簡簡，衎我烈祖。湯孫奏假，綏我思成。
>
> 鞉鼓淵淵，嘒嘒管聲。既和且平，依我磬聲。於赫湯孫，穆穆厥聲。
>
> 庸鼓有斁，萬舞有奕。我有嘉客，亦不夷懌。自古在昔，先民有作。
>
> 溫恭朝夕，執事有恪。顧予烝嘗，湯孫之將。〔註4〕

在樂歌《甫田》中，不但有歌唱百姓的勞動場面、莊稼的茂盛和糧穀的豐收內容，而且還有不少是關於祭祀祖先的場景：

> 倬彼甫田，歲取十千。我取其陳，食我農人。自古有年，今適南畝。
>
> 或耘或耔，黍稷薿薿。攸介攸止，烝我髦士。
>
> 以我齊明，與我犧羊，以社以方。我田既臧。農夫之慶。琴瑟擊鼓，
>
> 以御田祖，以祈甘雨。以介我稷黍，以穀我士女。
>
> 曾孫來止，以其婦子。饁彼南畝，田畯至喜。攘其左右，嘗其旨否。
>
> 禾易長畝，終善且有。曾孫不怒，農夫克敏。
>
> 曾孫之稼，如茨如梁。曾孫之庾，如坻如京。乃求千斯倉，乃求萬
>
> 斯箱。黍稷稻粱，農夫之慶。報以介福，萬壽無疆。〔註5〕

後來，《詩經》成了官方教育中普遍使用的文化教材，學習《詩經》提升了貴族人士必需的文化素養。《詩經》的教育也具有政治、道德意義，用《禮記·經解》引用孔子的話說，經過「詩教」，可以導致人「溫柔敦厚」，且能「遠之事君，邇之事父」〔註6〕，即能學到事奉君主和長輩的道理。官方通過收集《詩經》來瞭解民間的生活，從另一個角度看，也是傳承有關祖先崇拜觀念的一個方式。這既爲後代留下了文字記載，也便於後人接受教化和進行記憶。可見，《詩經》也不愧爲後來儒家孝道理論的源頭活水。從這兩個方面來看，《詩經》正是傳統清明文化的最早文本材料。後人正是通過誦讀《詩經》來獲得教化，從而把清明文化中的觀念因素傳承下來。

秦代曾經焚毀包括《詩經》在內的所有儒家典籍。因《詩經》易於記誦，不少士人通過背誦口傳，使之得到保存，在漢代又復流傳。戰國之時，《詩經》亦在孟子、荀子等儒家典籍中被作爲論證的理論依據，具有崇高地位。古人

〔註4〕 （春秋）孔子著，高亨注：《詩經今注·商頌·那》，上海：上海古籍出版社，1980年，第525頁。

〔註5〕 （春秋）孔子著，高亨注：《詩經今注·小雅·甫田》，上海：上海古籍出版社，1980年，第328頁。

〔註6〕 （戰國）《論語》，北京：文物出版社，1997年。

認爲，「祖宗雖遠，祭祀不可不誠；子孫雖愚，經書不可不讀」〔註7〕，把讀經書和祭祀看得一樣重要，認爲祭祖儀式具有明顯的重要性。

二、官修方志以承載清明文化

方志，「方」爲「地方」，「志者，記也」，就是關於地方的記述。編修地方志，在我國有著悠久的歷史傳統。我國現存方志 8500 種、10 萬卷以上，約占古籍總數的十分之一，其中有不少是關於地方祭祀風俗內容的。被後人譽爲「方志之祖」之一的《越絕書》〔註8〕，爲東漢會稽袁康撰，吳平所定。

> 虎丘北莫格冢，古賢者避世冢，去縣二十里。被奏冢，鄧大冢是也，去縣四十里。闔廬子女冢，在閶門外道北。下方池廣四十八步，水深二丈五尺。池廣六十步，水深丈五寸。隧出廟路以南，通姑胥門。巫門外冢者，闔廬冰室也。巫門外大冢，吳王客、齊孫武冢也，去縣十里。善爲兵法。蛇門外大丘，吳王不審名冢也，去縣十五里。築塘北山者，吳王不審名冢也，去縣二十里。近門外欓溪瀆中運鄉大丘者，吳故神巫所葬也，去縣八十里。由鍾窮隆山者，古赤松子所取赤石脂也，去縣二十里。子胥死，民思祭之。〔註9〕

可見，「冢墓」是其中主要編目之一，足見當時的官方就關注到跟祭祀密切相關的各類墓地。

地方志是重要的地方文獻，是一個地區的史書。地方志是中華民族特有的文化瑰寶，其發展已有兩千多年的歷史。它起到補國史之缺、祥國史之略的作用，是任何文化典籍所不能取代的。正是如此，地方志在我國的歷史長河中發揮了極其重要的作用。最初的地方志是順應當時官方的需要，爲封建統治階級服務的，其功能主要在於「輔治（資治）」。由於多種

〔註7〕 （清）朱柏廬撰：《朱子治家格言》，青島：青島出版社，2004 年。

〔註8〕 （東漢）袁康撰，吳平輯錄，《越絕書》，上海：上海古籍出版社，1985 年。越絕書是記載我國早期吳越歷史的重要典籍。它所記載的內容，以春秋末年至戰國初期吳、越爭霸的歷史事實爲主幹，上溯夏禹，下迄兩漢，旁及諸侯列國，對當時的政治、經濟、軍事、天文、地理、曆法、語言等多有所涉及。其中有些記述，不見於現存其他典籍文獻，而爲此書所獨詳；有些記述，則可與其他典籍文獻互爲印證，因而具有一定的文化價值。

〔註9〕 （東漢）袁康，吳平輯錄：《越絕書·越絕外傳記·吳地傳第三》，上海：上海古籍出版社，1985 年，第 112 頁。

原因，宋元及其之前的方志多散佚，難窺其全貌〔註 10〕。地方志所包含的地理山川風俗、經濟、文化歷史等信息對瞭解民風民情有很大的幫助。正如梁啓超所言：

> 最古之史，實爲方志，如孟子所稱「晉《乘》、楚《檮杌》、魯《春秋》」，墨子所稱「周之《春秋》，燕之《春秋》」，莊子所稱「百二十國寶書」。〔註11〕

這表明，梁啓超認爲方志係起源於古代的地方史（國別史）。後人把晉之《乘》、楚之《檮杌》、魯之《春秋》作爲後世方志的發端。明代，地方志書發展進入了興盛時期，從洪武至崇禎（建文除外），從內地到邊遠地區俱有志書編纂。除少數地區僅撰修一次外，大多數次編撰，尤其是政治地位重要、經濟文化發達、歷史悠久之地，志事的編撰更爲頻繁，甚至出現了每十年或數十年一修的盛況。

編修地方志是中華民族的優良文化傳統，歷朝歷代官方皆重視地方志的撰修工作，屢次頒佈修志詔令。早在秦漢時期，就有以風土習慣爲主要編撰內容的地理志誕生。早東漢時，光武帝劉秀爲彰顯其家鄉的特色風俗，下詔撰修《南洋風俗傳》，開後世官修地方志書的先河。西漢以後的地方志主要形式即地記，常璩《華陽國志序》裏認爲，地方志有「達道義、章法戒、通古今、表功勳、旌賢能」的作用。地方志的編撰，經過魏晉南北朝的發展、充實，到隋唐時形成雛形，並在趙宋出現定型的局面。自此以後，歷代官府競相傚仿，下詔令編纂地方志。自此，修志傳統代代相傳，並定期普修。隋唐時期，出現了官修志書，當時志家對方志的功能有「佐明王扼天下之吭，制群生之命」的看法。到宋代，作用更大。從明朝其起，修志數量更大。明朝修志目錄的頒佈，目的在於控制地方志編纂，改變洪武間志書雜亂之弊。因此，有關墳墓與祭祖習俗的內容，也就得到了官府的同意，從一個側面表明官府是認可這種風俗的存在的。因此，官定體例，體現明朝官方對修志重視，防止志書越軌，違背他們的需要。

> 漢南越武王趙佗墓在縣東北八里。又言佗墓在禺山，蓋與此山相連接耳。南越志云佗墓自雞籠以北至此山連岡，屬於此山。功費彌多

〔註10〕 巴兆祥著：《方志學新論》，北京：學林出版社，2004 年，第 70 頁。

〔註11〕 梁啓超著：《清代學者整理舊學之總成績》（三），《方志學‧中國近三百年學術史》，北京：東方出版社，1996 年，第 362 頁。

> 辛不可得。裴淵廣州記曰：「城北有尉佗墓，墓後又大岡。謂之馬鞍
>
> 岡。」〔註12〕

明承前代遺訓，十分重視編修志書。地方志官定體例，統一格式。洪武九年，詔天下州郡縣撰修志書，十一年，又有旨令天下郡縣撰修圖志。永樂十年，明代朝廷爲修《一統志》而頒降《修志凡例》16 則。這是迄今發現最早由朝廷頒佈的修志細則。其中的「風俗形勢」和「詩文」條款所規定的內容是：

> 凡天下州、縣所定疆域、山川，既有間隔，習尚嗜好，民情風俗，
>
> 不能無異，宜參以古人之所論，與近日好尚習俗之可見者書之。自
>
> 前代至國朝詞人題詠山川、景物，有關風俗、人事者，並收錄之。
>
> 〔註13〕

雖然不可能完全是關於清明祭祖習俗的事例，但編撰出來的志書大多涉及這方面的內容。明朝以後，地方志及其理論發展逐漸成熟，普遍將地方志的功能釋爲「資治、存史教化」。清代，由於社會各界的重視，中國古代方志達到了高度成熟，不僅數量浩繁，品種齊全，而且內容詳實，體例精審。這表明方志事業出現了前所未有的繁榮局面。

　　民國建立不久，1914 年，浙江省率先設立通志局，啟動《浙江通志》的編纂工作。同年，教育部咨令各地編修鄉土志，用作學校教材。此後的修志機構和法規都比較健全。1949 年，人民政府同樣重視方志的修訂工作。但 1949 年代至 1970 年代所編撰的地方志，與此前各朝的方志相比，一般都省略了歲時習俗這個條目。實際上是淡化了歲時習俗方面內容的記述，這是特定歷史階段，官方對待清明文化等民間風俗的一種態度。

　　從 20 世紀 80 年代開始到 20 世紀末這 20 年來的修志實踐，是我國方志史上空前的盛舉。在這一新時期，新方志的記載範圍更廣泛，大到包括一個地區的天文地理、政治經濟、科學文化、工農業生產等各，小到地區風俗、方言、古迹、人物等。人們對方志功用認同爲「資治、教育、存史」三大功能。現存大量的方志都涉及到祭禮和歲時中的清明節習俗，只是各地方志中記載的清明習俗都大同小異。

〔註12〕清・史澄等撰，李福泰修：《中國方志叢書・廣東省番禺縣志・古迹略二（冢墓・寺觀）》（清同治十年刊之影印本），臺北成文出版社印行，1968 年，第 289～295 頁。

〔註13〕巴兆祥著：《方志學新論》，北京：學林出版社，2004 年，第 98 頁。

此外，鄉土志是清末特殊歷史背景下產生的，用作小學鄉土教育教材的一種特殊文獻。其內容主要是介紹當地的地名、組織、界域、山川河流的形勢、地方物產、礦物等，其中還花一定的筆墨來介紹當地的民間信仰，如祭祖與拜神活動。民國時期杭州的《湖步村鄉土記》就有如下的記載：

> 本村住民大都好崇祖先神像，大致家家有祖先遺像及瓜瓞圖。通常於新年時懸掛堂前，供以糕果等各色祭品祭祖。一年中又有三次思親節。一是清明掃墓，二是中元祭祖，三是冬至掃墓，當中要數清明節的祭祖活動最爲普遍且最爲隆重……〔註14〕

鄉土志的例目包括宗教風俗內容，其中的清明祭祖習俗仍屬地方志的固定編纂體例。光緒二十四年、二十七年，清廷分別下詔各省督撫，廢科舉，將書院改爲學堂，成立蒙學教養堂，編纂鄉土志正是清廷爲加強兒童基礎教育而採取的一項改革措施。其中的地方信仰習俗教育對兒童從小養成敬畏神靈、崇拜祖先起到了一定的「薰陶」作用，這對清明文化得到穩定性的傳承提供了一條不可多得的途徑。

三、以官學科舉傳承清明文化的觀念因素

孝是中國古代將道德思想與政治倫理踐行結合得最好的一個德目，是全社會予以認同和身體力行的道德規範。《孝經》〔註15〕、《禮記》、《孝行》、《顏氏家訓》、《二十四孝原編》等孝書及《三字經》、《千字文》、《弟子規》等啓蒙書都包含完備的孝道理論，都是孝道理論爲後世所傳承的一個堅實基礎。

孔子繼承並發揚了周禮中的孝道觀念，十分重視孝在喪葬中的作用。孔子在原始宗教信仰中添入理性的成份，把祖先崇拜由亡靈崇拜的要素提升到倫理化的祭祀，以孝德和祖先崇拜建立起關聯性，並希望借助以祖先祭祀爲主要方式的宗教活動來達到倫理教化之目的。這種喪葬祭祀的觀念，通過各類文獻傳承下來，客觀上對後世的厚葬之風起了基礎性理論建構作用。

到了秦漢時期，儒家的孝道喪葬觀主要反映在《孝經》中；該書是西漢儒家孝道思想的集中反映。《孝經·紀孝行章》曰：「孝子之事親也，居則致

〔註14〕（民國抄本）錢飛虹纂修，國家圖書館分館輯錄：《鄉土志抄稿本選編·湖步村鄉土記（杭州）》，北京：線裝書局，2002年，第31～32頁。

〔註15〕《孝經》規定了天子、諸侯、大夫、士、庶民之孝，其中就包含有祭祀祖先這個事項。

其敬，兼則致其樂，病則致其憂，喪財致其哀，祭則致其嚴……」儒家這種孝道喪葬觀深入民心，對當時的喪葬習俗產生了極其深遠的影響。這便是秦漢厚葬之風盛行的原因〔註16〕。《中庸》曰「事死如生、死亡如存，仁智備矣」，加上「不孝有三，無後為大」〔註17〕，都表現出民眾對祖先崇拜的理解。

（一）設置官學

古代從國家最高學府到州、縣、庫、序都有完備的學校體制，為孝道教育提供了保障。這就是孝道得以傳承和履行的另一個有力保障。比如在廣東，自明洪武下詔置社學以來，社學隨後有了較大的發展。官方主辦的社學，與書院等機構通過教育以達儒化目的，以便更好地推行其統治政策。祖先崇拜意識因此滲透到廣大民眾意識之中，並使當地形成了重視清明墓祭習俗的傳統觀念〔註18〕。《孝經》卷一·《開宗明義》：「夫孝，德之本也，又天之經也，地之義也，民之行也。」所以，孝不僅包括善事父母，還包括祭享、和睦宗族、修身敬德等系列內容。「孝」不但是族之宗親的親親原則，也和「德」一樣成為維護血緣宗法制度、凝聚宗族的重要手段。倫理上的敬宗反過來強化了宗教上的敬祖，二者相輔相成。

清明文化反映在歷代文人的詩詞之中，而這些詩詞反過來又為後人提供了記憶的母體，為強化後人清明文化方面的記憶提供了很好的素材。唐宋以來，詩人反映寒食節禁火的作品比比皆是。進入到當代，學校教育雖然不像古代那樣特別強化儒家孝道意識的教化功能，但也涉及一些跟此觀念有關的詩詞教育。因此，每當進入仲春，寒食清明古詩所描繪的意境就會與實際情景相交融。相關的清明詩句不但存留在眾多的古籍文獻當中，而且還大量出現在公學的教育材料當中。以下是唐代大詩人杜甫的《清明》詩作，當中體現出來的是清明時節的祭祖等習俗：

> 朝來新火起新煙，湖色春光淨客船。
>
> 繡羽銜花他自得，紅顏騎竹我無緣。
>
> 胡童結束還難有，楚女腰肢亦可憐。
>
> 不見定王城舊處，長懷賈傅井依然。

〔註16〕趙丕傑著：《中國古代禮俗》，北京：語文出版社，1996年，第16～17頁。

〔註17〕見《孟子·離婁》（上），漢代趙岐注釋為「不娶無子，絕先祖祀，三不孝也」。孫聚友注釋，濟南：山東大學出版社，1997年。

〔註18〕葉漢明著：《明代中後期嶺南的地方社會與家族文化》，《歷史研究》，2000年第3期。

> 虛靄焦舉爲寒食，實藉嚴君賣卜錢。
> 鐘鼎山林各天性，濁醪粗飯任吾年。
>
> 此身飄泊苦西東，右臂偏枯半耳聾。
> 寂寂繫舟雙下淚，悠悠伏枕左書空。
> 十年蹴踘將雛遠，萬里鞦韆習俗同。
> 旅雁上雲歸紫塞，家人鑽火用青楓。
> 秦城樓閣煙花裏，漢主山河錦繡中。
> 風水春來洞庭闊，白蘋愁殺白頭翁。〔註19〕

晚唐著名詩人杜牧的絕句《清明》「清明時節雨紛紛，路上行人欲斷魂。借問酒家何處有，牧童遙指杏花村」，更是膾炙人口，無人不曉。其中的「清明時節雨紛紛，路上行人欲斷魂」詩句，所流露出來的哀傷情懷和孝思理念，伴隨每一個個體的精神和感情發展歷程，並已成爲民眾的一種文化記憶。

歷代通過學校教育把孝書、啓蒙書作爲孝道教育的教材，也是清明文化得以不斷傳承的一個保證。因此，孝道歷經千年不衰，最主要的原因是封建王朝通過學校教育把清明文化中的觀念因素鞏固下來，使之由倫理規範經清明祭祖儀式而轉換成一種習慣行爲。

（二）推行科舉考試

科舉制是中國歷史上通過考試選拔官員的一種基本制度，給民眾入仕提供了一個公平競爭的機會。以科舉爲「正途」而又以儒家學說爲科舉考試內容的做法把政權的世俗性與意識形態灌輸自然地融合爲一體，是我國傳統政治的一大創造。科舉制濫觴於漢朝的察舉制，接著定型於隋朝，發展於唐朝，完備於宋朝，興盛於明、清兩朝，廢除於清朝末年，歷經隋、唐、宋、元、明、清。根據史書記載，隋朝大業元年（605）的進士科算起，直到光緒三十一年（1905）正式廢除，其間成千上萬的讀書人爲仕途功名，窮經書，研八股，考究策論制藝。在北宋的神宗時期，主張改革的王安石則認爲：

> 今人材乏少，且其學術不一，異論紛然，不能一道德故也。一道德
> 則修學校，欲修學校，則貢舉法不可不變。若謂此科嘗多得人，自
> 緣仕進別無他路，其間不容無賢。若謂科法已善，則未可。今以少

〔註19〕杜甫：《清明二首》，中華書局編輯部點校：《全唐詩》，北京：中華書局，1960年，第233卷第48首。

> 壯之時，正當講求天下正理，乃閉門學作詩賦，及其入官，世事皆
> 所不習此科法敗壞人材，致不如古。〔註20〕

最後在北宋的科舉考試中罷詩賦、帖經、墨義，只考經典大義、論、策。取消詩賦考試之後，又增加明法一科，後來連進士科也加試法律。但是，就總體而言，科舉考試內容依然離不開儒家經典。雖說跟原來有所偏離，卻沒有跳出如家經典所涉及的內容範圍。

　　儒家學說在封建時代居於主導地位，是中國學術文化的重要源頭。國學主要分儒、道、佛三個思想體系，但《十三經》作為儒家學說的經典，其地位之尊崇，影響之深廣，是其他任何典籍所無法比擬的。其原因是科舉制將儒家思想全面推進到社會各層面，使之成為中國傳統文化的精神核心。由隋朝至清末的1300多年所推行的科舉制中，其試題均以儒家經典為主要內容；特別是宋朝理學興盛後，四書五經為考試的必考內容，因而科舉制培育和維繫了儒家傳統文化。因此，科舉制在中國傳統社會結構中居於中心的地位，是維繫儒家思想體系正統地位的根本手段。這就使得中國在歷史上產生了一個延續傳統儒家思想的奇迹。為了考試、求官，儒家經典被千萬人背誦濡養達1300年之久〔註21〕。這是包括清明文化各種觀念因素在內的中華民族傳統文化記憶得以傳承至今的重要原因。

第二節　古代對清明文化活動的控制

　　中國遠古時代的宗教形式主要是自然崇拜和圖騰崇拜，到了周代把崇拜昊天上帝與崇拜祖宗神靈統一起來，即「尊天敬祖」，周公把它變成為古代政治宗教教育的一種制度，為歷代帝王所看重〔註22〕。從此，宗教權力從來都不能大於官僚政治，所有宗教形式只能依附於王權才能得到傳承和發展。這是中西方宗教差異最大的地方。清明祖先祭祀活動只能被當作古代官方的統治工具而存留，沒有官方的許可，祭祖活動不可能公開進行。因此，在古代的祖先崇拜活動一直是在官方控制之下的政治社會環境中逐步形成和發展的。從總體上來看，這種祖宗崇拜的信仰活動是以官方為中心、以庶民百姓

〔註20〕（元）脫脫等撰：《宋史》卷155．《選舉志一》，北京：中華書局，1985年。
〔註21〕參見余秋雨：《中華文明的過去和今天·在中歐國際工商學院的演講》，《解放日報》，2005年10月9日。
〔註22〕趙洪恩、李寶席著：《傳統文化通論》，北京：人民出版社，2003年，第125頁。

爲主體的信仰活動。這就是說，清明文化中的觀念因素如祖先崇拜、儒家孝道思想等都與中國宗法制的君權政治有著不可分割的密切關係，並帶有濃厚的封建等級色彩。

清明墓祭習俗雖然產生於民間，但從來都是官方控制的一個部分。對普通民眾來說，在清明等歲時節日中祭祀祖先不過是爲了祈求平安和內心平衡。但在官方看來，這卻是一種很重要的宗教儀式，甚至是一種重要的教化工具或穩定社會關係的手段〔註23〕。這一點長期以來被人們認爲是上下層文化傳統最明顯的區別所在。正是因爲官方認識到民間祖先崇拜的政治價值和文化功能，因此歷代官方都以各自的形式來管理這種頗有傳統意蘊的清明文化。特別是對其中的祭祖活動管理得較爲頻繁，也許跟其易變特性有密切的關係。

一、對祖先祭祀活動的限制

神靈信仰的表現，主要是祭祀活動，而祭祀的對象又首推祖先。祖先崇拜在我國一直延續到近代，在傳統宗教中佔有核心地位，是我國小農經濟和宗法關係長期延續並佔據統治地位的一個副產品。上古時代祭祀祖先有著明顯的政治目的，《國語‧魯語》載：

> 夫聖王之制祀也，法施於民則祀之，以死勤民則祀之，以勞定國則
> 祀之，能禦大災則祀之，能捍大患則祀之。非是族也，不在祀典。

〔註24〕

可見，祭祖成了國君的首要職責，祭祖儀式也成爲社會等級和種族身份的明顯標誌。至於庶人的祭祀，則嚴格控制爲「不過其祖」，嚴禁「追遠尊先」。到了周代，更定立了維護政治等級的廟制，空間上規定各個等級所能夠祭祀的權利〔註25〕，宗教制度因而成爲了政治制度的組成部分。從西周開始祭祖等級制度與宗法制度相結合，規定大宗「百世不遷」，小宗「五世則遷」。宗法制的「尊祖」、「敬宗」和「親親」、「尊尊」等原則，成爲人們必須遵守的行爲規範，構成所謂「禮」的核心內容。針對這種以「禮」爲法律的基石和

〔註23〕 葉漢明著：《明代中後期嶺南的地方社會與家族文化》，《歷史研究》，2000年3月。

〔註24〕 （春秋）左丘明撰：《國語》，北京：中國經濟出版社，2002年。

〔註25〕 見《禮記‧王制》上所載：「天子七廟，諸侯五廟，大夫三廟，士一廟，庶人祭於寢」。

法制準繩的特點，錢穆認為，周代以來，中國將宗教政治化，又將政治倫理化了。因此說，祖先崇拜之原始本質仍與敬畏上天有關，其宗教意義超過其倫理意義〔註26〕。但是二者之間的政治因素歷來都是官方所看重的，因而歷代官方都通過各種方式管理和利用與祖先崇拜有關的各種祭祀活動。

（一）體現等級制度

在《周禮》，對公共墓地的准入有嚴格的規定，如「冢人掌公墓之地，辨其兆域而為之圖。先王之葬居中，以昭穆為左右。凡諸侯居左右以前，卿、大夫、士居後，各以其族。凡死於兵者，不入兆域。凡有功者居前，以爵等為丘封之度，與其樹數」。對於棺槨的設置與使用，《禮·檀弓》國子高曰：「葬也者，藏也。藏也者欲人之弗得見也。是故衣足以飾身，棺周於衣，槨周於棺，土周於槨，反壤樹之哉！」考慮到墓地對農業生產空間的佔用，因此「葬田不妨田」，又注「言所葬之地不妨農耕地。殷以前平葬，無丘隴之識也」〔註27〕。古代官方墓地高度、植樹的種類都相應的規定。《周禮·冢人》疏引《春秋緯》云：「天子墳高三仞，諸侯半之，大夫八尺，庶人無墳。」自春秋時墳興起，其高度往往引人注目，因而歷代王朝很快就利用它來顯示尊卑貴賤等級，列入禮法，成為國家制度。如唐代規定官員一品至七品的墳高依次為 18 尺、16 尺、14 尺、12 尺、9 尺、7 尺，庶人為 7 尺。《檀弓》云：「庶人縣封，葬不為雨止，不封不樹。」《周禮·冢人》疏引《春秋緯》曰：「天子樹以松，諸侯樹以柏，大夫樹以藥草，士樹以槐，庶人樹以楊柳。」

《禮記·王制》對廟的數量有這樣的規定：「天子七廟，諸侯五廟，大夫三廟，士一廟，庶人祭於寢。」規定了各個等級的建廟的數量，也就是規定了他們進行祭祀祖先的特定空間。南北朝時期，是我國歷史上一個動盪不安的年代，但北朝中的北齊時期依然對祭祖權力有明確的規定。其制度是從二品以上官員可以祭祀五代祖先，正三品以下、從五品以上祀三代，正六品以下、從七品以上祀二代。平民百姓由於處在最低的等級之下，所以沒有建廟的權力，只能在家裏進行祭祀祖先的儀式。後代逐漸放寬，出現了宗族祠堂，但等級制度仍很嚴格，只有品官才有資格建立祠堂，祭祀的對象也只限於高、曾、祖、父四代。直到明嘉靖十九年，平民之家建立家祠、家廟及追祭始祖開始得到官府的首肯，祭祖領域的等級差別才逐漸消失。

〔註26〕參見錢穆著：《民族與文化》，香港新亞書院，1962 年，第 7 頁。

〔註27〕見（戰國）　荀況著：《荀子》，上海：上海古籍出版社，1989 年。

《周禮·秋官·大行人》提到，「上公之禮九牢，諸侯諸伯之禮七牢，諸子諸男之禮五牢」。這表明，從天子到士大夫的祭祀用牲之數有明確的規定。觀射父對楚昭王所說的周代祭祀用牲情況是「天子舉以大牢，祀以會；諸侯舉以特牛，祀以大牢；卿舉以少牢，祀以特牛；大夫舉以特牲，祀以少牢；士食魚炙，祀以特牲；庶人食菜，祀以魚」〔註28〕。依上可知周代祭祀牲品的使用也是社會等級的一個表現。後代一般都遵循周代這個祭祀等級，或者稍作變動。如清代規定祭祀供品的使用是，三品以上一羊一豬，四品至七品一豬，八品以下用豬肩，庶人只能用餅餌、肉食、菜蔬。

（二）維護清明文化活動的措施

西漢末年到魏晉時期的寒食節還只是一個單一性、地方性的民間節日，節俗活動十分單調，僅有禁火和寒食，流傳區域集中在晉地。到南北朝時，其寒食節習俗中開始出現了掃墓，隋唐五代時期稱清明節掃墓為寒食展墓，民間對這項活動尤為看重。但直到在唐代開元年代之前，民間盛行的這種拜墓活動還被視為「野祭」。

墓祭發展過程中官方曾多次對墓祭活動進行過限制，唐高宗李治龍朔二年（622年），朝廷發佈了一道詔令，禁止民間 「或寒食上墓，復為歡樂。坐對松檟，曾無戚容。既玷風猷，並宜禁斷。」 〔註29〕也禁止寒食節上墳，更不許在悲傷地掃墓之後又歡快地郊遊。顯然朝廷認為民間這些做法傷風敗俗，是對亡靈、鬼神的不恭。到玄宗李隆基開元二十年（732年），朝廷又頒佈敕令：「士庶之家，宜許上墓，編入五禮，永為常式。」此後，寒食節成為民間正式的掃墓時間。皇家從此也擠身於寒食祭陵展墓之列，如唐貞觀時規定，皇祖以上至太祖陵寒食日設祭。宋代「禁中前半月發宮人車馬朝陵」。明代「上陵之祀，歲凡三舉，清明也，中元也，冬至也。事天下無事，天子於清明日亦時或一行」，明代也把清明祭陵當作一年中的主要祭祀時間之一〔註30〕。

〔註28〕 《國語·楚語下》。（戰國）《論語》，北京：文物出版社，1997年。

〔註29〕 見北宋《唐會要》卷二十三記載。（宋）王溥撰：《唐會要》，北京：中華書局，1955年。

〔註30〕 （明）邱濬撰《大學衍義補》載：「上陵之祀，歲凡三舉，清明也，中元也，冬至也。每遇行禮，文武諸司各遣官一員，而以親王或駙馬都尉主祀。事天下無事，天子於清明日亦時或一行。其忌日則唯駙馬，而百官不與焉。其或藩王來朝者，亦許拜謁。孝陵在南京，內外臣僚有事經過者必先拜謁。」（明）邱濬著，林冠群、周濟夫校點，北京：京華出版社，1999年。

後來，由於官吏回鄉掃墓，多因交通不便和時間倉促出現不能按時返回的事，朝廷又頒佈幾個政令准予放假以解決此類問題。據《唐會要》卷八十二〕載「（開元）二十四年（736）二月二十一敕：‘寒食、清明四日爲假’」，朝廷規定寒食節放假四天。大曆十二年（777）唐朝官府又下詔增加一天假期：「自今以後，寒食通清明，休假五日。」貞元六年（790），假日再增加兩天，共七天〔註 31〕。宋代的寒食節也放假七天，如北宋龐元英《文昌雜錄》卷一記載 「祠部休假歲凡七十有六日，元日、寒食、冬至各七日」，南宋陳元靚《歲時廣記》卷十五引宋呂原明《歲時雜記》「清明前二日爲寒食節，前後各三日，凡假七日」。

清朝無清明放假的記載，但也把清明規定爲上陵祭祀的日子。據《大清會典》載，康熙二年議定「孝陵每年以清明、中元、冬至，歲除爲四大祭，供獻行禮俱照昭陵例行」，又康熙三年議准：「每歲清明節，於各陵上土，承祭官、總管官、掌關防官於界外取土，貯紅牆外潔淨處候用……」。可見，發展到清朝初期，官方也與民間一道把清明節看作祭祀祖先的一個重要時刻。

二、對墓葬習俗的管理

歷史上，各個朝代都或多或少對墓祭習俗進行過干預或調整。但是干預墓葬祭祀習俗最爲突出的是兩漢期間。此時的官方不僅是以詔書的形式來勒令民間執行簡便葬式和簡單的祭祀形式，而且最高統治者也以身作則，志在引領喪葬祭祀新風尚。

自兩漢以來，社會世風一直倡行厚葬。兩漢社會又強調重孝，認爲「令先人墳墓儉約，非孝也」，而厚葬者「則稱以爲孝，顯名立於世，光榮著於俗」，故「世以厚葬爲德，薄終爲鄙」。由於占統治地位思想的引導，社會各界競相厚葬，有些人甚至不惜「廢室賣業」，傾家蕩產。但是厚葬的結果卻是人們始料不及的：

> 喪亂以來，漢氏諸陵無不發掘，至乃燒取玉匣金縷，骸骨并盡，是焚如之刑，豈不重痛哉！禍由乎厚葬封樹。〔註 32〕

〔註 31〕《冊府元龜》卷六《帝王‧立制度一》。（北宋）王欽若等編撰，北京：中華書局，1960 年。

〔註 32〕《三國志‧魏書‧文帝紀》，（晉）陳壽撰：（宋）裴松之注、吳金華標點，長沙：嶽麓書社，1990 年。

三國時代「骸骨並盡」的現況，致使官方在無奈之下放棄孔孟之道而倡導儉葬。曹操首先倡導儉葬。東漢建安十年（西元203年）春，曹操提出：「令民不得復私仇，禁厚葬，皆一之於法。」〔註33〕曹操本人率先垂範，帶頭實行儉葬。他在遺令中重申「天下尚未安定，未得遵古也。葬畢，皆除服。……斂以時服，無藏金玉珍寶。」〔註34〕曹操之後，把儉葬以詔令的形式規範下來的是曹丕。他於西元222年創設以儉葬方式「首陽陵法」：

> 禮，國君即位爲椑。存不忘亡也。昔堯葬穀林，通樹之，禹葬會稽，農不易畝，故葬於山林，則合乎山林。封樹之制，非上古也，吾無取焉。壽陵因山爲體，無爲封樹，無立寢殿，造園邑，通神道。夫葬也者，藏也，欲人之不得見也。骨無痛痒之知，冢非棲神之宅，禮不墓祭，欲存亡之不黷也，爲棺槨足以朽骨，衣衾足以朽肉而已。故吾營此丘墟不食之地，欲使易代之後不知其處。〔註35〕

在《終制》的詔令中，曹丕闡述了自己樸素的喪葬觀：

> 禮，國君即位爲椑，存不忘亡也。昔堯葬穀林，通樹之；禹葬會稽，農不易畝，故葬於山林，則合乎山林。封樹之制，非上古也。吾無取焉。壽陵因山爲體，無爲封樹，無立寢殿，造園邑，通神道。夫葬也者，藏也，欲人之不得見也。骨無痛痒之知，冢非棲神之宅，禮不墓祭，欲存亡之不黷也，爲棺停足以朽骨，衣衾足以朽肉而已。故吾營此丘墟不食之地，欲使易代之後不知其處。無施葦炭，無藏金銀銅鐵，一以瓦器，合古塗車、芻靈之義。棺但漆際會三過，飯含無以珠玉，無施珠襦玉匣，諸愚俗所爲也。季孫以璵璠斂，孔子歷級而救之，譬之暴骸中原。宋公厚葬，君子謂華元、樂莒不臣，以爲棄君於惡。漢文帝之不發，霸陵無求也；光武之掘，原陵封樹也。霸陵之完，功在釋之；原陵之掘，罪在明帝。是釋之忠以利君，明帝愛以害親也。忠臣孝子，宜思仲尼、丘明、釋之之言，鑒華元、樂莒，明帝之戒，存於所以安君定親，使魂靈萬載無危，斯則賢聖

〔註33〕《三國志‧魏書‧武帝紀》。（晉）陳壽撰，（宋）裴松之注、吳金華標點，長沙：嶽麓書社，1990年。

〔註34〕見《三國志‧魏書‧武帝紀》（晉）陳壽撰，（宋）裴松之注、吳金華標點，，長沙：嶽麓書社，1990年。

〔註35〕《三國志‧魏書‧文帝紀》，（晉）陳壽撰，（宋）裴松之注、吳金華標點，長沙：嶽麓書社，1990年。

之忠孝矣。自古及今，未有不亡之國，亦無不掘之墓也。喪亂以來，
漢氏諸陵，無不發掘，至乃燒取玉匣金縷，骸骨并盡，是焚如之刑，
豈不重痛哉！禍由乎厚葬封樹。「桑、霍爲我戒」，不亦明乎？其皇
后及貴人以下，不隨王之國者，有終沒皆葬澗西，前又以表其處矣。
蓋舜葬蒼梧，二妃不從。延陵葬子，遠在嬴、博。魂而有靈，無不
之也，一澗之間，不足爲遠。若違今沼，妄有所變改造施，吾爲戮
尸地下，戮而重戮，死而重死。臣子爲蔑死君父，不忠不孝，使死
者有知，將不福汝。其以此詔藏之宗廟，副在尚書、秘書、三府。
〔註36〕

他還強烈要求民眾共同遵循有關法規，要是「若違今詔，妄有所變改造施，
吾爲戮尸地下，戮而重戮，死而重死。臣子爲蔑死君父，不忠不孝，使死者
有知，將不福汝」。此外，曹丕大力移風易俗，下《罷墓祭詔》和《禁淫祀詔》
兩詔書來限制墓祭和淫祀。其中《罷墓祭詔》的內容爲：

先帝躬履節儉，遺詔省約。子以述父爲孝，臣以係事爲忠。古不墓
祭，皆設於廟。高陵上殿，屋皆毀壞，車馬還廄，衣服藏府，以從
先帝儉德之志。

而《禁淫祀詔》則提到：

先王制禮，所以昭孝事祖，大則郊社，其次宗廟。三辰五行，名山
大川，非此族也，不在祀典。叔世衰亂，崇信巫史，至乃宮殿之內，
戶牖之間，無不沃酹，甚矣其惑也。自今，其敢設非祀之祭，巫祝
之言，皆以執左道論，著于令典。〔註37〕

因官方大力推行節儉方針，民眾隨即不敢厚葬和隆祭。這是一個正面干預傳
統的厚葬習俗和祭祖活動並取得成效的做法。曹魏葬祀創儉方式大大地衝擊
了沿襲幾百年的陳規陋習，形成了新的社會風尚，有十分重要的進步意義。
後來的封建官方很少能夠沿著這條思路繼續走下去，而實際上官方對這種傳
統文化記憶強有力的干預，在長時間裏也無法取得相應的效果。由於民眾記
憶中的觀念因素如祖先崇拜和孝道思想還佔據著非常重要的位置，如：

生不極養，死乃崇喪，或至刻金縷玉，櫃梓梗楠，良田造塋，黃壤

〔註36〕《三國志・魏書・文帝紀》，（晉）陳壽撰，（宋）裴松之注，吳金華標點，長
　　　　沙：嶽麓書社，1990 年。
〔註37〕《三國志・魏書・文帝紀》，（晉）陳壽撰，（宋）裴松之注，吳金華標點，長
　　　　沙：嶽麓書社，1990 年。

致藏，多埋珍寶，偶人車馬，起造大冢，廣種松柏，廬舍祠堂，崇
侈上潛。〔註38〕

這種重孝厚葬的做法，就是當時「令先人墳墓儉約，非孝也」觀念的最好注
腳。因此「世以厚葬爲德，薄終爲鄙」，可謂積習難改了。後世不再堅持此種
做法，大概也跟此有關。如果社會沒有發展到一定階段，或者說觀念上的問
題沒有通過有效途徑得到解決，單要從習俗形式來改變這種傳統文化記憶的
原貌，其改革的結果最終是不徹底的。

由於墳墓爲安葬祖父輩的之所，上以盡送終之孝，下以爲啓後之謀。墳
墓是故去先人的靈魂所在，神靈安則子孫盛，歷代統治階級從穩定社會秩序
和倫理道德出發，多有禁止毀墓的法律，如《淮南子汜論》有「天下縣官法
曰：發墓者誅，竊盜者刑。此執政之所司也」的規定。如《呂氏春秋》中對
於「姦人」盜墓，已經有「以嚴威重罪禁之」的懲罰措施。《唐律疏議》也有
這樣的記載，「諸盜園陵內草木者，徒二年半。若盜他十惡而不赦人墓塋內樹
者，杖一百。……諸發冢者，加役流；已開棺槨者，絞；發而未徹者，徒三
年。」，以及「諸毀人碑及石獸者，徒一年」。對於毀壞皇家陵墓者，其相應
的懲罰措施則更加嚴厲。在中國傳統宗法社會，墳墓曾經是能夠維護祖先精
神權威，體現宗族凝聚力的象徵。保護冢墓，已成爲一種道德行爲的準則。

三、對清明祭祖儀式的沿襲

在中國古代早期的歷史發展過程中，夏代君主掌握最高的祭祀權。與此
相適應的宗法關係是祖先崇拜，以及天命和鬼神信仰。殷代對列祖列宗、先
考先妣的祖先崇拜，對上蒼的天神崇拜，以及對土、河、嶽的自然崇拜，同
時並存，但以祭祖先神爲主。周代則把祖先和天神崇拜與王位繼承中的「授
民授疆土」分封制度結合起來，從而建立起一套較爲完備的宗法等級制度。
但周代宗教的核心還是祖先崇拜。

殷商時代，儒家則將祖先崇拜倫理化，用意在表達報本追遠的孝思和
實踐報功修養的教化。人們重視祭祀之禮，乃因「祭祀之禮，主人自盡焉
爾。豈知神之所饗？亦以主人有齋敬之心也」〔註 39〕。就是接受傳統的祭
典儀式，但在理論上有了新的闡述，從爲祭祀而祭祀變成一種爲感情而祭

〔註38〕（漢）王符撰，龔祖培校點：《潛夫論》，瀋陽：遼寧教育出版社，2001 年。
〔註39〕見《禮記・檀弓》（下）；陳澔注，上海：上海古籍出版社，1987 年。

祀。祭祀祖先的功利化進一步凸現，祭祖儀式也就成爲了一種俗世工具，宗教化的韻味降低了。商代，民衆對祖先靈魂的崇拜便與王室政權的正統觀念緊密聯繫在一起。祭祖活動就顯得與身份等級有著密切聯繫，因此各種祭祖儀式也越發隆重。商王對其先祖的祭祀，更是周而復始地輪番進行。到了殷代末期「國之大事，在祀與戎」，祭祀就取得與戰爭同樣地位而成爲國家的頭等大事。這是早期官方利用祖先崇拜這種文化記憶來管理社會的一種方式，後來的封建官方也在這方面進行過相應的嘗試。

（一）謁帝陵

寒食與清明展墓祭掃，都是民衆在節日期間最常見的活動。對於代表官方的皇宮貴族而言，寒食清明這一天也要進行類似的祭奠活動。只不過他們所祭祀的對象是皇家園陵。其祭祀禮儀肯定要比民間的隆重繁雜得多，就是歷朝皇室的清明奠儀也不盡一致。

唐朝規定帝必謁陵祭奠，時間上都包括了寒食清明時節。貞觀十三年太宗拜獻陵，在距陵十里即設坐於齋室，還規定皇祖以上至太祖陵寒食日設祭。唐開元二十三年，唐玄宗詔定五陵歲時祀典，規定「獻、昭、乾、定、橋五陵朔望上食，歲冬至、寒食各一祭」。

宋代的清明日，由於衆人皆出城祭掃，因此交通繁忙。但朝廷也下旨要求皇室人員到皇陵進行祭祀，當然也出臺相應的限制措施：

> 寒食第三節，即清明日矣。凡新墳皆用此日拜掃。都城人出郊。禁
> 中前半月發宮人車馬朝陵，宗室南班近親，亦分遣詣諸陵墳享祀，
> 從人皆紫衫白絹三角子青行纏，皆係官給。節日亦禁中出車馬，詣
> 奉先寺道者院祀諸宮人墳，莫非金裝紺幰，錦額珠簾，繡扇雙遮，
> 紗籠前導。士庶闐塞諸門，紙馬鋪皆於當街用紙袞疊成樓閣之狀。
>
> 〔註40〕

《大清會典》記載，清朝官方分別在康熙二年三年議定每年清明日都要到各皇家陵園上供祭奠。

（二）祭黃陵與伏羲氏

唐、宋，元、明、清等朝皇帝都曾發佈過建廟祭黃的命令或遣使赴黃帝陵獻祭。《史記・封禪書》載：「秦靈公作吳陽上畤，祭皇帝。」

〔註40〕　（宋）孟元老撰，鄧之誠注：《東京夢華錄》（卷七），北京：中華書局，1982年。

　　祭祀黃帝冢、黃帝陵，是中華民族優秀的歷史傳統和文化傳統中的一件大事，具有悠久的歷史。從西漢，經北魏、唐、宋、元、明，直到清朝，許多帝王都曾祭祀過黃帝。《史記》有如下記載，「漢武帝北巡朔方，勒兵十餘萬，還，祭黃帝冢橋山」〔註41〕。從現存的皇家祭文來看，以明清兩代為多。這種歷史文化認同的傳統，是中國之所以成為一個歷史悠久的、統一的多民族國家的思想基礎，也是中華民族凝聚力的內在底蘊。如《國語‧魯語上》載：

> 故有虞氏禘黃帝而祖顓頊，郊堯而宗舜；夏后氏禘黃帝而祖顓頊，
> 郊鯀而宗禹；商人禘舜而祖契，郊冥而宗湯；周人帝嚳而郊稷，祖
> 文王而宗武王。〔註42〕

這是隨著華夏族源傳說混雜而形成的一套樹狀的祖先源流體系，結果是將堯舜禹三代的祖源歸結於黃帝。既然黃帝為華夏諸族的先祖，在春季（清明）對其進行祭祀是最自然不過的了。這種通過祭祀而形成的文化認同，其實就是體現在相應的歷史認同之中。這種認同起源於先秦，弘揚於秦、漢、隋、唐、宋、元、明，一直到清朝，乃至近現代〔註43〕。

　　祭祀黃帝有悠久的歷史，古代許多帝王都曾祭祀過黃帝。《史記‧封禪書》載：「秦靈公作吳陽上畤，祭黃帝。」這是關於黃帝祭祀的最早記載，發生於西元前 422 年。為了祭祀方便，把唐代宗大曆年間設置的黃帝廟從橋山西麓移到今天黃帝廟所在地。據史書記載，祭祀軒轅黃帝始於部落時代，後來官方認可並發揮了祭祀儀式。春秋時期，公祭黃帝陵成為有組織、有規模、有等級的大型公共活動，唐代起被列為國家祭典。宋代，黃帝陵廟致祭受到官方高度重視。據《宋李防黃帝廟碑序》記載，開寶五年（元 972），趙匡潤降旨：凡前代帝王有功德昭著澤及人民者，都應崇奉，不得使其廟貌荒廢。到了元代，元世祖和元成宗都發佈命令，要求從國都到郡縣建立三皇廟通祀「三皇」。

　　明朝開國皇帝朱元璋建立了自己的天下，重新賦予黃帝這一象徵符號上古聖王的含義，並通過祭祀儀式表達對黃帝的讚頌，為自己的權威建立合法性。明太祖便規定從洪武四年起，只能由朝廷派官員去黃帝陵寢祭祀。清朝

〔註41〕 司馬遷撰：《史記》（封禪書），哈爾濱：哈爾濱出版社，2003 年，第 450 頁。
〔註42〕 （春秋）左丘明撰：《國語》，北京：中國經濟出版社，2002 年。
〔註43〕 瞿林東著：《黃帝祭祀與歷史文化認同》，《光明日報》，2003 年 4 月 5 日。

沿襲基本上是明朝規制。順治八年（1651）至道光三十年（1850）間，朝廷
多次派遣專官祭祀黃帝陵。明清兩代對黃帝陵的祭祀有大量祭文流傳下來。

清朝的滿人官方爲了證明自己和其他帝王一樣，力倡滿漢一家，也通過
祭祀黃陵而攀附黃帝世系。清朝對黃帝陵的祭祀，儀式隆重，規模宏大，次
數較多。在古代，「黃帝」在多數時候大體上只是現實政治權威的另一個象徵，
是政治權威合法性的根源。但卻給民間組構成與官方意識形態不同、在儀式
上又是一樣的祖先祭祀活動。

黃陵祭祀是屬於官方禮俗或官方文化，不同時期，不同人群賦予「黃帝」
不同符號意義，即對黃帝的不同記憶、理解和祭祀。黃陵祭祀雖然是個古老
的儀式，但卻並不是所謂延續數千年一成不變的傳統，而是一個不斷被利用
的象徵符號或一筆具有不同潛在功能的文化資源。在不同時期和不同語境
下，人們總是能夠根據當時的需要賦予祭黃儀式不同的意義，如同民間祭祖
儀式的文化意義一直都發生變化一樣。

對人文始祖伏羲氏的祭祀，大約起始於宋金時期北宋太平興國初年。甘
肅秦州卦臺山的伏羲廟，是祭祀伏羲氏的肇始地。在金代，卦臺山伏羲廟的
祭祀曾納入祭祀伏羲的統一規劃，即由學士院特製祝文，頒行各處實施，京
師不再設廟祭祀。至明代時，秦州伏羲廟成爲全國性的伏羲氏祭祀活動的中
心。祭祀方式主要是以朝廷的名義（官方最高規格）進行，此時乃秦州祭祀
伏羲氏的輝煌時期。此時的祭祀費用列入州署財政預算，並由禮部制訂祭文。
由於官方的參與，明嘉靖十三年（1534年），伏羲祭進入極盛期。

歷代官府帶頭祭祀黃帝陵以及祭祀人文始祖伏羲氏，對民眾而言起著很
大的示範作用。這對民族的文化認同起著巨大的推動作用，對清明文化的傳
承也是一種鼓勵和維護。

（三）對孔林的維護與祭祀

除皇家祭陵外，寒食節較爲隆重的祭儀爲祭祀孔林。孔林本稱至聖林，
是孔子及其家族的墓地。孔林佔地面積達 200 萬平方米，林中古冢累累，碑
碣眾多。孔子去世後，葬於魯城北泗水之上。到了秦漢時期，雖將墳高築，
但仍只有少量的墓地。隨著孔子地位的日益提高，孔林的規模越來越大。東
漢桓帝永壽三年（西元 157 年），魯相韓勅修孔墓，在墓前造神門一間，在東
南又造齋宿一間，以吳初等若干戶供孔墓灑掃，當時的孔林「地不過一頃」。
到南北朝高齊時，才植樹 600 株。宋代宣和年間，又在孔子墓前修造石儀。

元文宗至順二年（西元 1331 年），修了林牆，構築了林門。明洪武十年（西元 1684 年）將孔林擴爲 3000 畝的規模。雍正八年（西元 1730 年），大修孔林，重修了各種門坊，並派專官守衛。據統計，自漢以來，歷代對孔林重修、增修過 13 次，增植樹株 5 次，擴充林地 3 次。

明代嘉靖九年（1530），帝詔令兩京國子監及天下郡縣俱建啓聖祠奉祀；此外，魯城東有顏林，係先師兗國公墓，墓祀日期也爲一年兩次，即春用清明節，冬用孟冬朔日，由宗子博士主祭。

雖然歷代孔廟的祭祀儀式不斷變化，但它從形式上強化了儒家的獨尊性和神聖性儀式，成爲社會價值的重要載體，爲社會行爲樹立了典範。孔廟的祭祀儀式的變化其實傳達的正是某種象徵性的意義，能有效地樹立儒生在社會生活中的地位，從而爲清明文化中各種觀念因素的傳承作出了貢獻。孔子的聖人化和祭祀的體制化毫無疑問是儒家儀式化和制度化的重要環節，通過這些儀式可以有效地將儒家的觀念滲透到具體的社會生活中，從而反過來使儒學的價值觀得到長期的保持〔註 44〕。

歷朝封建王朝都強調清明祭掃活動，認爲這是孝的表現。據史載，隋煬帝曾在江都對太守們曰「富貴不還鄉，如錦衣夜行」〔註 45〕。就是說富貴了，應該回鄉去「謁墳墓，宴故老」，趁機光宗耀祖。唐中宗時期，魏元忠請求回鄉上墓拜掃，中宗特賜銀千兩。千百年來，除了皇帝自身參與各種大型的寒食清明祭祖活動之外，還以各種各樣的方式來提倡朝官在該節日期間拜掃祖墓。按布迪厄的說法，官方就是通過這些禮儀是確立權力和知識之間的秩序，官方作爲神聖化儀式的儲備銀行，頒佈並確保了這些神聖化的儀式，將其賜予了儀式所波及的那些人，而且在某種意義上，通過國家合法化的代理活動，推行了這些儀式。官方就是壟斷的所有者，不僅壟斷著合法的有形暴力，而且同樣壟斷了合法的符號暴力〔註 46〕。由此可見，官方通過祭祀儀式確立信仰的合法性、正統性，同時他們所祭祀的神也蘊藏著國家的力量。這無疑給民間一個正面的引導，爲清明文化的代代相傳起到一種公開示範的作用。

〔註 44〕 參見干春松著：《制度化儒家及其解體》，北京：中國人民大學出版社，2003
年，第 20 頁。

〔註 45〕 「錦衣夜行」的典故出自《史記·項羽本紀》，後人引用最多的，就是楚霸王
項羽說過的此話。見（漢）司馬遷撰，劉起等注譯，《史記全注全譯》·蘇秦
列傳第九·卷六九，天津：天津古籍出版社，1995 年。

〔註 46〕 （法）皮埃爾·布迪厄、（美）華康德和著，李猛、李康譯：《實踐與反思：
反思社會學導引》，北京：中央編譯出版社，1998 年，第 202 頁。

第三節　近現代對清明文化活動的干預

　　民國以來我國清明節傳統習俗活動大受官方的影響。一方面是傳統教育中的讀經科目被取消，另一方面清明節也由於其所隱含的觀念因素與當時的政治文化氛圍不太相稱，因而被植樹節所取代。到了 1949 年之後的 20 多年間，「祖宗之位不存於神龕，祖宗之譜系不存於祠堂，祠堂尚十不存一」的現象非常普遍。不少地方在清明節的祭祖活動都是在暗地裏進行的，雖然氣氛上非常冷清，但是這種活動還是頑強地在進行著。1980 年之後，官方通過墓葬方式來繼續干預清明文化活動，但是其做法明顯鬆動多了。從此，清明祭祖之風愈演愈烈，發展到現在，官方甚至還支持網路祭祀這一嶄新的活動方式。

一、對觀念因素的衝擊

　　半個多世紀以來，隨著國家政治變革和經濟現代化發展，我國傳統節日文化遺產已經遭到較大的損害。有的被人為淡化，有的被扭曲變形，使年輕一代對傳統節日幾乎失去「文化記憶」，他們轉而熱衷於歡度西方節日。而清明文化曾一度遭受拋棄，主要表現在放棄經典教育和淡化清明活動氛圍。

（一）廢除經典

　　在孔子那個時代，讀經是讀書人的必修課。中國人的讀經歷史起源很早，並伴隨著後來的科舉制度一直走到近代。從春秋時代到清末廢除科舉，這種讀經的歷史延續了 2400 多年。科舉制度被廢除後，傳統經學從此式微，以儒家經典為首的中國傳統文化從此遭到遺棄。另外，1912 年 1 月 19 日，首任教育總長蔡元培頒佈《普遍教育暫行條例》，規定「小學讀經科，一律廢除」〔註47〕。同年 2 月 8 日，蔡元培發表《對於新教育之意見》一文，宣稱：「忠君與共和政體不合，尊孔與信教自由相違」〔註 48〕。1914 年，蔡元培曾指出經學分別歸入文科與史科，不另立一科。從此，中國即進入廢除讀經的時代。雖然在倫理道德和行為規範方面，儒家倫理思想依然具有一定的生命力，但廢科舉已經讓其失去了政治層面主流意識形態的地位

〔註47〕蔡元培著：《普遍教育暫行辦法通令》，《蔡元培全集》第二卷，浙江教育出版社，1997 年，第 8 頁。

〔註48〕蔡元培著：《對於新教育之意見》，《蔡元培全集》第二卷，浙江教育出版社，1997 年，第 16 頁。

〔註 49〕。傳統的「經典教育」從此終止，也沒有相應的方式來傳承這種傳統文化哲學。此後的「五四」新文化運動中，更多的權威經典被打倒在地。就連研究經典的學者，也把「解構」經典當作學術的目的——瓦解經典的神聖性與權威性。這是民族文化自卑最早、最明顯的一種表現，也給後來批判經典開了先河。到 1930、1940 年代，甚至還出現「少年皆罵孔子、毀六經」的現象。

「文革」期間，孔子就成爲了封建思想的「代言人」，並受到了狠批。所有的經典更是遭到了滅頂之災，就連研究經典的學者也概莫能免。不少人都被迫像蛻皮一樣將清明文化蛻去，而卻沒有任何一種類似的記憶來取代。因此，自民國以來，中華民族就成了一個世界上最獨特的沒有經典教育的民族。一個民族的歷史源流、文化根基、精神靈魂、常理常道都隱含在民族的傳統經典之中，捨棄經典教育就是放棄了中國傳統文化豐厚的養份。儒家經典是中國文化之源，沒有了儒家經典的薰陶，社會上出現文化迷茫和文化無知的狀況也就不足爲怪。但是改革開放之初，有關清明的文化記憶很快又重新回到人們的生活中來。雖然清明節的祭祖習俗通過民間的儀式教化等途徑得以保存下來，但其中的不少觀念行爲已經跟現代文明和生存環境不相稱。沒有經典的延續，也就難以調整清明文化中各種觀念因素中的不合理成分。

（二）改清明爲植樹節

1893 年，孫中山先生在親自起草的《上李鴻章書》中，提出中國欲強須「急興農學，講究樹藝」。1915 年 7 月 21 日，在孫中山的倡議下，當時的北洋官方正式通令全國，規定以每年清明節爲植樹節，要求各地舉行植樹節典禮並從事植樹。清明節對我國南方來說，植樹季節太遲。孫中山先生一貫重視和倡導植樹造林，爲了紀念孫中山先生，1925 年 4 月 17 日，國民官方發佈通告，將孫中山逝世 3 月 12 日定爲植樹節，全稱爲「總理逝世紀念植樹節」。1928 年 3 月 1 日國民黨中央，決定在此後每年的總理逝世紀念日，各地舉行植樹活動。中華人民共和國成立後，雖更加重視綠化，連年植樹造林，但一直沒有法定的植樹節。1979 年 2 月，第五屆全國人民代表大會常務委員會第六次會議通過了《中華人民共和國森林法（試行）》，並根據國務院的提議，

〔註49〕韓華著：《民初廢除尊孔讀經及其社會反響》，《社會科學戰線》，2006 年第 4期。

每年的孫中山逝世紀念日——3 月 12 日為我國的植樹節，以紀念一貫倡導植樹造林的孫中山先生。要求各地在這一天，開展植樹活動。

民國初期把植樹節定在清明節，還以官方的權利要求各級官方舉行典禮並參加植樹活動，客觀上已經形成了重植樹輕祭掃的反傳統做法。此時正值「五四」新文化運動前後，植樹節的設置無疑起到一種解構傳統清明文化的作用。這不但直接影響了民眾進行清明祭祖活動的行為，還從更深要素上對民眾的傳統觀念形成一種負面的影響。即使後來出於種種原因，植樹節推遲到清明節中，但清明與植樹相聯繫的做法一直都在官方操控之中。也就是說，植樹節是一個政治性的節日，因為文化權力而與傳統清明節發生聯繫而產生。官方的文化權力干擾、衝擊了民間的習俗行為，雖然沒有從根本上消除清明節祭祖的習俗行為，但是起碼在當時對清明文化的觀念因素和節日活動產生了一定的消解作用。

二、對祭祖活動方式的借用

在清明祭祖這方面，官方與民間的觀念呈現出兩個明顯不同的要素性結構。在文化功能上，官方總是想方設法強調其中作為類存在的意義內涵，而民間更多是還停留在群體存在這種文化意義的建構上。千百年來，每逢清明時節，祭掃黃帝陵，已成為中華民族精神世界的莊嚴典禮。這也說明歷史上民間盛行的清明文化曾一度與主流文化同流，民間與官方共合力作用下傳承至今。在國共兩黨時期，為了獲得民族認同的力量以抵禦外敵入侵，兩黨官方都遵循傳統，通過清明文化中的祭祖儀式來調動政治力量。改革開放時期，由於生存壓力的加大，官方帶著一定的「生存道德」而進行堅持不懈的墓葬改革工作，並取得了很大成效。

（一）國共祭黃，共禦外敵

晚清知識分子利用「黃帝」這一符號以達到增強共同體內部凝聚的作用，將黃帝作為中華民族的祖先來祭祀。在建構新形成的中華民族認同的過程中，帶有強烈血緣含義的黃帝已被二十世紀初的中國知識分子轉化為中華民族認同的象徵，成為中華民族的共同始祖〔註 50〕。中華民族為了增強自己的

〔註 50〕沈松僑著：《我以我血薦軒轅——黃帝神化與晚清的國族建構》，「發明過去／想像未來：晚清的‘國族‧建構」小型學術討論會文集，臺灣中央研究院近史所，1997 年，第 10 頁。

凝聚力，強調和證明其民眾具有共同的起源，並通過祭祀始祖來統一力量。
為此，國民黨中央官方在 1935 年清明節，組織官員到黃帝陵進行祭祀活動。
就在 1935 年，國民黨中央規定清明日為「民族掃墓節」，每年舉行祭祀黃帝
陵的典禮，以「紀念先民功績，發揚民族團結精神」〔註 51〕。從此，清明節
祭祀黃帝陵的儀式成為官方表達和凝聚中華民族認同的重要象徵行為。從
1936 年到 1947 年，國民官方每年清明均派代表祭祀軒轅黃帝〔註 52〕。其中
1937 年清明節，國共兩黨都派代表前往黃帝陵，共祭軒轅黃帝，以此奠定抗
日決心。1938 至 1939 年清明節，共產黨又連續兩次派陝甘寧邊區官方官員參
加國民官方組織的清明祭黃儀式。至此，官方對清明文化的強化達到一個史
無前例的高度。

每個民族的文化記憶內部都有官方和民間的分層。同樣，清明文化記憶
也不是單一的，而是多元的，涉及到官方對其意義的操作機制。面對外族侵
略時，國共兩黨都清醒認識到必須把文化記憶內部的官方和民間的區別暫時
擱置一邊，以便調動清明文化資源作為整合各方力量一致對外的手段。為了
應付共同的生存危機，國共兩黨通過清明公祭黃帝而協調起來。官方這種對
清明文化的記憶操作過程和操作方式，對此後清明文化的發展趨勢產生了一
定的影響。

近十多年來，傳統文化在中國不但沒有發揚光大，甚至遭到嚴重破壞。
在很長一段時間裏，「破舊立新」被當作中國文化建設的指導思想，一些傳統
節日和習俗被貼上「迷信」或「文化糟粕」標籤而遭批判和禁止。結果在文
化上，「舊」的被破了不少，「新」的卻沒見立起來。文化缺失必然導致精神
斷層甚至扭曲。在文化層面，民眾不可能依靠外來文化資源凝聚新的民族精
神。

（二）現當代公祭黃陵，求得文化認同

二十世紀五、六十年代極左思潮時期「掃四舊」的「革命化」政治運動
衝擊，導致從 1963 年起至文革期間，公祭黃陵的傳統儀式曾一度中斷。民間
的傳統文化設施也受到摧毀，清明墓祭習俗和風水信仰也因此受到很大的衝

〔註51〕 參見《致祭黃帝陵寢》，《西京日報》，中華民國二十七年（1938）4 月 6 日；
　　　　陝西省地方志編纂委員會編，《陝西省志·黃帝陵志》，西安：陝西人民出版
　　　　社，2005 年，第 144 頁。
〔註52〕 陝西省地方志編纂委員會編，《陝西省志·黃帝陵志》，西安：陝西人民出版
　　　　社，2005 年，第 141～143 頁。

擊。但 1978 年以後，中斷了十七年的公祭黃陵典禮得以恢復。另外，二十世紀七、八十年代改革開放以來，現代市場經濟使中國大陸的社會生活和文化傳統經受了一場史無前例的強烈震盪。雖然中華民族不少歲時節日出現式微，但清明節的祭祖習俗依然傳承下來，足可見民眾對清明文化的記憶之深。2004 年陝西黃陵縣舉行清明公祭軒轅黃帝典禮，中央部委領導、港澳同胞、臺灣同胞、海外僑胞等各界代表共三千餘人參加了公祭典禮。同時，首次由民間主祭人和國家領導人一起向黃帝敬獻花籃。典禮議程有全體肅立、擊鼓鳴鐘、敬獻花籃、恭讀祭文、向黃帝像行三鞠躬禮、樂舞告祭、瞻仰祭拜大典、拜祭黃帝陵等；龍永圖、楊利偉、成龍等知名人士也將參加公祭活動，中央電視臺等多家媒體同時直播報導〔註53〕。2005 年 5 月，臺灣親民黨主席宋楚瑜來到黃帝陵，祭拜黃帝。

　　黃帝本是近代中國人創造或轉借來的中華民族象徵符號，但是官方為了祭祀也在某種程度上與傳統清明祭祀習俗聯繫起來。這對民間的清明祭祖活動也是一種認同。在我國，對於傳統，現代人失去了太多的文化記憶，其中也包括失去了獨具中國農耕文明特色的民俗節日的文化記憶。我國大多數民眾沒有真正意義上的宗教活動，關於清明文化的記憶一直在官方的示範認可之下得到不同程度的強化。如果說古代官方清明祭祀黃帝的舉動不為大眾所及時知曉，那麼近現代乃至當代官方清明祭祀黃帝陵，在媒體時代，已經是廣為人知的了，其影響不可同日而語。

三、對祭祀活動的現當代干預

（一）現代墓葬改革

　　20 世紀 80 年代以來，我國的公墓管理與改革進入了法制階段，各地加強殯葬改革與公墓建設工作，也取得了卓有成效的效果。在開放改革之後，經濟已逐年走向繁榮，然而在經濟繁榮之後跟著而來的卻也是功利現實、物質奢侈之風的日盛。在攀比和表孝心觀念的驅使下，各地都出現了佔地面積超標的豪華墓地。在溫州人觀念中，造房、生兒、造墳是人生三件大事。溫州民間歷來都有「先人安心後人才安心」的心理，因此都請「高人」看風水選墓址。1990 年前後，溫州各地出現不少的豪華「椅子墳」。　先富起來的溫州

〔註53〕高爽，王雷著：《黃帝陵今迎華夏兒女祭祖・國家領導人一同獻花籃》，《新京報》，2004 年 04 月 04 日。

人掀起了一個讓人瞠目結舌的「造墳運動」，甚至還有修建「活人墓」現象出現。民眾造墳鬥富，部分村莊，死人墳地面積和豪華程度已經超過活人住房條件。有關部門採取相應措施，通過嚴格限制墓穴佔地面積和墓穴使用年限來控制墓地的建設。在廣東等沿海經濟發達地區，由於封建思想影響，長期以來亂埋亂葬、青山掛白現象十分嚴重，佔地建墳現象時時有發生。骨灰裝棺二次土葬成為當前廣東農村較為普遍的一種現象。為了改變擇地造墳將骨灰「二重葬」現象，各地多建公益性骨灰樓，較好地解決了遺體火葬後骨灰和清墳後骨灰骨殖的安放出路問題。

我國的火葬在各個時期發展不平衡。唐宋時期興起過火葬的熱潮，當時風行江南各省。由於此俗與儒家倫理道德及經書中的喪葬儀規相悖，宋、元、明、清歷代官方皆曾下詔或頒佈法律禁止火葬，違者治罪，因而至明代轉衰，許多地方的火葬幾乎絕迹。1956 年，中央領導倡導火葬以來，北京現代的火葬觀念才逐步確立起來，並成為新的喪葬習俗。那時候，官方除建立火葬場外，投入了大量的人力物力宣傳火葬，改革喪葬習俗。但文革後又進入低谷。1982 年積極推行火葬，嚴格限制土葬，並進行長期不懈的宣傳。1985 年 2 月 8 日，國務院發佈《關於殯葬管理的暫行規定》；1997 年 7 月 21 日，國國務院發佈《中華人民共和國殯葬管理條例》，提出「積極地、有步驟地實行火葬，改革土葬，節約殯葬用地，革除喪葬陋俗，提倡文明節儉辦喪事」新型墓葬方針〔註 54〕。從此，火化率迅速上昇，並穩定下來。通過多年的努力，火葬已完全徹底地代替遺體土葬，成為當代主要的喪葬方式。

目前，國家為推進喪葬改革，正大力倡導火化，一個以節約土地造福後代為目標的火葬潮流正在形成。火葬後進行復葬式，就是將焚燒後的死者骨灰，通過一定的儀式再進行安葬。一般說來，收殮後的骨灰多置放家中或骨灰堂。但也有其他處理方式，有的將骨灰埋入事先修好的墳墓（土葬），有的將骨灰撒入江河湖海（海葬），還有的埋入土中並在其上面植樹（樹葬）。中國地級以上城市基本都有一套完備的殯葬管理實施體系，在此體系下也有一套與之相適應的殯葬儀式體系，這是新中國成立以後的巨大成就之一。

火葬最大的特點是節省大量土地和資財，實行火葬對於國計民生和子孫後代幸福具有極為重要的意義。因火葬而引起新式祭祖方式，也是清明文化

〔註 54〕《中華人民共和國殯葬管理條例》中華人民共和國國務院令・第 225 號，1997 年 7 月 21 日。

的重大調整內容。官方通過墓葬改革來改變民眾的墓葬觀念，最終導致清明節的祭祖活動發生扭轉，符合社會文明發展的方向。從此，很多原有的祭祀習俗會因此而消失，並呈現出另外一種全新的清明文化意義。

（二）對網路祭祀活動的管理

控制一個社會的文化記憶，在很大程度上決定於文化權力的等級。因此，網絡祭祀不僅僅是一個技術問題，還是一個控制和擁有信息的問題，是至關重要的政治問題。作爲政治話語主體的官方不會也不可能從具有宏大支配性位置上消失，而是通過所有形式對作爲集體無意識的文化傳統記憶施加一定的影響〔註55〕。

那種將傳統文化視爲決定性因素，因而一味要求強化文化記憶的保守主義者，顯然昧於文化發展的創造性和更新性的要求。因此，文化記憶有助於認清傳統文化的是是非非，也就是說便於民眾從現實和將來的視野中進行反思和重新闡釋其存在意義。正如個體的記憶會隨生存情境的變化而有所調整一樣，文化記憶也是在對將來的展望中賦予新的內容與意義的。從這個角度看，社會各界應該認可清明網絡祭祀方式的合理性和創新性。

本來，俗信與科學並不互相排斥的。「五四」運動先鋒者們認識到迷信鬼神會浪費大量人財物力、阻礙經濟發展、影響社會風尙等。隨著社會進步，他們認爲不出百年「將無有道鬼神之說」〔註56〕。可見他們對鬼神信仰的長期性存在的特性認識不足。網絡祭祀的興起正是對前人這些看法一個最好的回應，那種科學與迷信之爭在網絡時代不證自明。

當今時代，互聯網的應用和普及對青少年的學習、工作和生活帶來了深刻影響。近年來，共青團充分利用互聯網手段加強對青年一代的思想教育，組織深入貫徹黨中央關於重視運用互聯網開展思想教育工作的重要指示精神，建立了以「民族魂」、「血鑄中華」網站爲核心的青少年網上愛國主義教育基地。

2002 年以來，由共青團中央、中央文明辦等單位發起「網上祭英烈，共鑄中華魂」網上公祭活動，得到了新華網、中青網、中青在線等國內 3000 多家中文網站共同回應。網上公祭活動已連續開展了六屆，得到廣大民眾積極

〔註55〕參見保羅·康納頓著，納日碧力戈譯，社會如何記憶，上海人民出版社，2000年，導論部分。

〔註56〕肖萬源著，《中國近代思想家的宗教和鬼神觀》，合肥：安徽人民出版社，1991年，第 30 頁。

回應。不少網友通過網路向爲民族復興而獻身的民族英烈們敬獻鮮花、寫下感言，表達深情緬懷和無限思念。累計參與網民達 1.3 億人次，獻花留言達100 多萬條、8500 餘萬字。這些彰顯網絡祭祀方式對建構愛國主義情懷的巨大作用。其中的民族魂網站是一家由共青團中央、中央黨史研究室和國家檔案局主辦的公益網站，目前已收錄自鴉片戰爭以來的民族英烈 310127 人，此外還分別列有毛澤東、周恩來、朱德等老一輩革命家的紀念館 120 多個，還開通了「鴉片戰爭」、「辛亥革命」、「五四運動」、「九一八事變」等網上紀念館 20 多個〔註57〕。

團中央、中央文明辦充分發揮網絡開放互聯、跨越時間的獨特優勢，積極利用網絡資源對青少年進行愛國主義教育。系列紀念網站在新世紀開始成爲進行愛國主義教育的綜合基地，學校通過組織學生上網祭掃革命先烈網墓，可以讓學生受到形象、直觀、震撼的愛國主義薰陶，讓傳統的愛國主義教育得到很大程度上的深化。

2005 年清明節前後，李大釗等一批革命先烈的陵園以及古代英雄聖賢如袁崇煥等的陵墓，再度成爲人們的哀恩依託物。這種祭奠方式強調文明、健康、環保的理念，引導民眾從大文化、大環境的角度對傳統文化精神、對革命先烈精神的重新審視和關注。從某種意義上講，清明文化所代表的是一種生生不息的民族精神，也體現出一種積極進取的生活態度。借助網絡空間，也能夠把這些文化理念貫穿到現實的愛國主義教育之中。這不愧是一種傳承清明文化的極好方式。

第四節　近現代廣州對清明文化的管理

嶺南地區歷來都傳承原先因移民而來的中原民俗文化。由於地域、氣候、環境的不同，嶺南清明習俗存在既保留中原傳統又呈現出嶺南地方特色的獨特現象。在廣州，民間歷來對清明祭祖這種習俗樂此不疲，而官方也都從治安管理、交通疏導、環境保護等方面進行有效管理。

一　近代廣州對清明文化的管理

清末，廣州墳地散處荒山野嶺，一般人除清明掃墓外絕少登山察視。1920

─────────────

〔註57〕參見網站 http://www.chinaspirit.net.cn/

年代廣州的社會治安差劣，賊人往往乘機作案。於是，清明之前，警察及有
關部門都要派大量人手維持秩序，防止案犯。從 1928 年 4 月 5 日公佈的《清
明節保護人民祭墓團隊警戒地區時間表》可看到，警察主要負責在大東門外
及大北門、黃婆洞五雷嶺一帶，駐穗軍隊第 15 師 73 團 3 營在三寶墟、沙河、
蕭岡一帶巡邏。番禺、南海兩縣由當地民團負責安全，番禺縣民團派遣游擊
隊在高田山、大旱山、三寶山、下浪山、大只墳、牛屎坳、二王樓、大陂各
處巡邏，其駐紮地則分別在龍眼洞、三寶墟、洞旗和榕樹頭。南海縣民團派
游擊隊在塘夏（今白雲區棠下）附近巡邏。儘管警戒一個月，但鑒於治安嚴
峻，官方發佈宣傳廣告，勸告市民清明后三天內掃墓，才有安全保障。山上
也有軍警和游擊隊隨時巡邏〔註58〕。

二、近年廣州對清明文化的管理

　　官方近年來想方設法地規範葬式管理和清明祭祖方式，做趨利避害的引
導。官方這種行為暗含著自覺或不自覺的文化記憶管理，從很大程度上引領
清明文化的當代走向。然而，只靠實用理性和實證理性，是無法有效地評判
節日的存在理由與過節方式的。

（一）提供公共服務和加強管理

　　2005 年 4 月 2 日廣州市火葬場已設置拜祭臺，新建了一個拜祭廣場，增
購拜祭托盤以滿足市民需要。此外，火葬場還專門開闢空地讓群眾進行地面
拜祭。廣州市火葬場約 3000 平方米的室內拜祭區定為鮮花拜祭區，鼓勵市民
無煙拜祭；殯葬服務中心也作了安排停車位。新塘（中華）墓園重新規劃了
行車通道，對停車位重新進行合理設置。近幾年，為了不造成交通擁堵，清
明期間，還設立清明指揮部，公安、消防參與其中。為確保清明節期間廣州
市銀河公墓銀河園等路段的交通安全順暢，廣州市公安交警部門在清明節期
間對銀河公墓周邊路段實行臨時交通管制。

　　2005 年清明節前，廣州警方要求清明日及 4 月份的幾個周末，單位、團
體不得組織集體掃墓活動。清明拜掃高峰期間，廣州交警支隊對廣汕公路銀
河公墓路段實施管制。屆時行經該路段的車輛須按照交通指引標誌行駛，並
服從執勤交警指揮。據瞭解，這是廣州市首次做出對於清明節期間不得集體

〔註58〕董究：《羊城清明話舊時》，《羊城晚報》，2006 年 4 月 2 日。

掃墓的規定。提醒前往掃墓的廣大市民盡量選擇乘坐公共汽車或計程車，嚴禁攜帶易燃易爆物品乘搭公共汽車或計程車。2007 年的清明節，各處公墓都打出宣傳橫幅，禁止在內燃放煙花爆竹，香燭只能在指定區域焚燒，防止火災發生〔註59〕。

　　往年清明期間，廣州銀河公墓管理處一般在骨灰堂設有茶水等以及茶壺、小杯子等祭祀工具，以方便市民祭祀先人之用，同時防止眾人把酒水等祭品帶進堂內。爲了徹底執行文明祭祀以及保持祭祀環境的整潔舒適，2006 年公墓管理處還倡議民眾以礦泉水取代茶水拜祭先人，以減少茶迹污染。公墓管理處負責人介紹說，估計市民可以接受以鮮花進行拜祭的方式，但以礦泉水取代茶水的成效暫時不容樂觀〔註60〕。雖然提倡文明祭祀很長一段時間了，但仍有人焚燒紙錢。2006、2007 年銀河公墓開啓室內無煙拜祭區，不過清明期間市民去到墓園拜祭祖先都很少進入無煙拜祭區。相比之下，無煙祭拜區顯得有點冷清。

　　大多市民都按照舊習俗，拜祭祖先要上香點蠟燭。不過，有市民說，應該倡導文明拜祭，知道設置有無煙區，以後也會選擇到無煙區拜祭〔註61〕。2007 年清明期間，廣州各墓園如中華永久墓園、新塘華僑公墓、廣州祥景陵園、花都祥安墓園、花都金鐘墓園、從化華夏陵園、增城正果萬安園等都有專線接送公共汽車。估計 2007 年清明期間全市進墓場祭拜的人數將破歷史紀錄，官方通過報紙電臺提醒市民，此期間出行祭祖最好乘坐公交車，以免遭堵車之苦〔註62〕。

　　2007 年 3 月 29 日的廣州日報則預計清明節期間有 360 萬人次外出祭拜祖先，而在 4 月 5 日清明節當天，預計將有 20 多萬人次掃墓。據筆者在清明節現場調查，由於清明節當天不是周末，加上下著小雨。當天前往各個墓園祭拜的人流不是很大。在銀河公墓，清明當天前去祭拜的市民比此前的 3 月 31 日周日還要少。但是到了 4 月 6、7 日的周六周日，前來祭掃的人又不斷增加，

〔註59〕 何雪華等：《廣州清明和周末不准集體掃墓，將會實行道路管制》，《信息時報》，2005 年 3 月 30 日。

〔註60〕 這是 2006、2007 年清明節期間筆者到銀河公墓調查時，與公墓工作人員訪談後得到的情況。

〔註61〕 這是 2006、2007 年年清明節期間筆者到銀河公墓調查時，與祭掃群體訪談到的情況。

〔註62〕 《清明祭祖今天小高峰，市民盡量選擇公交到墓場》，《羊城晚報》2007 年 3月 31 日報導。

達到了高峰。據廣州市殯葬服務中心工作人員介紹，2007 年清明期間，該中心一共投入服務人員 869 名，包括特別招聘的 209 名季節工和 130 多名學生義工。墓場一共安排了 3 千多張拜祭臺供群眾使用，比往年都有所增加。為了保證市民順利前往市內最大的銀河墓園進行祭拜，廣州市交警部門、公安部門也在 3 月 31 日、4 月 1 日、4 月 7、8、14、15 日等雙休日，加上清明節當日，每天上午 8 時至下午 5 時都對銀河公墓周邊路段實施臨時交通疏導和治安巡查。

（二）祭掃烈士墓

2005 年 4 月 4 日上午，廣州市僑辦會同廣東省民革、州市民革、廣州市委統戰部、廣州市委臺辦、廣州市民政局等部門，舉行「清明」祭掃烈士墓活動。部分烈士親屬代表出席了掃墓活動。活動中，大家分別掃祭了紅花崗四烈士墓、華僑五烈士墓及十九路軍陵園等先烈墓地，緬懷烈士英魂，追憶民主革命及抗日戰爭時期為國捐軀的先烈們的光輝事迹〔註63〕。

2005 年 4 月 5 日，廣州起義烈士陵園舉行廣東省暨廣州市祭奠革命先烈大會，廣東省主要領導及廣州市各界在廣州起義烈士陵園隆重集會，共同祭奠為實現民族解放、國家富強和人民幸福而壯烈犧牲的革命先烈〔註64〕。2007年清明節期間，廣州黃花崗七十二烈士墓園舉辦了大型烈士事迹展。不少幹部學生自發前來憑弔先烈，以增進對英烈事迹的瞭解。

（三）倡導網絡祭奠先烈

近年來的清明前後，廣州掃墓的市民過百萬人次。為引導市民樹立文明的喪葬新風，2003 年廣州市殯葬服務公司在互聯網上開通了網上拜祭業務。客戶可以通過專門的網站為先逝的親朋好友建立紀念區，並按自己意願用不同的方式緬懷故人。

2005 年 4 月 5 日，東山區培正小學五（3）中隊全體少先隊員一起登錄「血鑄中華」網，開展「追尋英烈足迹，爭當合格公民」的網上祭奠英烈主題隊會活動。主題隊會上，52 名小同學紛紛在網上留言〔註65〕。2006 年 4 月 5 日，廣東團省委和廣東省市少工委主辦 「緬懷革命先烈，揚我民族精神」的網上祭奠英烈主題教育活動，啟動儀式在廣州市朝天小學舉行。廣東小學生第一

〔註63〕 見廣州英烈網 http://www.gzhero.org/
〔註64〕 見《信息時報》，2005 年 4 月 5 日報導。
〔註65〕 《少先隊員網上祭英烈》，《廣州日報》，2005 年 4 月 5 日。

次網上祭拜英烈，共 1000 多名小學生進行著網上緬懷先烈的活動。舉行網上公祭活動，可以充分發揮網絡技術不受時空限制且深受青少年喜愛的特點，有利於引導青少年樹立正確的人生觀〔註66〕。

（五）地方行政措施

在廣州 10 個區全面清理的歷史遺留墳，要在 2004 年底前基本實現轄區無墳化的目標。將先人骨灰灑向大海、植樹造林已經成為一項制度〔註67〕。2004 年 7 月，番禺開始清墳工作，大石鎮、南村鎮、石碁鎮、化龍鎮、新造鎮、市橋街、沙頭街、東環街和橋南街等 9 個鎮（街）官方都完成了清墳任務。為進一步鞏固清墳工作成果，2005 年清明期間，各鎮（街）採取措施，禁止民眾到已清墳山頭拜祭，同時派出專人把守主要上山通道和加強巡邏檢查〔註68〕。據番禺負責清墳工作的番禺博物館齊館長介紹，清墳前番禺城鄉各處總共有墳山 80 多萬座。其中大多數的墳墓都保存完好，並且每年清明節期間都還有民眾前來祭掃。據當地人介紹說，這些墳墓的保留應該與番禺的李輔群有關。由於他在抗戰時期公開投日，當了漢奸，故此期間日軍不來滋擾，番禺也因此幾乎沒有發生過戰亂，大多數墳墓因而免遭損壞。這次清明也因此確定了 400 多座古墓作為文物保護對象，其中不少是宋代時期的古墓。

在番禺，政府還採取各種措施來管理清明節的祭祖活動。其一，見番禺區官方 2006 年 3 月 29 日（2006）21 號文件：關於做好清明節期間森林防火工作的通知。其二，見番禺區官方 2006 年 3 月 29 日（2006）22 號文件：關於成立番禺區清明節期間交通安全普查領導小組的通知。番禺區是廣州市山墳最多的一個區。為滿足村民對先人骨灰寄存的要求，民政部門與村民一起建設好各村鎮的骨灰樓。番禺區為了按照省裏部署，2004 年 6 月底全面完成了清墳工作。清出的屍骨火化後，絕大部分已經存放在各鎮新建的骨灰樓裏或陵園中。同一天發佈兩個跟清明節活動有關的官方文件，足可見官方部門對清明節所帶來的不良影響已有足夠認識。

但是當地民眾及番禺籍的海外人士對政府這種做法頗有微詞。番禺在海外安家的僑民有 30 多萬，差不多佔了番禺原有居民的半數。這些僑民平時很少回來，即使是春節回來的人也不多。但在每年的清明節，他們都要回來祭

〔註66〕 朱小勇、王茜：《廣州小學生首次網上祭拜英烈》，《信息時報》，2006 年 4 月5 日。

〔註67〕 伊可迹、燕媚：《廣州清明開通網上拜祭業務》，見人民網，2003 年 4 月 2 日。

〔註68〕 〔2004〕34 號廣州市番禺區人民政府辦公室文件，2004 年 3 月 31 日頒發。

祖。可以說，清明節像一根扯不斷的風箏線，使那些飄流海外的遊子回歸故里，尋根問祖，祭奠祖先。現在墳墓被清除了，很多人感到自己的「根」似乎斷了。當然這是民眾在思想上暫時接受不了政府的做法，但在實際清墳工作中，大家還是比較配合。不少人認為，很多墳墓都在山嶺上，本來就保留有綠色植被，清墳與否都不影響環境的綠化。因此，這部分的墳墓就不應該平掉。政府雖然在清明節當天派人督察，不許上山拜掃。但在番禺，從清明到立夏前都屬於祭祖的時節。清明當天不能上山祭掃祖先，往後的時間他們還是會去祭拜祖先的。可見，政府硬性的做法還是沒有收到應有的成效。

小　結

　　清明文化是一種親情文化，有著源遠流長的傳統。一年中只有在清明時節裏，生者同長眠在地下的先人傾訴衷腸，當然少不了為自己和家人祈求健康、平安、順利。清明文化作為一種傳統文化同樣需要取其精華，去其糟粕，傳承文明，不斷昇華。因此，清明文化是一個動態的提升過程，現代文明應該為清明文化賦予了新的內涵。

　　清明祭祖習俗中有很多維護傳統社會秩序和增強凝聚力的文化成份。傳統清明文化得以傳承下來，是由於以下因素的存在：一是傳統的生生活方式；二是祖先崇拜意識；三是儒家倫理道德；四是封建社會中的宗法制度、等級制度。這些屬於清明文化的觀念因素，具有極大的附著力和穿透力，對民眾的觀念與行為影響深遠。在中國歷史上，過去和現在，出於政治的需要，官方以政治的因素參與，對於清明文化實施干預的事例屢見不鮮。但清明文化在民眾觀念中根深蒂固，官方要想短時期內徹底的移風易俗卻難以奏效，而以不同的形式來體現傳統風俗內涵倒是可行。就是說，清明節墓祭習俗只能通過殯葬改革與祭祀變革，對節日祭祖方式進行相應調整；但要從根本上擯棄傳統喪葬禮俗與祭祖習俗的觀念乃不明智也不可行。

　　對於旁觀者來說，文化記憶呈現的往往是靜止的狀態；而對於參與者而言，文化記憶是一個動態的模式。不同的立場有不同的文化感受，官方如果只承擔文化道德的評判，對清明節的文化記憶就會有一種偏執的干預行為。而對於民間來說，民眾在清明節中除了要承擔文化道德的評判，還要承擔生存道德的輿論。這雙重壓力就導致清明節文化記憶在傳承過程中出現一些不和諧的現象。對於清明文化而言，其祭祖活動隨著生產力的發展，很大程度

上民眾都已擺脫生存道德的壓力，所以官方對民眾應該多賦予一些生態方面的文化道德責任是必須的，也是可行的。

第五章　儀式空間與文化意義

　　阿斯曼的文化記憶理論為研究文化的內部傳承與交流方式提供了一個基本的理論構架。海德堡大學特別研究隊伍在研究中發現，阿斯曼的文化記憶理論有重「文」（文本教育）輕「禮」（儀式活動）的傾向，因此他們轉而強調儀式在文化記憶功能機制中所發揮的重要作用。因為儀式保證了信息的重新收錄，使得內涵傳媒性地顯現出來，通過把擴張的情境制度化而保證了文化意義的傳播，並保證了文化的「儀式紐帶」的作用。清明節中，祭祖儀式的公共性和集體性保證了其文化意義的真實呈現。

　　英國哲學家羅素說過，人類自古以來就有三個敵人，其一是自然，其二是他人，其三是自我。羅素的提法主要是論證文化的起源，說明人在發展過程中不可避免要面對人與自然的關係、人與人的關係及人與自身心理的關係。臺灣學者李亦園先生根據英國著名哲學家羅素這個論述來解釋文化，指出人類為了生存要克服自然界的限制，就有物質文化或技術文化；要與他人相處，就有社群文化或倫理文化；人類還要克服自我，於是就有精神文化或表達文化〔註1〕。這三種關係始終伴隨著人類並影響人類的生存和發展。

　　其實，世界上的每一種文化的存在與發展，都有其適應自然、調整社會關係以及撫慰自我心靈的內在價值。如果按照羅素「三個敵人」的說法來審視清明墓祭習俗，那麼其發展歷程一直都體現這三個方面的文化意義。三者大體同時存在，只是三個方面的意義在不同歷史階段側重點有所不同而已。當代社會中，清明文化彰顯出具有久遠傳統的文化意義，同時也散發出以人為本的時代精神。

〔註1〕 周星，王銘銘主編：《社會文化人類學講演集》，天津：天津人民出版社，1996年，第53～54頁。

第一節　清明祭祀空間的變遷

　　清明是民眾倫理情感的釋放時節，包含有墓祭、遊藝、飲食等習俗，但主要的節俗活動還是圍繞墓地而進行的祭祖儀式。從清明的祭祖習俗當中，還可以尋找到那些來自遠古的傳統文化記憶。這說明傳統節日的習俗具有很強的歷史穩定性，但無論其內容還是形式，都會隨著社會環境的發展而有所變化。其中清明祭祖儀式的墓地空間，在不同歷史階段就發生了很大的變化。圍繞著一定空間形式進行的清明墓祭習俗，事實上承載了民眾太多的文化記憶。墓地在平時它只是一種不顯眼的土堆或建築，只有在特定時節其才顯現作爲一種紀念意義的文化價值。因此說，墳墓是我們追遠的一種空間依託，但不是物質依託，更多的是一種文化依託。由於墳墓不具備唯一工具性，人們需要的是一系列的祭祀儀式，網墓的出現便是自然而然的了。

　　從埋葬的方式來看，墓地可分爲傳統土葬墓地和現代骨灰公墓；從信仰角度來看，墓地又可分爲基督教墓地、伊斯蘭墓地、滿族墓地等；從逝者角度來看，墓地還可分爲皇家陵寢、英烈墓地、平民墓地等。本文爲了敘述的方便，只是以埋葬的方式作分類，當中所提及的網路墓園，其實也是傳統墓地與骨灰公墓的一種空間延伸。

一　傳統墓地

（一）遠古墓地形式

　　遠古時期，先民們的喪葬行爲極爲簡單，既不建墳墓，也沒有禮儀和祭祀（註2）。中國幾千年來的「入土爲安」的思想，與「靈魂不死」的觀念相結合，從新石器時代早期開始就形成強烈的「事死如事生」的來世意識。這如同原始時期人們出自對死者鬼魂的恐懼、崇拜與信仰才導致了原始時代墓的生成一樣（註3）。

　　墓葬封土，又可稱之爲「墓丘」，不僅僅是一種墓葬標誌，也是文明時代出現的一種獨特的文化現象。墓葬制度產生後，在其漫長的歷史發展中大致經歷所謂的「墓而不墳」和在墓葬地面上疊築封土墳丘的階段。「墓且墳」的

〔註 2〕如《易・繫辭傳下》云：「古之葬者，厚衣之以薪，葬之中野，不封不樹，喪期無數。」見 梁海明譯注：《易經》，太原：山西古籍出版社，1999 年。
〔註 3〕林月華主編：《原始社會史》，北京：中華書局，1984 年，第 23 頁。

制度標誌著中國古代墓葬制度有了重大的發展，開創了一種流行中國古代社會達數千年之久的新葬俗。

上古墳與墓是有區別的，葬後封土成丘稱墳，不堆土亦不植樹稱墓，後來將墳墓連稱。古人認為的靈魂與軀體復歸於土地，而土地又能載萬物、草木枯榮後死而復生。在這樣一種強烈的精神力量的驅使下，他們才動用大量人力、物力去堆築高大的封土，使其形成一種普遍的文化氛圍。所以說，「封土」是人們將對土地的崇拜和對祖先的崇拜相容為一體而形成的一種崇拜祭祀對象。作為一種物質符號，「封土」的意義與其他物質一樣，也是主要表現在它參與社會活動時能喚起一種氣氛、情感，並以此集中人們的思想意識而形成某種固定的觀念結構。墓上建墳的習俗，大約起源於春秋時期。墓上築墳主要是作為墓的標誌，同時也是為了增加盜墓的困難。從戰國中期開始，君王的墳墓專稱為「陵」。約於君王墳墓稱陵的同時，又出現了在帝王陵墓頂上或邊側建「寢」的制度。這種帝王陵園建寢制度，開始於戰國時期，確立於漢代。

受靈魂不死觀念的影響，古人認為有兩個世界即活人生存的現實社會和鬼魂活動的陰曹地府，通過祭祀的方式就能將現實社會的一些生活方式傳達祖先所生活的陰間世界。上古時代盛行的交感巫術遺風使人很自然地形成這樣一種觀念：墓葬，是祖先靈魂的歸宿；已逝的祖先如能在墓葬中得到周到的安置，那麼他們就會保祐生者，賜福於後代；在以農業生產為主的社會，能使他們賴以生存的穀物得以繁茂、豐收。人們崇拜祖先的觀念和進行墓祭等宗教活動的需要，反過來又對墳丘的發展有著重要的影響〔註4〕。最初的祭祖儀式還沒有固定在清明時節進行，也不完全是在墓地展開。從之前的論述來看，這些祭祖行為也是後來清明節墓祭習俗的淵源。

（二）宗族墓葬制度

進入階級社會以後，適應統治階級和宗法社會的需要，喪葬活動日益繁雜、迷信色彩日益濃鬱，逐步形成了獨具特色的喪葬習俗〔註5〕。如在西周春秋時期，為與實行嚴密宗法制度的社會形態相適應，死者按宗法關係，在由

〔註4〕 夏之乾著：《從民族學材料探測由「墓」到「墳」的演進》，《廣西民族研究》，1988 年第 1 期。

〔註5〕 孔子曰「生，事之以禮；死，葬之以禮，祭之以禮」，見《論語‧為政》。（漢）司馬遷撰，劉起等注譯：《史記全注全譯》，天津：天津古籍出版社，1995 年。

國家政權指定的公共墓地中同族而葬，典籍中稱之為族墳墓。族墳墓又分為公墓和邦墓兩類。也就是說，公墓是國君和王室貴族及其子孫的墓地，按照宗法關係區分尊卑次序，排定墓地。中間是歷代國君的墓，以下各代的國君依一昭一穆、左昭右穆的次序輪流排列，依次葬入。在國君墓位的左右，則是其他大小貴族的墓位，身份高的居前，身份低的居後。由於這些貴族同出一系，只是以與國君血緣關係的親疏而層層區分大小宗，從而具有不同等級的身份。這種事先固定墓次的公墓制度，正反映了統治集團成員在世時的宗法關係。

漢代以後，族墳墓制度雖然成為歷史的遺迹，但其影響仍長期存在。宗族社會中，其成員長期居住一定地域內，流動性較小，常常一個或幾個家族聚居在一起。由於宗族觀念的影響，大多有自己的家族墓地，往往聚族土葬。在宗族勢力強大的地區，人們生前聚族而居，死後也都葬在屬於本宗族所有的墓地裏。一些強宗豪族墓地廣大，往往可以在幾百年中綿延不斷地葬入本族成員，經歷好幾個朝代。墓地中按血緣關係的親疏和生前的地位安排墓穴。這種大家族墓地中最著名的是山東曲阜孔氏的墓地孔林。孔林本名「至聖林」，是孔子及其家族的墓地，是我國現有規模最大持續年代最長，保存最完整的宗族墓地群，也是世界上最大家庭墓地群。孔林在兩千多年的時間中，葬入數不清的孔氏族人。又如司馬光的宗族，「諸祖之葬也，家甚貧，不能具棺槨」。但到司馬光六十六歲時，「宗族之從仕者二十有三人」，「祖墓迫隘，尊卑長幼，前後積若干喪，久未之葬」。後來在「祖墓之西，相地為新墓，稱家之有無，一旦悉舉而葬之」，但司馬宗族的戶籍在陝州夏縣涑水鄉高堠里，而墓地在夏川鄉〔註6〕。

在各個朝代，中國儒家的倫理學說在活人世界裏維繫作用有限，因此，古代官方要把這種作用再強化到死者身上，以對死亡者態度衡量活人的態度。對死者看重不僅表現在觀念形態上，也表現在對先人的喪葬祭拜儀式上。土葬是將屍體裝入棺材挖坑埋入地下的一種喪葬形式，也是自靈魂觀念產生以後沿續時間最長、禮俗最為繁雜、流傳最為廣泛、使用民族較多的一種傳統葬法。就土葬使用的民族來說，除漢族以外還有壯族、傣族、布依族、苗

〔註6〕 《司馬文正公傳家集》卷65·《葬論》，卷77·《駕部員外郎司馬府君墓誌銘》，卷79·《故處士贈都官郎中司馬君行狀》，《贈衛尉少卿司馬府君墓表》。見（宋）司馬光撰，上海：商務印書館，1937年。

族、瑤族、藏族等 40 多個民族。使用土葬的民族認爲死者入土是人的必然歸宿〔註7〕，因此，土葬符合這些族人民的生活習慣以及慎終追遠的倫理情感。土葬的墓穴由風水先生選定，風水學是中國傳統文化中極富神秘色彩的一部分，對死亡的神秘與敬畏更使中國人對墓穴的風水顧忌重重。中國古代的宗族組織和制度，如西周王族和諸侯的封建制、魏晉南北朝的門閥士族制、明清的宗族組織與制度，以及宋朝取代門閥士族而興起的宗族組織和制度，都極力維護土葬式的宗法墓地建設。在富庶的番禺，眾多有錢人家歷來都注重死後選好安葬之所，現存宋代以來的古墓爲數不少。

（三）近現代公共墓地

公墓是我國推進殯葬改革的重要載體，也是規範清明祭祀活動的一種有效方式。傳統墓地都是以墳丘的形式存在，並結合風水觀念而創設；近代的公共墓地則摒棄了風水理念，或者說弱化了風水因素。我國的近代公墓是在1840 年鴉片戰爭後，由西方傳入。上海開風氣之先， 1844 年出現了第一個由外僑開辦的公墓——山東路外國公墓。1949 年後，民政部門接收管理了舊中國遺留下採的公葬公墓，保留了外國人公墓、華僑公墓、回民公墓，建立了一批烈士公墓即革命烈士陵園，其主要建築有墳墓、紀念碑或墓碑、紀念館、烈士遺物陳列室等）和人民公墓等。1950 年代以來，全國大力號召墓葬改革，倡導實行火葬以後，又相繼建成一批骨灰公墓。中國地級以上城市基本都有一套完備的殯葬管理體系，這對民眾的祭祖活動產生一定程度上的影響。此後，城市就開始推行火葬，喪葬祭俗中的一些陳規陋俗有所減少。但在偏遠鄉村地區，至今仍有不少依照風水觀念而建的土堆墳墓。每年清明節期間大規模的宗族祭祖活動就是在這類墓地進行的。

進入 1980 年代，中國的公墓管理與改革進入了法制階段，各地加強公墓的的管理。隨著歷史的變遷、社會的發展，公墓已有單一的處理骨灰或遺體功能演變爲多功能的集合體。現代公墓更是弱化了最初風水觀念的功能，以其優美的自然環境成爲風景點。進入到 21 世紀，各地都有不少大型的骨灰樓建成，爲民眾存放先人骨灰提供了方便。雖然這跟傳統意義的墓地有很大差別，但官方的干預促使民眾接受了此類葬式。清明節的祭祖習俗是民眾尋找文化歸屬感的傳統方式，體現了中國文化歷久彌堅的精神凝聚力。由於這種

〔註 7〕　《周禮》中說「眾生必死，死必歸土」；《禮運》也說：「魂氣歸於天，形魄歸於地」。可見古人早就有了這種認識。

文化歸屬觀念的形成，即使沒有了傳統的墓地，民眾還是習慣於清明節期間到祖先的「靈魂」所在地——骨灰存放點進行祭祀。

現當代中，為革命烈士建造的烈士陵園已經成為開展愛國主義教育的主要場所。清明前後，各學校或單位自發組織去烈士陵園憑弔先烈，緬懷其豐功偉績，追述其優良品德，以教育後人。人們通過墓地，寄託感情、進行懷念祖先，也倍受激勵去珍惜生命，增強使命感和責任感。祭祀空間是由以前的野外墓地改為骨灰樓之類的現代社會產物，祭祀方式和祭品都發生了很大的改變。有把鮮花作為唯一祭品的，也有部分人使用時下流行的變異祭品如「手鐲」、「手機」、「手錶」等日用品，甚至還有「小轎車」、「別墅」、「現代傢具」之類的時尚高檔品。祭品的「奢華化」都只是表面現象，原始的思維模式中風水觀念、入土為安等在人們的思想中仍然佔有一定的位置。

二、網絡虛擬墓地

中華民族幾千年來的傳統就是習慣於在清明節期間，以一定的形式對先人寄託哀思。隨著網絡的發展，其跨越時空的特性與傳統的祭祀方式悄然結合，正被越來越多的人重視和接受。網絡祭祀的興起，標誌著具有時代氣息的文明祭祀方式的誕生。隨著互聯網的迅速發展，新興的網上祭祀將會逐漸為更多的人所接受，也必將成為將來具有影響力的祭祀方式之一。

（一）網墓的發展

網墓興起於上世紀九十年代末期。2000 年初，隨著我國第一家正式紀念網——「清明」紀念網站的成立，帶有紀念和祭祀功能的互聯網從此在一定程度改變民眾祭奠先人和表述情感的方式。墓地式紀念網的興起是我國殯葬業發展的一個新階段，其表達情感方面具有傳統方式所不可取代的便利快捷，也為人們提供了一個嶄新的追憶空間。互聯網虛擬的新型墓地，借助其空間的無限性，能夠承載一些私人的敘事和珍貴的史料。從這個角度來看，互聯網墓地已不僅是為亡靈而設置的空間。清明節期間，當大部分國人正在為掃墓張羅的時候，數以百萬計的人卻早已在網上為逝去的親友築起了一座座虛擬的靈臺。可以說，網絡不僅是提供一個祭奠先人的虛擬空間，也是一個讓網民寄託、抒發和表達情感的重要依託平臺。

互聯網上有數百個關於網上祭祀的網站，有為政要領導、著名藝人、英雄模範、文化名人等而建的網上墓地，民眾也可以給自己的親人建墓地並在

網上進行祭掃活動，還可以通過自己的博客或者專門的祭祀論壇祭祀親人。無論是在專業的祭祀網站或論壇上還是在自己的博客裏祭祀親人，都屬於一種網絡祭祀的方式。

土葬墓地，千百年來一直是清明時節的傳統祭拜空間。隨著互聯網的日益普及，網上墓地的建設成爲了現實，並很快爲官方以及民間所青睞。從服務的內容和方式上看，目前網墓的發展已經經歷了三個階段。第一階段的網墓就是傳統的虛擬化墓園俗稱網上公墓、電子公墓。這是最早興起的一種殯葬方式，即將已故親人的生平資料（照片、生平、音容笑貌等），以訃告、獻詞、悼文等製成網頁。第二階段的網墓是官方爲歷史文化名人以及革命先烈所建的網上紀念館。上網祭掃革命先烈，其形象性、直觀性，將使愛國主義教育更深入更有效。近年團中央推出的「血鑄中華」系列紀念網站，就彌補了只能就近祭掃革命英烈的不足，使全國各地的青少年都能如願以償瞻仰革命先烈的英姿和緬懷其豐功偉績。第三階段網墓是現實已有的殯葬館（公墓），此三類把墓地的業務延伸到網上，逝者家屬通過上網就可以瞭解墓地的各方面眞實情況。此三類網墓具有藝術化的頁面，突破了傳統葬式的局限，跨越時空，具有極大的想像張力和發展空間。

（二）網墓的特點

在互聯網上建立虛擬墓地的「數位化安息」方式，已經成爲近幾年清明文化中的新葬式。通往墓地的小路已被電腦網絡所代替，傳統清明墓祭活動開始有了不同以往的意蘊，民眾千百年來的祭祀形式正悄然發生變化。互聯網正在改變人類的生活，這也包括人類情感表達方式的改變。網墓是一個虛擬的世界，與傳統墓地相比更具有精神特性。因此，網墓呈示出了寬廣的發展空間。如今不少人選擇了具有象徵意義的網絡墓葬方式，因而網墓也與樹葬、海葬、花葬、草葬、壁葬等新的墓葬方式一樣，逐漸得到民眾的認可。採用網絡這種虛擬空間進行追思先人，其誠意確實遭受一些人的質疑。但是我們應該看到網絡祭祀不僅保留了傳統祭祀的一些外在形式，比如憑弔、獻花等，更發展了祭祀親人的內涵，還可以記錄先人的生命歷程與圖象信息。可見，其做法所體現出來的誠意毋庸置疑。

網墓是對傳統墓地的繼承與延伸。它的特點在於：1、安全環保性。在網絡上，獻上花、點燭、留言都能呈現眞情的尊祖之意。隨著現代文明進程的加快，許多城市開始對實地祭奠燒紙燃炮進行限制。網墓無需寸土，可以節

省寶貴的土地資源，能夠有效解決死人與活人爭地這一難題。因而，網上祭奠安全與環保的特性也是有目共睹的。2、時空跨越性。網墓是一個跨越時空的虛擬平臺，空間阻隔和時間限制被完全地打破。隨著滑鼠的輕輕點擊，就可以在上面建立各式網墓。3、存儲功能的無限性。跟傳統墓地相比，網墓能充分發揮多媒體優勢；還可以無限地存放先人的照片和祭祀文集，使之不因歲月的流逝而磨蝕，不因空間的轉移而損耗。

　　網墓憑藉其信息化、網路化的全新功能，繼承了炎黃傳統的喪葬文化，克服了傳統公墓的一些固有的空間限制、功能單一等弊端。網墓對傳統公墓而言，並不是相互排擠，而是一個緊密互補的關係，兩者可以相互結合。

第二節　墓地虛擬符號與儀式特性

　　人類文化具有存在於經驗中的實質，「意義」就是人類學用以表達這種實質的術語。意義是無形的，必須借助有形的和看得見的符號，並通過一定的儀式或活動而呈現出來。因此說，文化本質上就是由意義和符號組成，兩者密不可分，但也離不開儀式這個中介。同時，每一種文化都有其符號體系，符號所呈現出來的意義比符號本身的內容還重要。一般說來，符號具有多義性和不確定性，因此往往能夠傳達多種不同的意義，特別是面對不同時期的主體更是如此。這是由文化主體的多重特性所決定的，因為「人都呈現出類存在、群體存在和個體存在這三個不可分割的內涵，並且任何時代的人都同時具有這三種存在形態」〔註8〕。而「文明的進程總是由個體生成、社會生成和人類生成這樣三個層面組成」〔註9〕，因此，作為一種民間信仰的清明文化，在意義上呈現出一種多重的狀態。當然，意義卻有穩定性，一種意義一旦得到確認，就不會那麼容易遭受否定。近年的清明時節，各地的祭掃大軍呈迅速上昇勢頭，節日氣氛依舊出現「斷魂」的景象。清明節，不但沒有像一些其他傳統節日那樣遭受淡忘的命運，反而出現了文化復歸的趨勢。為了表達傳統的祭祖理念，民眾甚至使用跟傳統有著關聯而表面上又跟傳統相差甚遠的文化符號，如清明網墓的興起以及網絡系列祭品。

〔註8〕沈湘平著：《馬克思的人的存在形態理論及其現實意義》，《唯實》，2002年第7期。

〔註9〕楊善華主編：《當代西方社會學理論》，北京：北京大學出版社，1999年，第348～349頁。

一、空間的符號化

　　文化是一個符號系統，是使用一系列的符號，通過一定的儀式來傳達對應的意義內涵。每一種文化現象都是一個具體的符號，都在傳達一定的意義。這是文化符號最具本質性的功能。當一種文化符號難以傳達或表述其所承載的意義時，或者符號形式因傳承斷裂而存在問題，或者符號形式背後的意義不能被接受理解時，民眾就不會再用這種符號來表達相同的文化意義。這時這種符號也就瀕臨消失。傳統節日的文化符號所具有的意義如果喪失，節日就會走向式微。在清明節中，由於其傳統的核心符號——墓地始終存在，並且圍繞這個符號所進行的祭祀儀式歷來都在進行。不管是傳統墓地還是網墓，都能很好地承載清明文化的意義圖象。雖然二者之間存在很大的差異，但本質上為同一種文化空間，都是現實與虛擬的結合體。通過重複的墓祭儀式，民眾能夠通過墓地這個文化符號而傳達其原有的文化意義。

（一）傳統虛擬符號

　　傳統的土葬墓地是一個現實空間，但它在建構之初所依託的是風水理念，因而其背後也隱藏著一個虛擬空間，即一個由神話傳說建構出來的虛擬符號（陰曹地府）。這種經過風水理念所建構的有限性文化空間，卻在年復一年的清明節期間給人一種穩固的信仰依託平臺。傳統墓地空間在建構之過程中具有一種少有的神聖意義，但在清明祭祖活動中這種神聖意義卻常常遭受消解。換言之，傳統墓地本身是一個經過神聖化的風水文化空間，但在此後的祭祀活動卻呈現出世俗情懷。可以這麼說，傳統墓地所蘊含的風水理念只是民眾向往美好圖景的一種主觀性很強的想像；能否達到風水設計效果，就不會有人去深究。

　　大部分傳統土葬墓地的風水觀念體現得最為完整。在宗族社會中，風水信仰作為一種鄉族的社會記憶或文化習慣，作為家族成員所認同的文化象徵和意義秩序，在清明節期間有效地制約著宗族成員的祭祖行為。1949 年以來官方的持續干預，以及喪葬成本的不斷提高，客觀上限制了民眾風水選擇的自由，從而使他們偏離了對風水效能的意義期待。本來風水信仰從側面上能夠促進家族血緣認同，由於上述客觀原因而最終導致家族的祖先崇拜意識的弱化，並加劇宗法倫理觀念的淡化。最終的結果是，部分民眾對風水效用之文化圖象也發生了歷史的改變，清明祭祖所呈現出來的文化意義也因此發生了轉換。「墓地這種文化符號在內涵上的變化，事實上是一種深刻的文化變遷

的反映」〔註10〕。

（二）現代虛擬符號

符號是網絡空間最基本的構成要素，也可以說網絡空間是個符號的世界。網墓雖說是一個虛擬空間，但實際上是依託著現代的網絡硬件和科學技術，其背後也有一個現實世界作爲支撐。這是清明的文化符號樣式與現代的網絡技術聯繫在一起，從而形成的一種虛擬空間。它不僅具有傳統清明節的象徵符號，而且又有現代網絡技術所體現出來的現實情景。因此，網墓是融合了傳統因素與現代技術要素的一種嶄新結合體。

通常，人內心深處的信仰必須尋找到一個適當的豁口加以釋放。進入全球化信息時代，因特網在心理空間和現實空間以外開闢了一個另類的虛擬生存空間——網絡空間。如果說現實空間是人類的第一生存空間，心理空間是第二生存空間，那麼虛擬的網路空間毫無疑問就成了人類的第三生存空間。傳統社會中人與自然、人與人、人與自我的關係，在網絡這個空間裏全都演變爲符號與符號的關係。甚至體現這些符號意義的清明網絡墓祭儀式也被符號化了。個體在網絡空間表述情感哀思的同時，虛擬的網絡世界也讓人們體驗到前所未有的自由感與宣泄感。這是原有清明文化在形式上借助現代的網絡技術而呈現的創造性空間遷移。

二、儀式的特性

儀式使記憶主體讓清明文化得以保存下來，成爲清明節得以傳承的前提性制約條件。因此，儀式活動形成了廣大民眾傳承清明文化的主要手段，並從集體記憶與歷史、傳統和文化的緊密聯繫中呈顯出清明文化的普遍意蘊。對於儀式的作用，保羅・康納頓這樣認爲：

> 強調儀式如何發揮作用？溝通群內共同價值，減少內部糾紛。根據這個觀點，儀式告訴我們社會穩定和平衡是任何形成的。它們向我們指出，一種文化的精神以及由此精神塑造的意識，在從外部加以詳述，在某種類似於單一集體文本的象徵體系中得到清晰表達的時候，是什麼樣的。〔註11〕

〔註10〕陳進國著：《風水信仰與鄉族秩序的議約化》，《中國社會經濟史研究》，2004年第4期。

〔註11〕保羅・康納頓著：納日碧力戈譯，《社會如何記憶》，上海：上海人民出版社，

由此可知，清明祭祖儀式不但能使文化記憶所保存下來的主體觀念和行為得到破譯、復活，而且能夠幫助民眾構建一個穩定的鄉土文化秩序。主體潛在的觀念因而能轉化為現實的、實際操作的主體行為，最終使清明節墓祭活動的前提性制約條件轉化成為自主活動的實踐。

在宗法觀念支配下，敬天祭祖作為一種宗教活動，沒有獨立的教團組織機構，國家與家族的組織兼有此種宗教職能。中華民族自古代流傳下來的祖先崇拜，不會特意追究神靈世界的真實存在，不特別注重宗教祭拜的外在形式，而注重於其象徵性所帶來的社會功能，即政治的和倫理的教化作用。古人說「崇事宗廟社稷，則子孫順孝」，「祭者，教之本也」〔註12〕，指的就是這個意思。可見，最初的祭祖儀式是作為基本的教育手段來實施的。因此，宗法中的清明文化，往往與政治、倫理合成三位一體，並通過一系列的儀式發揮正統文化的統攝作用。

（一）儀式的象徵性

祭祖儀式具有象徵的文化特性，它通常被界定為象徵性的、表演性的、由文化傳統所規定的一整套行為方式。它可以是神聖的，也可以是凡俗的活動。這類活動經常被功能性地解釋為在特定群體或文化中溝通、過渡、強化秩序及整合社會的方式〔註13〕。通過儀式，生存的現實和想像的世界借助於一組象徵形式而融合起來，變為同一個世界，而它們的內涵則構成了民族的精神意識。

中國人敬祖追遠的觀念，歷來都離不開墓祭的儀式。如果這種基本的儀式本身不存在，那麼追遠的敬祖觀念精神就無從談起。就符號與意義的觀點來看，任何思想意念的傳達都需要經由符號做媒介來傳達。因此，中國的祖先崇拜的理念經過發展，最終落實於一定程序化的意識當中，並形成一套可資遵行的符號系統。至此，儀式便有了實質的意義。

人們的祖宗信仰觀念是普世性的，表達這些觀念的儀式活動卻有著深厚的社會歷史背景。前者可以恒久不變，但後者可與時俱進。就實際情況而言，中國人的清明文化是中國社會結構的投射，不能與中國社會結構調和的觀念

2000 年，第 56 頁。

〔註12〕見陳澔注：《禮記·祭統》，上海：上海古籍出版社，1987 年。

〔註13〕郭於華著：《儀式與社會變遷》，北京：社會科學文獻出版社，2000 年，導言第 1 頁。

就不易爲中國人所接受，不瞭解不認同這種傳統觀念就無法理解中國人在清明節的大規模祭祖儀式行爲。所以當我們把祖先崇拜的意義除去傳統儀式外衣還原出來後，還必須加以重整，使其原有的文化記憶和象徵理念可以憑藉一套全新的祭祀儀式表達出來。

（二）儀式的強度特性

首先，清明祭祖活動是一種強度增加的儀式。從清明祭祖的儀式功能來看，它既不是「危機儀式」，也不是「治療儀式」，更不是一種「經過儀式」，而是一種「強化儀式」。通過祭祀來實現人神之間的交流，是民眾在已有的特定空間秩序中爲了保證已有生命秩序的恒常和生存質量的提升而進行的一種活動，當然也是使民眾面對現實的信心得到提升的文化保證。鄉土社會這種祭祖儀式的神聖性比較突出，參與者所產生的文化體驗足以起到強化祖宗崇拜信仰的作用。這種儀式通常都是針對群體（家庭），在傳統的鄉土宗族社會中更是如此。

其次，清明祭祖活動也是一種強度緩解的儀式。通過祭祖儀式，可以在某種程度上緩解主體對先人的思念，緩解家族成員之間的關係。很明顯，清明祭祖儀式是一種維持民間社會生活穩定的文化因素。現代網祭中，這種儀式有偏向於個人的趨勢。個體進行這種儀式，更多的體現爲紀念先人而舒緩內心的壓力。因而，清明祭祖這種活動的功利性成分已經變得越來越弱化。祖先崇拜觀念，在清明祭祀儀式中得到了別樣的解釋。通過與先人神靈的交流儀式，情緒的壓抑得到宣洩，因而情感上獲得一種滿足，心靈上也得到安頓。無疑，這種儀式可以使主體獲得一種心理上的安慰，思想上和情感上的壓力通過祭祀這一儀式得到了釋放。清明祭祖儀式所具有的這種特性，使得主體總是以各種方式傳承它。

清明的文化意義體現在主體參與墓祭儀式的過程中。這種習慣的、自覺的儀式行爲與隱秘其後的象徵意義聯結起來，民眾在傳承這種傳統文化記憶的同時，人格也得到提升。結果，有關清明文化的記憶就成爲了習慣，變成了無意識的行爲。清明祭祖的這些儀式活動所包含的意義，從意識上可以分爲兩大類。第一類是當事人普遍地自覺意識到的意義，這是當事人進行清明祭祖活動的直接心理力量。第二類是當事人意識不到，但是意義又確實存在於人們的潛意識之中。這是當事人進行清明祭祖活動的潛在心理力量。這就是清明文化中的觀念因素在起作用，其力量比前一種更爲強大。即使當代人

的無神論掃蕩了人神關係的價值意義，從整體上來說，清明節祭祖活動都能在一定範圍內較好地調整著倫理關係，因此其文化意義一直都得到反覆確證。

民族復興的內在動力是為民族聚合與崛起而努力的傳統意識的覺醒，而民族精神的認同在深層次上就是對文化傳統的認同。從這個層面上說，節日儀式的背後不是別的，恰恰是能夠體現民族文化認同的民族精神與文化品格。清明節中的墓祭儀式不是一般的文化象徵符號，它表現的是一種人文價值訴求。在祭祀活動過程中，民眾也是在有意無意地尋求清明的意義內涵和價值共鳴。因此，清明祭祖儀式活動，即使不具有大眾娛樂的性質，至少也具有精神昇華與人文體驗的一面。

第三節　清明文化的意義呈現

民俗文化的發展，是一個民族文化能量緩慢積聚的過程。經過漫長的歲月滄桑，民族精神在歷代的文化變遷得以積澱下來，最終文化記憶由此生成。不斷發展的社會生活在積蓄著文化能量的同時，也孕育著巨大的文化張力。千百年來，民眾正是利用自己積聚的文化能量，通過一定的文化張力來探求自身生活的文化意義。

表面上看，社會變革導致清明祭祖空間的變化，實質上體現了清明墓祭習俗多重的文化意義。清明墓祭習俗正是在這種文化空間的變遷中，體現了人與自然、人與人（集體-國家）、個體自身（機體-精神）之間的意義內涵結構。清明祭祖文化的演變，有其適應自然、調整社會關係以及撫慰自我心靈的內在價值。時至今日，清明節作為一個維繫民族傳統精神的節日，已具有更重大的意義。由此，不難理解清明文化的實質，就是民眾在清明節發展過程不斷編織著的一張「意義之網」〔註14〕。這張「意義之網」作為一種思想觀念支配著不同階層民眾的行為，又以特定時間裏參與祭祖的方式深深地刻寫廣大民眾的文化記憶。由於清明文化意義的存在，清明祭祖儀式才得以在不同的文化時空展開，清明節的大範圍祭祖行為才讓人理解和得到解釋。

近百年來，歷經「五四運動」和文革等對傳統文化的「改良」，不少歲時

〔註14〕克利福德・格爾茨認為，所謂文化就是這樣一些由人自己編織的意義之網，因此，對文化的分析不是一種尋求規律的實驗科學，而是一種探求意義的解釋科學。參見美・克利福德・格爾茨著，韓莉譯：《文化的解釋》，北京：譯林出版社，1999 年，第 5 頁。

節日已經消失，或者走向式微，民眾的文化心理和民俗感情已經遭受重大打擊。清明文化中的傳統因素也毫無例外遭受到了嚴重的排斥，但在民眾的情感和文化觀念中，清明節的祭祖活動必不可少，至今依然以其原有的文化活力展現其所蘊涵的文化意義。清明節中的祭祖主題，既暗藏我國歷史發展過程中各個階段民間與官方共同的文化傳統，體現民眾通過祈福驅邪的儀式活動來展現一種調節生活與調適心理的文化意義。在各個歷史時期，清明祭祖活動中的儀式和倫理準則自然成為民眾社會意識結構的重要組成部分。清明文化體現出一種文化意境，那就是人與自然的和諧、人與人的和睦及自我內心的平靜與祥和。因此，即使在現代社會生產生活中，清明節的文化氛圍並沒有淡化。

一、傳統墓祭的文化意義

文化是一種功能的動力單位。任何一種文化都是人們創造的，同時也是為人們所利用的。一種文化一旦產生之後，便在社會中具有功能，反過來對社會發生作用，不同階層的人們都可以利用它來達到自己的目的。從儀式本身的特點，在儀式的參與者心理層面上與審美活動的契合，以及儀式相關活動當中，得到符合邏輯的推演。祭祀儀式有著多重的功能，「就其顯著層面而言，儀式具有社會整合功能，就其潛在的心理層面來說，儀式又起著消除心理焦慮，平衡心理，使參與者體驗神聖氛圍的功能」〔註15〕。在儀式進行時，祭祀的文化意義全體現在同一的目標、動機、情感。這種文化意義在日常的生活狀態之中是很難呈現的。於是，在清明節日，在原有的「農事」與「驅邪」等文化意義之外，又添加了「睦族」與「孝親」的文化元素。

（一）人與自然關係的調和

在中國古代的哲學思想中，人與自然在節奏韻律上保持一致才能與自然共存。因此，由曆法而起源的節日，其原初的性質及形式主要是為農耕服務的。古人對節日有獨到的理解，認為節氣中的「節」是自然時氣的交合之處，體現「天地人」相一致的生命節奏。因此，節氣應該是連通自然節奏與人的

〔註15〕所謂社會整合，是指通過一定方式和手段，促使特定群體或社會形成一種超越個體的、能夠共同遵循的價值觀念和文化心理，從而使群體或社會達到外部和內部的和諧與穩定的過程。參見韓高年著：《儀式文化與先秦詩歌》，復旦大學博士後論文，2003年6月，第16頁。

生命規律的「節點」。

在古代，人們的生產和生活節律與大自然的季節輪迴息息相關，大自然的節律同時也就是人類生活的節律。古人每逢重要節氣都要舉行隆重的儀式和盛大的慶典。於是，體現自然節律的節氣順理成章地成為人們慶祝豐收和遊樂歡暢的節日。故傳統節日與自然節氣密不可分，生命慶典與天地節律相映生輝，如《詩經·小雅·楚茨》有這樣的樂歌：

> 楚楚者茨，言抽其棘。自昔何為，我蓺黍稷。我黍與與，我稷翼翼。
> 我倉既盈，我庾維億。以為酒食，以享以祀。以妥以侑，以介景福。
>
> 濟濟蹌蹌，絜爾牛羊，以往烝嘗。或剝或亨，或肆或將。祝祭于祊，
> 祀事孔明。先祖是皇，神保是饗。孝孫有慶，報以介福。萬壽無疆，
> 執爨踖踖。為俎孔碩，或燔或炙。

這首長詩敘述收穫已豐，可以為祭祀準備酒食。表明豐收是因為有神在保祐，故過後要酬神，而酬神也是為了獲得來年更大的豐收。這是人通過祭祀先祖來表達人與自然的一種關係。人們「在歲時節氣舉行的節日慶典活動將天地運行的節律有聲有色地體現出來，那多姿多彩的節日慶典就是儀式化的曆法」〔註16〕。可見，玄妙的天文借助俗世的人文而深入人心，深刻地影響著人世間的生活。無論祭祀天神還是祭祀祖先，都表明古人是為了實現生活平安的強烈願望。求得生活的平安，釋放對生活的恐懼，也是歲時節慶的重要內容。

在原始社會的新石器時代晚期，原始初民們將死去的人葬在距離生活區不遠的地方。那時候生產力水平和文明水平低下，對自然的瞭解甚少，祭祖儀式幾乎成為他們社會文化生活最為重要和主要的內容。這時候的祭祖儀式不可避免地帶有當時思維模式和自然觀念的痕迹。在農業生產成為主要謀生方式之後，生產力的發展緩慢並長期得不到明顯的改變和發展，社會依然停留在農耕文明的狀態。祭祖活動與農業生產和生活規律的關係逐漸密切，因此清明等節氣節令往往成為舉行祭祖儀式的日子。在這些祭祖儀式中，祈求的內容從衣食住行到福祿壽無所不包，範圍極廣。而祈求祖先神靈能祐助其子孫獲得農業生產的豐收，在祭祖儀式中是首要和必須的，表明先人在耕作中還存在很多不能理解或無法解決的事情。清明節就是建立在農業經濟基礎

〔註16〕《禮記·樂記》載，「大樂與天地同和，大禮與天地同節……樂者，天地之和也；禮者，天地之節也」，其涵義即此。

上的傳統節日，在與祭祖活動聯繫在一起之後，成爲中國傳統文化依託的重要因素之一，並對民間風俗產生了長期的、重大的影響。

費爾巴哈認爲，「宗教的本質表現並集中在獻祭之中。獻祭的根源便是依賴感——恐懼、懷疑。對後果的無把握，未來的不可知。〔註 17〕」從清明文化的發展過程來看，清明祭祖中也普遍存在類似的獻祭行爲。最初的儀式是通過祭祀祖先神靈，去達到期盼生存條件改善的目的。這時，祭祖儀式就成爲人與自然之間關係的調和手段，主要起到安頓社會群體心理的作用。可見，清明節的祭祖習俗曾經是民眾生存需要和適應環境的工具，也是古人爲了克服因認知和能力上的種種局限所帶來的挫折與憂慮而形成的。由於農耕時代歷史悠久，清明墓祭中所呈現出來的這種爲了人與自然的文化意義，一直貫穿整個中華民族的發展進程。

莫里斯認爲，「神靈是人類擺脫不利因素的自我意識，他們在所信奉的宗教裏感到了自由、幸福、愉快，是群體或個人在不平等的社會中的自我調適手段。信仰能讓人在精神上獲取現實生活中所無法達到的希望，從精神上給予心靈的慰籍，消弭不安的情緒」〔註 18〕。對於古人而言，他們祭祖是爲了避免來自自然界的災害，是爲了過上富足安穩的物質生活，也是爲了獲取更多的生活資源。在清明文化活動中，祭祖就是爲了解決生存發展最大的障礙即惡劣的氣候與難以猜測的自然現象問題，以獲得一種人與自然相和諧的理想狀態。

即使在科技高度發達的當代社會中，由於生活中自然現象的不確定性，不可避免出現一些人力所不能及的意外情況，因此清明祭祖的儀式更是一種祈求祖先保祐後人順利安康的方式。此外，當代中國社會的生產力是達到了一定水平，但不少地方還是靠天吃飯，因此清明祭祖的原始文化意義依然存在。

（二）人與人關係的調適

隨著社會的發展，清明文化的意義在原有講求人與自然的基礎上，也出現人與人之間關係的新轉向。這時候的祭祖儀式就是一種場面盛大的活動，所呈現的儀式過程也較爲傳統，如祭品都是三牲、香燭、炮仗、紙錢等。《詩

〔註 17〕費爾巴哈著：《宗教的本質》，北京：人民出版社，1955 年，第 31 頁。
〔註 18〕〔英〕布林・莫里斯著：《宗教人類學》，北京：今日中國出版社，1992 年，第 25 頁。

經‧小雅‧楚茨》詳細記敘了祭祖的全過程，當中就有宗廟祭祀中神人交接，
親族聯歡的景象：

> 君婦莫莫，爲豆孔庶，爲賓爲客。獻酬交錯，禮儀卒度，笑語卒獲。
> 神保是格，報以介福。萬壽攸酢。我孔熯矣，式禮莫愆。工祝致告，
> 徂賚孝孫。苾芬孝祀，神嗜飲食。卜爾百福，如幾如式，既齊既稷，
> 既匡既敕，永錫爾極，時萬時億。禮儀既備，鍾鼓既戒，孝孫徂位。
> 工祝致告，神具醉止。皇尸載起，鼓鍾送尸，神保聿歸。諸宰君婦，
> 廢徹不遲。諸父兄弟，備言燕私。樂具入奏，以綏後祿。爾殽既將，
> 莫怨具慶。既醉既飽，大小稽首。神嗜飲食，使君壽考。孔惠孔時，
> 維其盡之。子子孫孫，勿替引之。〔註19〕

其中的牛羊犧牲，是爲祭祀祈福做準備的。祖先與眾人「獻酬交錯」，醉飽後
祝禱祖先的福澤將永遠不絕。詩中表明，祖靈享受了好酒好飲，故其就會保
證子孫們福澤不斷。類似的場面在《鳧鷖》和《既醉》都出現過。可見，周
人祭祖的完整禮儀有兩大項：先祖考妣歆享與合族宴飲。這種祭祖活動具有
聯繫過去與現在，人間與陰界的作用。同時，強化了同宗的歸屬感、認同感，
加強宗族的精神凝聚力。

　　近代社會之前的宗族，都有祭田，耕種祭田的收入一般就作爲清明祭
祖的各項開支費用。近代以來，族田祭田被取消後，清明祭祖的開支一般
都靠宗族統一徵收人頭費來維持。宗族成員無一例外參與相關的祭祖活
動，目的就是實現一種宗族認同與自我認同，從而拉近成員之間的感情距
離。另一方面，隨著喪葬改革的深入推進，公墓及骨灰樓成爲了不少城鎮
居民安放逝者神靈的首選之所。跟傳統清明祭祀空間相比，這種統一格局
的安葬場所，沒有了原先帶有風水意蘊的個性空間。人們在這樣一種儀式
空間裏，主要還是寄託對前人的懷念，也能夠實現人與人之間的和諧。但
這種人與人關係和諧的基本落腳點只存在於在家族和家庭之中，主要重在
維繫家庭和睦氛圍，強化了親人間的感情聯繫。這些又使得清明祭祖活動
呈現出另外一種文化意義，就是爲了強化家庭中的骨肉親情、表達孝思。

　　宗族社會祭祀宗族祖先公墓的目的，是爲了敦宗睦族、維繫宗族血緣關
係。正如朱熹所言，「祭畢……同姓則留與之燕，以盡私恩，所以尊賓客親骨

〔註19〕見《詩經‧小雅‧楚茨》，（春秋）孔子編訂；于夯、吳京譯注，武漢：武漢
　　　　出版社，1997 年。

肉也」〔註 20〕。殷人就以祭祀共同始祖鼌來維持全族的團結，但這也是有層次上的差別的，祭祖範圍的近與遠分別代表血統上的親與疏。同一氏族的人在宗廟祭祀，同一宗族的人在祖廟祭祀，同一家（房）族的人在禰廟祭祀。殷人的祖先崇拜著重於自然血緣關係。祭祖意義重大，從《國語》觀射父的論述中，可以清楚地瞭解到祭祖何以成為治國的關鍵：

> 國於是乎烝嘗，家於是乎嘗祀，百姓夫婦擇其令辰，奉其犧牲，敬
> 其粢盛，絜其糞除，慎其采服，禋其酒醴，帥其子姓，從其時享，
> 虔其宗祝，道其順辭，以昭祀其先祖，肅肅濟濟，如或臨之。於是
> 乎合其州鄉朋友婚姻，比爾兄弟親戚。於是乎弭其百苛，殄其讒慝，
> 合其嘉好，結其親暱，億其上下，以申固其姓。上所以教民虔也，
> 下所以昭事上也。〔註 21〕

可見，古人已經早就利用祭祖儀式來宣揚孝道和安定百姓。百姓之家供奉祭牲，敬獻黍稷甜酒，率領子弟和同族來隆重祭祀他們的祖先，恭恭敬敬，濟濟一堂，如同神靈降臨。這時會合了各處的親朋好友和親屬，兄弟、親戚相互親近；於是消除了各種糾紛，去除了怨恨邪惡，大家和諧友好上下安定。君王用祭祀來教育百姓虔誠，下民用祭祀顯示事奉長上。官方就依靠祭祀來維持統治，祭祖的文化意義清晰可見。

當祭祀祖先的權利下放之後，清明祭祖才開始出現強化血緣同源的文化意義。這主要體現在宗族社會中，為了尋求宗族認同與自我認同，每年都開展有組織的宗族清明墓祭活動。這就為宗族成員提供了一次交流的機會，從而達到凝聚宗族力量的作用。祭祀祖先有祭祀近祖和遠祖之別。近祖的祭祀並不是全族共有的，只有在祭祀遠祖的時候全族才聚集在一起。祭祀遠祖的目的在於讓人們認識到自己和他人都是同一祖先繁衍下來的後代。這正如林耀華先生在敘述墓祭儀式的功能時所說的那樣，墓的功能和祠堂的功能相似，同是本族本房的「集合的表象」〔註 22〕。不管是宗族血緣認同的內在化表現還是其外在化表現，其功能都是在加強人們血緣上的認同感，讓宗族成員認識到自己是作為宗族的一分子而存在的。

封建時代以後，祖宗崇拜在功能上則更明顯地表現在延續維持宗教氏族

〔註 20〕 朱熹撰：《詩集傳》，上海：上海古籍出版社，1980 年，第 154 頁。
〔註 21〕 左丘明著，李維琦標點：《國語・楚語》卷十八，長沙：嶽麓書社，1988 年。
〔註 22〕 林耀華著：《金翼》，上海：三聯書店出版社，2000 年，第 95 頁。

的存在與整合，同時也借著祭祖儀式促進宗族親屬群體的和諧。以祖先崇拜為基礎的宗族清明祭祀活動，表達的則是血緣認同意識。對於民眾而言，宗族祭祀顯示出他們對正統士大夫文化規範的歸化或認同。而始祖崇拜代表了基層社會中的文化秩序，反映出傳統中國國家構造的主要基石——宗法關係是皇權滲入基層社會的途徑，並以此形成地方社會的穩定結構。就宗族內部而言，其成員之間不管怎麼爭鬥，一到清明節大家都必須配合起來做好祭祖的各項工作。就這樣，清明的祭祖活動能夠彌合大家因爭鬥而引起的感情裂痕。祖宗崇拜的儀式，不但使家系延綿不斷，而且使親屬關係和諧均衡。因此，清明墓祭活動，在增加中國宗法社會的凝聚力、維繫家族社會精神力量的同時，也能經常性地強化著內部的家族關係，保持家族組織穩定傳承，並以此顯示家族延續的生命活力〔註 23〕。這就是數千年來中國人最重要的價值重心之所在。

清明祭祖儀式成為規範和引導人們觀念的行為活動，因而主要是起到調節人與人之間關係的效用。「睦族」與「孝親」之作用就是為了強化宗族與家庭內的倫理關係也就是人與人之間的交往狀況。從近代的官方層面上看，官方或民間清明祭祀黃帝始祖陵，更是為了形成一種共同建設國家和抵禦外敵的強有力的精神凝聚力。因此說，歷代推崇的儒家倫理學說在強化清明節祭祖習俗的同時，也賦予其更多的文化意義。這些都是群體通過祭祖儀式來尋求生存之道的措施。

對於這種人際關係或社會秩序和諧的追求，假如從民間的角度去看，可以分為兩種不同的向度來說明，其一是同時限內人際關係的和諧，另一則是超時限的社會秩序和諧。前者表現在從「家」為出發的家族成員的倫理關係，並逐步一波波地擴及其他人群，這也就是費孝通先生所說的「差序格局」〔註 24〕人群關係。而後者超時限關係的和諧，則是指人際關係的維持從現在人的向度上延續到已經過世的成員關係上。其實，把現生與過世的家族成員都看作是一體，認為兩者都得到和諧均衡才是真正的均衡，這是中國文化中人際關係最重要的特色。由於這基本觀念的根深蒂固，所以在民間社會中父系家族及其所代表的權威體系，也一直相當程度地維

〔註 23〕 參見蕭放著：《明清時期祖先信仰與家族祭祀》，《文史知識》，2005 年第 4 期。
〔註 24〕 費孝通著：《鄉土中國與生育制度》，北京：北京大學出版社，1998 年 5 月，第 79 頁。

持。相應的祖先崇拜觀念也普遍存在，且由祖先崇拜而延伸出去的種種超自然崇拜都相當流行，構成一個人際關係系統在兩個不同空間相互維持和諧的圖象。不同空間的超時限人際關係和諧是把歷史上的上層文化與下層文化密切扣連的主軸，這種上層文化也許較強調抽象的倫理觀念，處在下層文化氛圍中的民眾也許較注重實踐的儀式方式而已，但都是為了達到人與人之間、人與社會之間的和諧均衡狀態。

在宗教信仰不甚發達的中國，每年的清明墓祭活動，實際上就起到一種追憶先人和維繫當下人際關係的作用。隨著社會環境的變化，民眾生活方式的重大變遷，文化主體的民俗心理有可能會發生變化。然而這種民俗心理變化，短時間內並不會導致民俗文化中的觀念因素的消失，只會出現民俗事象與新的生活方式進行整合的情形。當代社會中，競爭激烈，生存壓力的加大，容易讓人身心疲憊。高節奏的社會生活，人與人的關係也較為緊張和複雜，所以人們更加重視親人之間的關係。清明節，民眾在緬懷先人的祭祀活動中，能與親友團聚片刻，以緩解壓力。當然，人們也渴望祖先的保祐，希望借祖輩的力量排除飄忽不定的因素而取得成功。即使到了當代社會的城市，不少人雖然擺脫了農耕生存方式，並且也遠離了宗法家族的生活圈子，但原有祭祖的儀式更加隆重有加。作為一種紀念先人的民間節日，其延續下來的文化意義依然如故。一種民俗的傳承，需要民俗心理和社會環境的維護，更是離不開民俗中觀念因素的支撐。清明祭祖儀式雖然有墓地這種帶有風水觀念的神聖文化空間，但呈現出最為明顯的世俗情懷。這種世俗情懷在當代生存環境的影響下，逐漸脫離了其原本所具有的現實性語境和生存道德，在獲得了日益豐盈的文化意義。

二、網祭中人與自我內心的平衡

任何時代人的存在都是為了尋求生存方式的穩定性、持續性，以及生活模式的完美性，但其過程無時無刻都受到社會生活流變性的影響。更加依賴自然與群體的古人，只相信自己是一種類存在和群體存在，因而關注的是自然神力與家族命運，幾乎忽略了自己的個體存在特性。在現代化進程中，人與自然之間的聯繫被割斷，人與鄉土之間的紐帶被削弱，人們的家庭血緣被社會的流動性所稀釋。這种競爭性的生存方式和流動性的生活模式在強化了人們認同意識的同時，也凸現了個體情感的脆弱性。文化認同的過程，往往

由於經濟的差異、空間阻隔或觀念的隔閡而無法實現。當代社會在都市化進程中，原來穩固的社會系統轉變成為流動性社會，規則和習俗的繼承性減弱。由習俗信仰所引起的同質化傳統，正被政治和經濟影響下的異質化現實所沖淡。人們在無意識地被動接受既有文化的同時，也在思考自己的文化歸宿和價值觀選擇。當代社會的這種發展態勢，使社會文化出現多樣性展示〔註25〕。清明文化在當代轉型社會，具有技術的、社會的和文化的廣泛基礎。其表現在以當代高科技為物質標誌，具有儲存的信息化、傳遞的加速化、覆蓋面廣等特點，並具有促進活動空間虛擬化、文化選擇多樣化的社會效應。在這種現代性不斷衝擊之下，清明節文化的各種活動以一種嶄新的形式來體現一種全新的意義使命，那就是在網絡虛擬空間中尋求個體存在的情感表述路徑。

（一）網祭的傳統因素

　　清明祭祀祖先這種文化記憶不會因為墓葬方式的變革而消失。一種趨勢是，清明文化觀念因素中的風水觀念、孝觀念、祖先崇拜觀念已經發生變化，人們祭祖祈求福祐的心理已經不占主導地位。取而代之的，是清明祭祀先人成了一種由家庭成員參與紀念式的活動，或者是網絡空間中個體進行感情表述的契機。可見，文化意義是一個動態的過程，傳統文化的再生產就是通過這種方式得以進行。

　　通常，人的內心深處的本我必須尋找到一個適當的方式加以釋放，比如祖先崇拜的觀念要得到表達，必須找到一個有效的途徑來宣泄。當代社會人口流動大、生產方式的改變都使得很多人不能返鄉參與墓祭活動，長此以往就難以宣泄對先人的追思之情。進入全球化的信息時代，因特網在心理空間和現實空間以外開闢了一個另類的虛擬空間。網絡祭祀興起以來，外出人員清明祭祖的難題，可以通過網絡這個虛擬的空間迎刃而解。其實這跟古代社會中的「望祭」——在山上或高處面對家鄉的方向遙祭先人有異曲同工之妙。在這個新興的空間，個人的潛意識（各種觀念）可以非常安全暢快地得到宣泄，虛擬世界中的「我」就得以還原為本我。現實不等於真實，虛擬不等於虛假和虛無。因特網的網絡空間是建立在傳統空間消解的基礎之上，但並沒有完全消解清明祭祀活動的傳統元素。個體在網絡空間表述情感哀思的同時，其虛擬的特性也讓人們體驗到前所未有的

〔註25〕參見韓震、曲瑞華著：《文化認同問題的凸顯及其效應》，《學習時報》，2005年9月21日。

自由感與宣泄感。因此說，這種祭祖方式不但不是反傳統，而是對傳統的一種繼承。

　　網絡還是一個無限擴展的空間。「空間作爲一種沒有焦點的無限性被建構起來，而地點是無限廣泛延伸空間中的不穩定的一環，它的神聖意義得以瓦解」〔註26〕。網絡祭祀，表面看是對清明文化進行肆意的刪改、嫁接與拼合，似乎是對傳統文化規則、信條的調侃與嘲弄，卻總是不由自主地強化了文化傳統中的諸多東西，原因即在於空間的轉換卻沒有導致傳統清明文化的要素發生變化。所以說，網絡祭祀不是新民俗，而是傳統祭祖活動的一個嶄新形式。它是傳統清明節文化現代網絡技術有機結合，跟傳統有著一脈相承的必然聯繫。這種借助互聯網而得到強化的傳統文化記憶，實現了從有形物向虛擬空間的有效轉換，其方式更有利於民眾對先人進行紀念和表達哀思。所以不能簡單稱網絡墓祭爲新民俗，只能說是清明墓祭習俗在傳承過程當中在形式和內容上對現代手段的創造性運用。其實網祭也結合清明祭祖這種傳統儀式，同樣表達出一定的文化意義，只是手段上有所不同而已。這種「變」仍然基於民俗傳承主體的認可程度及民族心理需求，故「變」中又包括著「不變」，即「民俗中傳承的符號象徵系統以及民俗式樣是不變的，或者變動較小」〔註27〕。這是民俗具有活力的源泉，也是民俗得以傳承發展的主要方式。

　　民俗文化在演進中，只要表達的內容是穩定的，不管其形式如何變化，同樣可以體現傳統文化的延續性。因此，網祭的出現是清明文化在新時代找到全新發展途徑的結果。這當中可能會有一些傳統的元素遭到遺棄，但其核心要素不會喪失，只是外在形式發生了變化，也只有這樣傳統的東西才能在現代化的土壤中獲得更爲廣闊的生存空間。在傳統的節日文化中加入了現代元素，其實也是民俗文化對現代生活的一種適應。這也是民俗文化適應時代發展的一個最適當的做法，體現了社會的一種進步和文明的改良。在當代社會中，清明祭祖習俗原有的節日象徵符號尋找到了新的載體，並且正以一種全新的儀式來進行原有的祭祀活動。這種作爲清明節活動的網絡祭祀儀式，依然受到清明文化中多種觀念因素的影響，並在具體的操作中觀照個體存在的文化意義。

〔註26〕參考王炳鈞等：《空間、現代性與文化記憶》，《外國文學》，2006年第4期。
〔註27〕焦潤明著：《中國近代民俗變遷及其賦予社會轉型的符號意義》，《江蘇社會科學》，2001年第5期。

（二）個體情感的宣泄

包括祖先崇拜在內的民間信仰偏向注重超自然存在，這在很多時候就而不能顧及心靈與社會層面的平衡。究其原因，主要是原先扮演重要平衡角色的儒家思想在近代的式微。此外，早期宗教活動基本功能爲生存祈禱。所謂生存祈禱是指宗教的信仰彌補安慰人類在與自然奮鬥以求生存過程中所產生的挫折與憂慮心理。當人類的生存受到「反常」的現象威脅之時，就通過祭祀祖先等神靈的儀式來控制。這是古人爲了類存在的生存而不得不爲之的活動，而在當代社會民眾也需要面對類存在的生存威脅，但其性質已經有所改變，程度明顯降低。在宗族社會中，人們在很大程度上只有作爲宗族的成員之一才可能獲得相應的身份與地位，以及經濟上的、政治上的利益，乃至精神上的歸屬感。隨著人類社會文化的進步與知識教育的普及，宗族組織的生存與整合的功能逐漸因科學技術的發達以及制度與律法的完備而減退其重要性。當代社會中，傳統的宗族社會更是遭到進一步的解構，民眾在經濟政治上等方面利益的獲得已經不再需要通過宗族組織這個途徑。

近年來，部份民眾在清明節進行祭祀祖先的活動，主要是爲了求得一種精神上的安慰。這主要體現在清明祭祖儀式在網絡空間的轉化上，從而導致祖宗崇拜習俗從傳統的信仰狀態轉變成各種不同程度的現代個體性宗教儀式活動。通過這種方式進行祭祖的主體，雖有網絡上的交流與互動，但更多的是以個體方式參與進來，清明節的文化意義因而也轉向了祭祀者的內心生活這一層面上來。相對傳統的清明祭祀儀式而言，其原初精神和文化內涵有所淡化，故其儀式的意義應該重新闡釋。這是原有清明文化在官方的多重管理之下，墓祭習俗在空間形式上發生的一種遷移，進而呈現出一種全新的清明文化意義。在清明傳統墓祭活動中原有追求人與自然和諧的生存之道、人與人和睦的生活之法同時存在於網祭之中。只是網祭在釋放內心情緒、宣泄思親情感方面，更加便利而已。

清明網祭的便利性，表明人們重視的是一種外在的儀式，以及儀式背後特殊的意義表述。網墓與傳統的墳墓相比，其祭祀空間被虛擬化了，傳統的祭祀活動能夠進入虛擬的全新空間圖景。這種空間不僅是方位的拓展，也是與祖先崇拜觀念緊密相關的複合體。但是網祭並不具有拓展生存空間的功用，而是爲了尋求一個安頓心靈之所。當個體進入網絡空間進行祭祀的時候，由於網絡的高度隱蔽性和自由性，現實生活中個人內心中平時被隱藏、被壓

抑的各種情感很容易找到一個釋放的缺口。他們把自己的心靈世界完全交給了網絡,個人的種種情感在此得以痛快地宣泄,此時的個體被還原到本我的狀態。所以說,網祭延伸了個體的視聽感官同時擴展其情感表達方式,從而實現了人與自我內心精神的均衡。雖說在任何時代,祖先崇拜和風水建構的功用都僅憑心證,而清明的網祭儀式使得個體的認知與情感需求得到滿足,其自我體認的文化意義也就不證自明。

清明祭祀習俗的空間營造也是一種文化同一性的建構。因特網延伸了清明文化的活動空間,把人類的活動從物理空間延伸到一個虛擬的數位化空間,卻部分地取代了現實的祭祀空間。網絡祭祀空間拓展,最終導致個體脫離原有的宗族或家庭的組織形式,從而走向相對獨立而自由的精神生活。之所以說其相對獨立與自由,是由於虛擬的網絡空間同樣凝聚各種技術與規範,當中甚至還有官方的引導與操作行為。網絡祭祀作為清明節一種獨特的祭祖方式,是文化傳統的再生產方式。就清明的文化記憶來看,網絡祭祀也是一種真實的文化記憶,因為其背負著明顯的文化意義,而政府部門也對這種文化記憶的轉移在「文化道德」上做出了認可的評判。從這兩方面來說,清明網絡祭祀,借助的雖然是虛擬的空間,進行的也是虛擬的儀式,但是這些虛擬的文化符號當中都蘊含傳統的文化記憶。因此說,網絡祭祀是用現代網絡技術手段來傳承傳統清明文化的一種變遷形式。儘管在形式上是虛擬的,但所體現的卻是真實的清明文化內容。

阿斯曼認為,每個文化體系中都存在著一種「凝聚性結構」。首先,在時間層面上,它把過去的重要事件和對它們的回憶以某一形式固定和保存下來,並不斷使其重現以獲得現實意義。這樣它就把過去和現在連接在了一起。其次,在現實的社會層面上,這種凝聚性結構中包含了對集體所有成員都具有約束力的共同價值體系和行為準則,而這些又是從對往事的重現和闡釋中剝離出來的〔註28〕。作為一個文化體系中最基本的結構之一,這種凝聚性結構的意義在於使所有成員對此文化體系產生歸屬感和認同感,從而定義該集體和自己作為集體成員的身份,而文化記憶就是這種凝聚性結構得以產生和存在的基礎。網祭儀式雖然不存在這種結構,但也能夠借助傳統儀式來表達主體內心的情感。

〔註28〕黃曉晨著:《文化記憶》,《國外理論動態》,2006 年第 6 期。

小　結

　　古人無法應對自然界和人類社會的種種困難和障礙，此時信仰和依賴祖先神靈能在精神和心理上取得慰籍，在很大程度上增強了戰勝自然和困難的勇氣，從而對生活充滿信心。通過對神靈的崇拜，人們用神力來彌補和克服自身的不足，從而獲得自我安慰，使自身的生存需要得到了一種虛幻的滿足。他們借助神靈消除對死亡的畏懼，體現對生命的衡常信念。在傳統宗族社會中，清明祭祖儀式能夠起著團聚宗族、加強家庭的凝聚力的作用。這種傳統習俗已深深浸入國人的血脈之中，並成為難以抹去的文化記憶。現代社會，不但出現了樹葬、海葬等多種形式的喪葬形式，還融入了網路等科技手段，但網絡祭祀在虛擬的空間中也呈現著相應的文化意義，實現個體情感的表述，主體從而達到心態的平衡。當不少西方節日在國內大行其道時，多數民眾都從不擔心清明節會消亡，因為它承載著豐富的傳統文化內涵，體現著中國人幾千年來的道德取向和價值評判標準。當代社會中，清明文化能夠延續下來，是因為在每年的祭祖儀式中，上一代的文化記憶自然而然地影響到下一代人的記憶，任何歷史階段下民眾對這種傳統的文化記憶也不存在有分歧。

　　由於中國宗教信仰中的超自然因素與道德倫理因素的分離，宗教信仰的重心都在神明與超自然力量上，因此使中國人傳統的信仰顯得非常現實和功利，甚至於具有很強的巫術性。實際上假如我們把這種信仰型態與三層面宇宙觀〔註 29〕的理念配合在一起，我們就較能明白此現象的意義。傳統鄉土社會中的空間多為封閉的、狹隘的，體現著人與自然的聯結。隨著城市化、現代化進程的加快，空間的封閉性被打破，空間位移的多樣性得到實現，人口的增加與人員流動的加速，原有的喪葬方式與祭祀空間已不能完全滿足社會發展的需要。因此，網絡虛擬墓地的出現，空間上實現了無限延伸、拓展的可能性，不可避免地導致傳統的祖宗崇拜觀念與風水信仰面臨挑戰。也許正是這種拓展了的祭祀空間使得人們不得不把關注的焦點投向清明節這個傳統時間來。所以，清明節的重要性頓時彰顯出來。可見，當代社會的清明節祭祖儀式不再依託傳統的空間，主體所感受到的文化意義也不會受到削弱，只是其儀式所包含的文化意義被變異的空間所重構了。

〔註 29〕李亦園曾企圖用一套「三層面和諧均衡」（自然關係系統、人際關係系統、個體系統）的架構，來說明傳統中國信仰中宇宙觀及其運作原則。見李亦園著：《宗教與神話》，桂林：廣西師範大學出版社，2004 年，第 88 頁。

　　清明節文化已從單純的對先人寄託哀思而逐步轉化爲一種文化情結。隨著社會的不斷發展，清明對於人們的意義和重要性有所改變，但清明節依然是中國所有節日中傳承得較爲完整的傳統節日。清明祭祖習俗反映了民族的信仰習慣和文化精神，寄託著民眾對生活的憧憬，是代代相傳的文化盛會。在清明節期間，城鄉各處以同一種儀式來表達對先人的孝思與追憶。這種文化活動在民族源遠流長的歷史長河中一脈相承，是一份寶貴的精神文化遺產。清明節日是後人回顧和傳承傳統文化的一個重要載體，只要清明節日中所承載的祖先崇拜觀念與墓祭儀式習俗依舊存在，就證明清明節還在發揮著其獨特的文化功能，清明節也就不會消失。就其所體現出來的文化意義來說，也不可能消失。

第六章　弘揚清明文化的民族精神

阿斯曼所理解的「文化記憶」，首先內容上是關於集體起源的神話以及與現在有絕對距離的歷史事件。對這些內容進行回憶的目的是要論證集體現狀的合理性，從而達到鞏固集體的主體同一性的目的。其次，傳承上一定遵循特定而嚴格的形式。從媒介上來說，文化記憶需要有固定的附著物、需要一套自己的符號系統或者演示方式，如文字、圖片和儀式等。其中節日和儀式是文化記憶最重要的傳承和演示方式。由於文化記憶對集體的主體同一性起著異乎尋常的重要作用，所以它的存儲和傳播都會受到官方的嚴格控制。清明文化的傳承在各個歷史時期都處在官方的管理之下，其方式有修訂典籍地方志、官學和公祭人文始祖等。在不同歷史時期，官方對清明文化在觀念上的傳承都起著強化或弱化的作用。

清明節的主角不是政府，但政府在政治、經濟、文化、社會生活諸方面有著無可替代的影響，因此政府在清明文化精神的弘揚方面起著關鍵的作用。針對目前清明文化在民間的發展狀況，很有必要提升清明節的文化特質與精神品格，大力弘揚清明節的文化精神，以此來強化其固有的文化活力。主要的方式爲加強學校教育、開展清明娛樂活動、擴大英烈祭祀活動等，其中在中小學校加強傳統文化教育和擴大英烈祭祀活動就是維護和弘揚清明文化精神的根本措施，而設置清明法定假期則是爲清明節的各項習俗活動提供一個可以延續發展的動力時空。

第一節　傳承清明節的文化精神

每個民族文化在時間層面上，把過去的重要事件以某一形式固定和保存

下來，並不斷使其重現以獲得現實意義；歷史與現實因此得以連接在一起。而在社會層面上，每個民族文化都包含有共同的價值體系和行為準則。這些對所有成員都具有約束力的東西又從對共同歷史文化的回憶中剝離出來。這種凝聚性結構是一個文化體系中最基本的結構之一，也是維護文化記憶的根本依據。就清明文化而言，維護這種凝聚型結構必須要借助官方的力量來進行。

對於節日文化的參與者來說，文化記憶是一個動態的東西，不同的立場有不同的文化感受。民眾在清明節中除了要承擔「文化道德」的評判，還要承擔「生存道德」的輿論。雙重的壓力也無法扭轉清明節文化記憶在現實中所出現的不和諧現象，如隆葬、厚祭與祭品攀比風氣。官方如果只承擔「文化道德」的評判，對清明節的文化記憶就會有一種偏執的干預行為。在這種干預方式之下，傳統文化的凝聚性結構就無法得到正常維護，清明文化也無法發揮其應有的作用。因此，官方必須通過媒體和學校教育渠道，逐步提升民眾的「文化道德」覺悟，即使民眾養成一種文化自覺的理性狀態。長此以往，民眾在清明節活動中就在面對「生存道德」的同時，也會相應地擔負起「文化道德」的責任。

一、發揮傳媒對清明文化的導向作用

現代文明的介入打破了民間原有樸素的文化心理，整個社會文化形態因而進一步發生演變，許多民間祖輩相承的民俗活動會受到很大的衝擊，在此之下的群體文化心理也發生轉移。要扭轉這種轉移的趨勢，必須借助現代傳媒方式來培育相應的文化心理。現代傳媒如廣播、影視、互聯網的文化傳播樣式，其實暗合了民間傳統文化「口耳相傳」的傳承模式。在當代社會，這種新型的文化傳承方式在一定程度上也能夠在民眾中產生一種無意識的文化積澱。問題的關鍵是，相關媒體本身需要在「生存道德」與「文化道德」上做出權衡，需要付出勇氣、耐心和毅力，才能使文化記憶突現出民族集體無意識。

（一）當代清明祭祖中的另類表現

幾千年來，人們在這個「氣清景明」的節氣中，進行「祭之以禮」的追遠活動，為已逝的親人、祖先，莊重地送上自己的思念與敬意。這神聖的儀式，是中華民族代代堅守並用以表達樸素道德情感的重要方式。它構成了人

們頑強生存的重要動力，體現中華民族生生不息、續展開新的文化精神。由此，被譽為「華夏第一祭日」的清明節就成為展現中華民族慎終追遠文化性格的一個最重要的節令時間。

　　清明時節各種違背清明慎終追遠、懷念親人與先賢本意的現象也大量滋生，主要體現在使用大量的異化祭品，如用紙質「偉哥」、「搖頭丸」、「三陪女」、「麻將」、「海洛因」等。不少「孝順」的子孫，在清明節祭祖時追趕這些「時髦」的祭品，讓先人「享受」。各色祭品是燒過了，但他們對先人的敬意和懷念之情並沒有因此而提升。這種做法已經喪失對傳統與先人的敬意，再也不是一種詩性的信仰。這是部分民眾的一種畸形心理引發的異常行為。這體現了當代社會中清明文化的根深蒂固，其根源是人們對祖先信仰的膚淺認識。古人認為「祭祀，與其敬不足而禮有餘也，不若禮不足而敬有餘也」〔註1〕，即寧可在祭祀的外在形式、祭禮上有所欠缺，也不容許與祭者在主觀世界中滲入絲毫的不敬。但不少年輕人在這方面的認識還比不上古人的境界，其中有很多值得深思的深層原因。

　　清明祭祖已成為中國傳統文化的一部分，具有獨特的文化韻味。清明節為民眾寄託哀思的重要依託，是其他方式所不能替代的。清明節掃墓作為一種社會現象古已有之，在祭祖當中使用一些簡易的祭品如燒香燭、敬酒與送紙錢等，是一種傳統習慣。但是當代社會所使用的變「質」的祭品，明顯是對先人的不敬。因此，官方因該採取一些有效方式對民眾的祭祖行為進行引導。

（二）發揮現代媒體強大的導向作用

　　媒體的關注和渲染不僅能夠提高節日的公共性和公開性，加強節日的文化效果，而且還能起到引導過節方式的作用。對於節日行為的控制和引導，在很大程度上都要依靠媒體通過正、反兩方面的報導來實行〔註2〕。近年來，由於商業與傳統節日聯繫密切，各種媒體對洋節宣傳報導太多，而我國傳統節日渲染太少。青少年對傳統節日文化不感興趣，媒體在當中起到一定的「推動」作用。有關資料表明，焚燒另類祭品的掃墓者，多數是中青年人。因此針對祭品的異化問題，關鍵要從觀念上引導；而官方通過媒體來引導祭祀習

〔註1〕　見陳澔注：《禮記・檀弓上》，上海：上海古籍出版社，1987年。
〔註2〕　王霄冰著：《文化記憶、傳統創新與節日遺產保護》，《中國人民大學學報》，2007年第1期。

俗顯得尤爲必要。

　　從清明節文化記憶的發展來看，在長期的歷史中也是經過複雜的官方與民間互動而逐步建構起來的。清明節在唐朝定型之後一直延續到近代，然後又開始面對遭受全面解構的境地。清明節文化借助其所隱含的觀念因素還是得以延續下來，但是其中一些糟粕觀念也在當代生活顯現出來，對當前的社會文化建設中造成不利的影響。可見，官方對清明節所持的提倡和反對態度，是清明節興衰的主要依據。因此，在當代弘揚清明節的文化精神，主要方式之一是要加強清明節的人文情懷與傳統精神的宣傳教化。具體來說，就是借助發達的現代社會媒體把非文字的民俗文化音像化，並長期進行正面式報導；堅持不懈地向民衆解釋清明墓祭這種傳統文化現象的由來，闡發其在當代的文化精神。通過媒體的報導，使民衆對清明節的文化內涵有個完整的認識。這對防止陋俗泛濫，具有一定的推動作用。

　　媒體在宣傳報導的過程中，讓民衆清楚清明節文化精神中的內涵。一方面要強化清明節文化的傳統因素，如愼終追遠、重視血緣關係和親情凝聚。另一方面則要強調在清明節中加入注重交往和人文關愛的現代元素。媒體報導宣傳的結果，對於改善人際關係與構建和諧社會，有著不可替代的作用。這種在世俗力量之外搭建的現代教化平臺，就是通過媒體的廣泛宣傳讓清明文化獲得民衆廣泛認可的社會價值尺度，並成爲民族傳統文化價值觀的組成部分。媒體在其中應起到讓民族文化資源保持鮮活永恒的作用，使傳統文化在個體心靈中生根發芽，並爲構建一個強大的、不隨時間推移而搖擺的民族共同體而奠定堅實的基礎。

二、學校承擔傳統文化教育的必要性

　　沒有正常的教育措施，年輕一代就無法由衷地對清明節等傳統節日產生文化上的認同；自然也就對傳統節日活動不感興趣，或者在節日中表現出與傳統相悖的行爲。因此，弘揚清明節的文化精神，必須長期依靠學校教育來進行。通過學校教育，讓青少年看清清明文化中各種觀念要素的根源與各種習俗活動的發展脈絡，並以此爲依託做出相應的價值判斷。

　　青少年所接受的教育離不開一個國家的語言、歷史、文化、政治價值、法律意識、風俗習慣和宗教等方面的內容。這些因素於後天在人們的意識中積累起來，並構成一個國民的基本素質和品格修養的重要組成部分。德國哲

學家卡西爾認爲：

> 對於理解人類文化生活形式的豐富性和多樣性來說，理性是個很不
> 充分的名稱。但是，所有這些文化形式都是符號形式。因此，我們
> 應當把人定義爲符號動物來取代把人定義爲理性的動物。只有這
> 樣，我們才能指明人的獨特之處，也才能理解對人開發的新路——
> 通向文化之路。〔註3〕

在卡西爾看來，因該把人定義爲「符號的動物」，理由在於人是存在於符號之中。就是說，人的文化「符號」性，並不是生來具有的，而是在後天的學習中建構起來的。這種符號，在主觀方面內化爲人的「本性」，從客觀方面依賴於社會網絡和社會資本所組成的文化教育制度。因此說，民衆能否能夠接受、理解清明文化的符號內涵，關鍵要看其後天是否擁有相應的人文教化環境。

在哈布瓦赫的眼中，集體記憶是受我們用來解決現在問題的心智意象影響的。可見，集體記憶在本質上是立足現在而對過去文化精神的一種繼承與弘揚。哈布瓦赫的中心論點是，認爲集體記憶是專屬於某一集體的，因此在空間和時間上是具體的。集體記憶決定著集體及其成員對自身同一性的認知，因此它又是可以被重構的〔註4〕。清明文化其實是一種集體記憶，其在當代的傳承比較完整，根本不存在式微的態勢。對於清明文化而言，也不存在重構的問題，而是要通過各種方式來繼承和弘揚其中優秀的精神內涵。但是對清明文化精神的弘揚，不是說簡單地通過各種節日活動就可以實現，而是要重新闡釋清明文化的歷史源流、信仰習慣與觀念基礎。因此，必須借助學校教育和大衆媒體這些途徑才能達到讓民衆瞭解歷史的目標，而只有這樣才能實現鞏固整個民族主體同一性的目的。

（一）淡化經典的時代

一個民族的文化靈魂、歷史根基、恒理常道等都存在於該民族的經典中。儒家經典是中國文化之源，離開儒家經典就沒有中國文化。既然如此，那麼重視儒家經典教育就能夠復興中國傳統節日文化。從某種意義上說，也就能使清明節日文化爲當代的和諧社會建設提供一種精神動力，畢竟清明文化中的觀念因素與儒家的孝道倫理思想有著密切的關聯。

〔註3〕恩斯特·卡西爾著：《人論》，上海:海譯文出版社,985 年版，第 34 頁。
〔註4〕莫里斯·哈布瓦斯著，畢然、金華譯:《論集體記憶》，北京：人民出版社，2002 年，第 58 頁。

　　然而，近現代史上的中華民族成了一個世界上最不尊重經典的民族。自民國以來的一些激進措施，使得傳統經典的深沉文化內涵被歪曲了，傳統節日的文化意義也被指責得一無是處。在「反封建主義」的旗幟下，學者文人研究經典的目的是爲了配合運動。「以顧頡剛爲首的古史辨派對經典的所謂研究就是對經典進行‘解構’，就是瓦解經典的神聖性與權威性；胡適也坦言研究經典的目的就是爲了打破經典的神聖性」〔註5〕。因此，傳統文化開始被討伐、攻擊、破壞和鄙棄。反映在教育上，就是 1912 年國民政府廢「讀經科」而立西方文化。在錯誤的文化思想和教育理念的連續衝擊下，中國傳統文化失去了應有的教育空間而日漸式微。世界上沒有任何一個民族能像中國人這麼大張旗鼓、史無前例地鄙視乃至拋棄自己的傳統文化。具體到「移風易俗」革命化時代和「文革」中的「過革命化」節日的運動中，中國歷史上的各種傳統節日屢屢遭破壞，許多節日便逐步出現了初步的斷裂。結果，民衆喪失了接受傳統文化教育的機會，因而對自己的文化失去了自信。在實際生活中對清明節等傳統節日沒有太多的瞭解，反而對西方節日頗感興趣。

　　近百年來的學校教育，讓一個文化底蘊深厚的偉大民族失去了安身立命的精神共同體，民族精神失去了傳統文化的有力支撐力，導致現代社會陷入了一個價值混亂的時期。到目前爲止，學校教育還是缺乏一部統一的、系統的、精選的飽含傳統文化經典內容的教材。這樣的做法肯定會影響青少年的傳統文化素養，官方層面對傳統文化的態度也會有意無意地讓他們得到類似的暗示。

（二）民間傳承傳統文化環境的喪失

　　作爲整體的文化記憶就像作爲個體的記憶一樣，具有意識和無意識兩個層面。官方的、中心的、主流的民族文化記憶，是經過精英階層精心修飾的、上昇爲有意識的、理性的部分。它只符合某個特定時代和某個特定利益集團的願望和要求，僅投射出一個非現實的、理想的、虛幻的民族文化自我鏡象。民族集體無意識是歷經幾千乃至幾萬年之久積澱的民族文化記憶，由於尙未經過精英化、理性化的扭曲，還保持著比較純潔的地方性文化身份標誌，具有不可通約性和不可移譯性，因而能夠投射出較爲原始的、眞實的民族文化影像〔註6〕。在傳統文化氛圍日益淡化的當代社會，其實關注文化記憶的民間

〔註 5〕蔣慶著：《讀經是中國文化復興的開始與希望》，《孔子研究》，2000 年第 1 期。
〔註 6〕張德明著：《多元文化雜交時代的民族文化記憶問題》，《外國文學評論》，2001 年第 3 期。

　　傳承方式是對的，但民間在傳統無意識的傳承方式上已經不具有任何優勢，無法勝任文化傳承的重任；也可以說在這方面的力量已經微乎其微。因此，傳統節日文化記憶要得到傳承，重要的是官方積極主動必須擔負起責任，以多種手段來強化傳統的文化記憶。

　　在不同民族中，傳統節日都是特定群體精神的一種表徵，帶有其自身獨特的傳承方式。中國民間並不缺乏節日文化資源，從文化底蘊與節日氣氛來看，這些節日也並不比洋節差。兩相比較，洋節應該是處於劣勢的。當沒有樹立起文化自覺的意識之時，民眾就難以理性的方式來看待本土和他者的文化。在不同文化間接觸與交流日益頻繁的當今世界，應該通過有效方式來喚醒民眾的文化自覺意識，使之以理性的文化認同來對待自身和周邊的一切文化現象。這對傳統文化的傳承和保護都大有裨益。

　　隨著經濟市場化，西方大眾消費文化也乘機而入並對傳統力量產生巨大解構作用，傳統文化也在此遭遇之列。更為嚴重的是，「這種浪潮式的西方大眾消費文化還從深層塗改了中華民族的文化記憶。任何一個民族的文化記憶是這個民族文化再生產過程中最深厚的土壤，是一個民族在歷史中展開的文化性格與精神氣質的基因庫，因而應該受到特別的保護」〔註7〕。我們知道，民間進行傳承的文化記憶，是來自弱勢話語群體通過口耳相傳的無意識積澱。在民間，要使文化記憶成為集體無意識積澱並傳承下來，在群體必須背負一定生存壓力的前提下，是需要極大的勇氣和毅力的。事實上，民間在這方面已無法長期堅守下去。

　　在農耕時代，有關傳統文化的傳承教化由家族長輩之類的民間力量自發承擔。如清明文化，在長期的歷史發展過程中都以經典古籍和儀式形式保存下來的，這對強化民眾此類記憶中的觀念要素有很大作用，同時更多的節日活動記憶是由「口傳、心授、體行」的方式傳承下來。簡而言之，傳統民間不但承擔著生存道德的責任，還肩負起文化道德的使命。此時的鄉土社會，文化道德的使命在程度上等同於生存道德的責任，忽略了文化道德就是放棄了生存之道。這也是中華民族傳統文化得以流傳千百年的一種重要方式。相對於大多數傳統節日文化而言，現在類似的教育方式與教育機會（文化道德）由於生存壓力（生存道德）的增大，已經幾乎不復存在，或者說效果甚微。

〔註7〕　馬國清著：《喚醒傳統文化記憶，提升人文素質修養》，《甘肅高師學報》，2006年第1期。

事實證明，僅僅靠自發的方式來傳承傳統節日文化，已經越來越困難。當代社會中，學校教育更加有責任擔負起對青少年進行傳統教育的重任。當青少年從小能夠熟悉傳統節日文化的歷史淵源以及精神內涵，以傳統節日爲代表的民俗文化之傳承與發展就有望了。

　　類似的例子是，在中東阿拉伯、南太平洋群島等地，許多芬蘭移民與其本土人素不謀面，但他們卻能憑著芬蘭民俗卻一見如故。他們所熟悉芬蘭的民俗，不是在傳統的芬蘭社會生活所致，而是通過社區的現代學校教育得來的。這些學校在文學、語言和歷史教材中，爲了解釋芬蘭的傳統文化而經常使用芬蘭的民俗資料。這就使分散在世界各地的芬蘭人，很容易憑著對民族文化的認同而拉近彼此間的距離〔註8〕。這是由於芬蘭人發揮學校教育在傳承傳統文化記憶中的重要作用，文字能力無疑是他們全面獲得經典知識、提高認識的有效途徑。「歷史只有訴諸文化的符號才有可能進入人類的記憶，而經典的永恒性乃是文化記憶中最爲重要的部分。沒有文化記憶就無法回到事情本身，并獲得確切的存在感受」〔註9〕。可見，當代社會中，學校教育在傳承傳統文化方面具有很大優勢，其效果也是明顯的。

　　文化的流傳是個耳濡目染的過程，在現代社會只有通過教育才能實現這個目的。青年一代喪失接觸傳統文化的機會，就不能感受傳統文化的魅力，他們與傳統文化的陌生感就會越來越強烈。因此，首要的是通過加強教育的手段，來喚醒民眾尤其是年輕一代對傳統文化的自覺意識。沒有文化記憶就難以尋找自身的文化歸屬，從而也無法眞切感受現實和應對世界。

（三）電子媒介時代對的干擾

　　文字的出現和印刷術的發明從時間和空間兩個方面極大地加快和擴展了民族記憶傳遞的速度、廣度和密度，同時又具備了超越個體承載能力的永久保存的特性。某些特定文化中有閱讀能力的成員，完全可能憑藉自己的閱讀進入民族文化的記憶庫。這既爲傳統文化記憶的線性傳遞提供了方便，也爲傳統文化記憶的擴充和累積提供了巨大的潛力。存在的問題是，自文字誕生和印刷術發明以來，又出現一個更爲先進便捷的電子媒介系統，其具體形式包括影視、互聯網、電子通訊等。這些都是傳遞文化信息、獲取文化記憶的

〔註8〕參見董曉萍著：《鍾敬文與「一國民俗學」》，《民俗學刊》（第三輯），第16頁，澳門出版社，2002年12月。

〔註9〕駱冬青著：《文藝之敵》，南京：江蘇人民出版社，2006年，第183頁。

有效載體。

　　然而，在電子媒介時代，信息超時空的特點決定了它具有短暫性和娛樂性，其非線性和虛擬習慣也決定了它具有無深度、非邏輯和易遺忘的特徵。在這種前提下，民族文化記憶原有的歷時線性邏輯消失在感性的平面圖音背後。於是，對於在電子時代成長起來的一代人來說，傳統文化記憶似乎已經失去了本體論的意義而淪爲一種類似出生證明那樣的微不足道的東西。借助消費時代的各種電子媒介，原來由文字傳承的傳統文化記憶變得越發模糊，這就成爲發展中國家爲了適應經濟全球化時代所必須付出的文化成本。因此，在維護傳統文化記憶方面，以印刷文字爲特徵的傳統教育手段不可或缺。也只有把學校教育當作傳統文化的一個重要驛站，民族認同感和傳統文化的生命力才能找到承載的根本途徑。有了這個停靠的基礎平臺，文化自信心的樹立、自身文化品格的形成就有了依託。在面對傳統節日文化時，才不至於「棄我崇洋」〔註 10〕；更不至於在清明節祭祖活動中盲目跟風，去追求一種有悖於傳統文化道德的、以異化祭品進行的祭祀方式。

三、學校教育應傳承的清明文化內涵

　　文本是話語意義、作品思想的形式化、固定化，只有以書寫字母的形式銘記話語的意義時，文本才眞正是文本。正是通過這種形式化、固定化，「文本的話語意義才可能被其他更多的人反覆咀嚼、理解，從而在不同的時空體系中得到再生、流傳、擴展。如果我們在較爲寬泛的意義上理解文本概念，就會發現文化記憶具有極強的文本性」〔註 11〕。文化記憶固然有助於認清過去的「是其所是」，但更需要現在和將來進行清理、反思和重新闡釋。正如「個體的記憶時時隨生存情境的變化而予以新的色澤與理解一樣，文化記憶也是在對將來的展望中賦予新的內容與意義的」〔註 12〕。

　　中國文化對「經」這種文本的理解有形而上與形而下兩重含義〔註 13〕。

〔註 10〕鄧海建著：《缺乏文化自覺，我們拿什麼復興傳統節日》，《南方日報》，2005年 2 月 18 日。

〔註 11〕〔法〕保羅‧利科爾著：《解釋學與人文科學》，石家莊：河北人民出版社，1987 年，第 149 頁。

〔註 12〕駱冬青著：《文藝之敵》，南京：江蘇人民出版社，2006 年，第 183 頁。

〔註 13〕《易》曰：「形而上者謂之道，形而下者謂之器……形體，器有方所。道爲不可見之超越性與神聖性，器爲可感觸之具體實物形態。」

從形而上看，「經」是「常理」和「常道」，是永恆不變的普遍眞理，適應於人類歷史的所有階段與人類生活的所有領域。從形而下看，「經」是特定歷史文化中的文化形態，在特定的歷史文化中體現永恆普遍的眞理。具體就中國文化的經典來說，《詩經》、《書經》、《禮經》、《易經》等所體現的就是中國文化的形態與精神，其中《易經》源於伏羲畫卦，開創了中華文明的獨特形態與精神特質。近代頗受抨擊的科舉制度，其實是保留中華文明衆多傳統經典的極好方式。科舉考試選拔制度與各類學堂的教育方式是解讀這些經典思想、保存這些傳統文化記憶的強有力措施。清明文化觀念要素中的儒家孝道倫理思想，正是通過這樣衆多趕考人的背誦方式得以延續下來。因此說，對於清明文化來說，只要「支撐它的觀念基礎一直存在，這種文化記憶也就會獲得滋養，並不斷推陳出新，得以強化和豐富」〔註 14〕。可見，學校教育中的經典學習也是管理傳統文化記憶觀念內涵的一個很好的手段之一。在現代社會，清明祭祖又體現出一種更爲人文情懷的文化品格。這在家族層面上是爲了傳承血脈、維繫親情的家族精神，在民族層面上是爲了維護國家統一、提升民衆凝聚力的民族精神。雖然清明文化的觀念因素不存在式微的問題，但其中的不少觀念在當代社會出現了「泛濫」的情形。這也是民衆沒有領會清明文化精神的一種表現，而這些文化精神其實就蘊含在衆多的經典之中。如關於祭祀的文化用意，東漢王充在《論衡》〔註 15〕中就表述得很清楚。這表明祭祀的原意是教人學敬畏、感恩及善於爲人，可當今的青少年卻難以領會到這種含義。

（一）文化記憶的傳承機理

文字產生與印刷術的發達，使得文化記憶傳承中原有的口傳身授方式就被打破，並被置於驟變的潮流之下。但是文字本身無法改變其靜止的狀態，文化記憶還必須借助其他中介才能呈現其本意。也就是說，文字系統自身還不是文化記憶，更加不是一種持久的記憶方式。因此，《詩經》、《書經》、《禮經》、《易經》等經典文獻只能算是一種潛在的文化記憶。這就需要教育這種特殊的、能解讀傳統經典文獻中蘊藏文化記憶的手段，讓文字把意義和知識

〔註14〕 莫里斯・哈布瓦斯著，畢然、郭金華譯：《論集體記憶》，北京：人民出版社，2002 年，第 167 頁。

〔註15〕 東漢王充《論衡》曰：「凡祭祀之意有，一曰報功，二曰修先。報功以勉力，修先乃蒙恩也。」，北京：藍天出版社，1998 年。

變成能為人所熟知的東西。

　　文字的產生不僅使得記錄和儲存成為可能，而且也極大地擴展了文化內涵的外傳空間。為防止文化傳統在交流中丟失原意，古代文明發展了特別的閱讀文化，強調對文字文獻的集體學習和注疏闡釋，並通過強制記誦的方法把社會教育的內容灌輸到學習者的頭腦中〔註 16〕。因此，中國的傳統文化記憶，離不開史籍資料這個文本的母體，這是不言而喻的。中國學者歷來重視史籍的源流，重視史料的輯錄和保存，積幾千年之久彙集而成的經、史、子、集等典籍，加上野史筆記之類的記載等，可謂洋洋大觀。這些都承載了厚重的文化記憶資源，體現久遠而豐富的文化記憶源流。中華民族優秀的傳統文化源遠流長，舉世聞名。以孔孟為代表的儒家文化在民眾觀念中根深蒂固的原因，不是僅僅因為客觀上存在這些經典文獻，而是他們與各個時代的教育制度、文化機制、政治管理等有密切關係。因此，在漫長的歷史演進和文化發展過程中，中華民族傳統思想與文化心理以一種集體記憶的方式，對民眾的精神和行為起著一種凝聚和整合的作用。

　　從清明節祭祖習俗中可以看到，中國傳統文化的根基在民間一直都得到保存。不少的傳統因素還隱藏於深層的文化心理之中，但其文化記憶的痕跡還沒有完全喪失。可是，還是應該把民族復興、文化重振的希望寄託在地方課程資源、傳統經典教材的開發上。通過教育途徑，讓所有年輕人有機會去認識傳統文化的原貌，以增強他們對民族傳統文化的自覺保護意識。

（二）具體實施措施

　　青少年在傳統文化方面的「營養不良」，對一個民族的凝聚力來說無疑是致命的打擊。他們不喜歡傳統節日，從某種程度上說，責任在於我們的學校教育在傳統文化教育方面過於「懶惰」：沒有在他們急需瞭解本民族傳統文化的時候，盡到應有的教育義務。因此，必須在中小學校裏開設傳統文化必修課，讓他們從小就能從課堂上較為系統地瞭解中國文化傳統的脈絡。進而讓孩子們主動參與這樣的節日慶祝活動，只有如此才不至於使清明等傳統節慶接力棒在當代的孩子手中滑落，更不會導致造成某種傳統文化的斷層。就清明文化的傳承而言，具體應該包括以下措施：

〔註16〕〔德〕揚・阿斯曼著：《有文字的和無文字的社會——對記憶的記錄及其發展》，《中國海洋大學學報》（社會科學版），2004 年第 6 期。

1、加大清明詩詞入選中小學教育中的比例，發揮詩詞獨特的教育功能

詩言志，志又能感化人，教育人。尤其是上古詩歌，是在口頭文學廣為流傳的基礎上形成的。其所言之志乃是一國之志，天下之志，是人類美好品德的凝聚。歷代文人墨客為清明節譜寫了許多千古名篇。這些代表著「雅」文化的清明詩詞歌賦，在字裏行間體現了清明文化的獨特魅力，歷來廣為傳誦。特別是唐朝杜牧的一首《清明》詩，使得清明節也因此滲透出深厚的文化底蘊，大俗中透視出大雅。清明節在發展中，還有更多類似的寒食清明詩詞。它們在流傳過程中，互為印證，相映生輝，極大地豐富清明節文化的意蘊。可是，現行中小學教材中所選用的寒食清明詩詞篇目過少，以寒食清明詩詞來傳承清明文化的作用就不是很明顯。因此，必須充分利用清明詩詞這個教育平臺，從中引導學生認識清明節的發展歷程及其文化內涵。

2、喚醒傳統文化記憶，首推對儒家經典的學習

其意義不僅僅是歷史與文化的普及，也是傳統思想的提煉。所謂經典教育，在中小學中主要是對儒家經典「四書五經」以及相關史籍、子書、文集的瞭解和閱讀。古代的經學是中國文化的源頭活水，是多種傳統思想的原創依託，對青少年學生的價值觀起著引導作用。提升傳統文化的素養，也離不開對經典的瞭解。經典中所蘊含的系統智慧有利於一切知識的學習和領悟。因此，經典既是孩子健康人格和崇高道德的源泉，也是孩子未來學業提升和智慧生發的一個堅實依託。總的說來，在喚醒傳統文化記憶、提升人文素質修養的學校教育中，就是要通過對傳統文化「恒常價值」的瞭解和學習中，使學生能在人文修養和道德養成方面有所得〔註17〕。

中華民族傳統文化的根基，不在於唐詩宋詞和孔孟儒教，而在於民間活態的民俗文化。但是，民俗文化與唐詩宋詞和孔孟儒教經典有著很密切的關係。可以這麼說，民間文化這個根基如果長期沒有古籍經典這種源頭水的澆注，總有一天會枯萎的。儒家經典中有不少古今相通之處，其中有不少是當代構建和諧社會所需的東西，如強調人與自然、人與社會的和諧相處等。在這種傳統文化的教育中，應該精選一些代表民族傳統文化精神的內容，讓學生認真閱讀，並加以必要的詮釋。

〔註17〕葛兆光著：《現在還讀經典麼》，《中國教育報》，2004 年 4 月 8 日。

（三）已有做法

有記憶才有歷史，有歷史就有傳統，而有傳統才會使歷史更突顯使記憶更牢固。人們為了理解現實所以需要理解歷史，為了除舊布新所以需要正確認識傳統。傳統無疑是塑造和引導文化記憶的巨大力量，但文化記憶對傳統也不是完全被動的、消極的。它既可能支持和強化某一傳統也可能抵制乃至拒斥某一傳統，關鍵是我們的學校教育在其中所起的作用。如果學校教育能夠起到傳承傳統、培育文化自覺的效果，那麼文化記憶肯定促進傳統因素的穩定傳承。文本需要解讀，文獻古籍的文本性決定了它的詮釋特性。在文本中，文化記憶轉化為物理的、符號的形式，從直接的人類活動條件變為間接的人類活動條件。這種質態轉變造成了一種間隔，將實際的文化現象轉化為一種文化符號。只有破譯文化記憶這種靜態的、物理的、符號的文本，其形態價值才能夠得到有效轉換，才能實現其文化屬性的展示。

因此，要使清明節日中蘊含的文化精神和意義內涵得到體現，就必須充分利用學校教育的教化功能。學校教育可以讓民族文化的因素在個體心靈中生根發芽，而傳統文化資源也能擁有獲得廣泛認可的社會價值尺度，並成為民族文化價值觀的組成部分。為了讓學生全面瞭解傳統節日的歷史演變及其文化內涵，2005 年上海市新頒佈《上海市學生民族精神教育指導綱要》。當中將清明、端午、中秋和重陽等中華傳統節慶納入中小學生的必修活動。在這個《綱要》中，上海市教委提出了「禮」的全新概念，囊括瞭解人文傳統和民族歷史等要點〔註 18〕。這種將傳統節日的文化要素貫穿在中小學教育中，能夠培養學生對傳統節日文化形成一種正確的價值觀。

國外的中小學中非常重視傳統文化的薰陶，但是在中國由於種種原因，傳統文化的教育一直很薄弱。因此，正確的做法是多開設傳統文化課程，讓學生對傳統節日的來龍去脈有一個清晰的認識。通過教育使他們有一種對傳統節日，對本國節日的溫情和敬意感。在傳統節日的良好社會氛圍形成之前，社會教育的功能缺位必須由學校教育來補充，才不至於出現傳統文化記憶的喪失。

〔註 18〕　《人文傳統在學校教育中的運用》，《文匯報》，2005 年 4 月 1 日。

第二節　沿襲清明節傳統活動

　　傳統節日文化，是中華文化的根基和重要組成部分，是承載中華民族精神與情感的重要載體，也是維繫國家統一、民族團結的基礎和聯繫世界的橋樑。中國的傳統節日五彩繽紛，文化內涵豐厚，留存人類獨特的文化記憶，必須通過有效的方式給予強化。傳統節日文化能集中展示民族文化性格，是文化認同、民族認同與國家認同的重要標誌。有專家建議將清明等傳統節日增設為法定假日可以增強民族文化認同感，其理由有五條：一是節日不放假使人們淡忘傳統；二是節日依舊忙碌，會讓我們失去美好的情懷；三是節日休假有利促進民族傳統文化的繁榮；四是有助於喚起大家對傳統文化的自覺意識；五是傳統節日列入法定假日體現人文精神〔註 19〕。這些理由看起來很充分，但在實際操作中可能會遇到一些難題，或者說起不到應有的作用。因此，必須全面考慮，多方論證，才能做出合乎現實的決策。

一、設置法定假期的必要性

　　從歷史的角度看，我國的傳統節日文化在長期的發展過程中，早已成為一種家喻戶曉的文化指令，因而對民眾來說具有廣泛參與性。可以說，參與性就是傳統節日的本質屬性，指一定數量的群體不間斷地投入到一定的民俗文化活動中去。具體來說，任何一個傳統節日文化的傳承，依靠的是民眾在特定的時間能參與到其中的一系列活動中去。因傳統節日往往是按農曆確定的，政府各機關的活動則按西曆安排，所以難免出現不協調的情形。絕大數民眾（特別是中年，青少年）都為被納入了官方的時間系統中去工作和學習，從而沒有能夠在傳統的文化節日裏擁有足夠充裕的時間來參與相應的文化活動，或者說沒有能夠脫離官方的時間系統去融入到傳統的時間系統去參與特定的傳統節日活動。

　　清明等傳統節日在傳承過程中，長期得到官方的支持，這跟當時自給自足的農業社會有很大聯繫。在當代社會，科學發展、觀念更新、產業調整，農業已不再作為整個國家產業的支柱。近年來，相當多的人過上了「經濟化、數位化的」傳統節日，其傳統文化成分越來越少。造成這種局面的原因是，目前的法定假日制度沒有配套的文化生活，而豐富多彩的民間傳統節日卻因

〔註 19〕朱易安著：《重建中國的節日文化》，《文匯報》，2005 年 9 月 16 日。

沒有充足的時間而無法進行相關的文化活動。深層次的原因在於我們「沒有處理好國家與社會的關係、政府和政黨與民衆的關係、傳統文化與現代文化的關係。爲了解決現有節日體系的問題，國家有必要重新調整法定假日的分配，讓官方系列與民間系列、現代系列與傳統系列在同一個節日體系裏具有一種新的更符合時代需要的結構關係」〔註20〕。

　　清明、端午、中秋、重陽等傳統節日，對民衆的文化心理、經濟生活、思想觀念有著廣泛的影響。這些節日，不僅歷史悠久，而且極富民族傳統文化的特質，其內涵也屬非物質文化遺產保護範圍。隨著我國法制制度的逐步完善，依法治國的理念不斷深入，人們寄希望於將所有社會問題都轉化爲法律條文，希望借助法律來解決現實生活中存在的問題。於是各種「激情式」的立法建議接踵而來。針對傳統節日文化逐漸淡化的問題，有人大代表、學者建議將除夕、清明、端午、中秋等傳統節日設置爲法定假期〔註21〕，通過立法這個手段來進行干預，讓全民放假，以此爲契機達到復興傳統節日、復興民間文化的目的。立法設置假期，確實能爲傳統節日的傳承提供很好的條件，至少在時間上能讓民衆有參與節日活動的可能。但法制相對於「人治」只是相對理想的一種權威性的制度安排，又是一種帶有缺陷的制度文明。法律的功能是有限的、固定的、相對滯後的，而社會生活是多變的、超前的，兩者之間始終處於一種矛盾狀態〔註22〕。就是說，法律條文是統一性、無差異性的，而社會風俗生活是有區域性差異的。因此，要把清明節等傳統節日設置爲法定假期是很有必要，也有利於清明文化的代代相傳。但傳統節日文化的傳承是一個複雜過程，那種以爲只要設置了法定假期就一定能保存好相關傳統文化的想法，是站不住腳的。

二、法定假期對清明文化傳承的功效

　　把清明節定爲法定節假日，對弘揚中國傳統節日文化和重新確認傳統節日的價值，的確能起到很大作用。可是這種簡單的作法只是治標不治本。在

〔註20〕高丙中：《中國民俗學會2004年工作總結》，中國教育部網站。

〔註21〕2004年的十屆人大二次會議上，北京團紀寶成等代表提出了「增加中國清明、端午、中秋傳統節日爲法定假日的建議」。一年後，不少代表學者建議增加傳統節日爲國家法定假期。《人大代表再次建議讓除夕清明端午中秋成爲假日》，《北京晚報》，2005年3月11日。

〔註22〕丁偉著：《「激情立法」的理性思考》，《解放軍日報》，2006年2月7日。

現代中國社會，一直以來體制外的人都是享有自然的假期的，但這並沒有使得眾多的傳統節日習俗得以很好的傳承下來。政府在政治、經濟、文化、社會生活諸方面對民眾的行為有著巨大的影響與導向作用。政府對傳統節日文化的重視，可以體現在給予民眾必要的自由時間即設置法定假期，但在具體實施上還應考慮其可操作性。對於將清明節日設置為法定假日，舉國上下都是舉手贊同的。但部分學者認為設置清明倒是顯得必要，重要的傳統節日放假無疑能使得節日氛圍更加濃厚。但設置清明法定假期，清明的文化精神能否得到傳承並發揚光大，就是一個值得商榷的問題。

在實際生活中，僅僅把清明節統一設置為法定假期從實質上並不能改變目前的狀況。如果政府相關部門管控不當，甚至還會帶來一些負面影響。當代社會人員流動大，人員眾多，統一的法定假期實際上也很難滿足大多數人的節日活動需求。上班時間的大面積調整，交通壓力的增大，對整個社會生活的正常運作會造成一定的負面影響。在我國，車輛逐年增加，各地的道路條件不可能在短期內得到根本改善，設置清明法定假期所得到的一個結果就是交通狀況更加惡化。這種交通狀況跟「五一」和「十一」旅遊黃金周的情形又很大不同。「五一」和「十一」旅遊黃金周期間出行的人群主要是為了旅遊，那畢竟是經濟狀況較好的家庭的行為（應該是極少數人的行為），而掃墓雖不是所有人的事實行為，卻是多數人的潛在行為。這一天，不管貧富與老少都有可能奔波在掃墓的路上。此時那怕只是一部份人實施掃墓行為，其數量也不可小看。港澳規定春節、清明節、端午節、中秋節和重陽節為五大傳統節日為法定假日，臺灣法定放假的傳統節日也包括春節、清明節、端午節、中秋節，跟港澳臺屬小區域有很大的關係。臺灣面積約為三萬六千平方公里，是個南北長、東西窄的狹長島嶼，南北端最長距離為 394 公里，東西端（秀姑巒溪口至濁水溪口）最寬僅為 140 公里。香港總面積才一千一百多平方公里，而澳門的總面積就更小。區域小，人員往來也相對方便些，把傳統節日定為法定假日就有很強的可操作性。

無論如何，把清明設置為法定假期都為民眾發出了一個信號，即中國政府也都在努力恢復我們的傳統文化。設置法定節日假期，能為清明文化提供一個平臺，但其作用是有限的。一些學者在這方面的看法比較理性。如葛劍雄認為，將傳統節日增列為法定假期，只是延續傳統文化的措施之一，或者看成逐漸增加休閒時間的步驟之一，不能過於誇大它的作用，也

不要寄予過高的期望。某些國家、地區（如臺灣、香港）的傳統文化保存得比較好，其原因並不就是把傳統節日定爲法定假期，而恰恰是那些地區對傳統文化整體上的重視〔註23〕。因此，傳統節日文化的傳承問題也不能僅靠設置法定假期來解決，就好像婦女地位的提高，並不能僅靠設立「三八節」來實現一樣。黃濤也認爲，在當下語境中，保護傳統節日是中華民族健康發展的必要，官方干預是保護傳統節日的前提，但干預的形式卻不僅限於將某些傳統節日定爲法定假期一種。官方干預的目的就是幫助仍持偏見的民衆重新肯定傳統節日的存在價值和合法性，不讓具有優秀文化內涵的傳統節日在當下沉淪〔註24〕。

傳統節日遭受「偏見」，其「存在價值和合法性」遭到懷疑，跟國家多方面干預的手段和程度有很大關係。因此，國家必須通過多種方式來糾正民衆對傳統節日文化的偏見和重建其節日價值觀，使傳統節日的文化內涵廣爲人知，並形成廣泛認同的節日載體。

三、中小學清明假期與節慶活動

在當代社會，社會生活與文化觀念的變化，清明節的文化內涵、活動方式、祭祀規模等都有了很大變化，但它仍以其特有的功能爲民衆所重視。但清明節，只是該節日的一個標誌性時間，其相關的祭祖活動前後往往持續五六天到一個月（節期比較長，各地不等，清明日只是該節日的標誌性時間）。設置清明爲法定假期，卻又不能在這個假期裏從事這個節日相關的活動，那麼這個法定節日的設置方式就值得重新考慮。

（一）在中小學設置節日活動

實際上，包括清明節在內的傳統節日大都是以先賦性的社會關係爲基礎，並主要是是以血緣群體爲活動交往的依託。在當代社會，隨著個人後天的非血緣關係（如同學、同事、朋友、師生、對個人的生活和工作具有重要性的熟人）在整個社會關係中的重要性逐漸提高，對非血緣交往功能的節日需求就會越來越強烈。正是在這種背景下，才會有情人節、耶誕節在社會上

〔註23〕葛劍雄著：《傳統節日定爲法定假日應積極而愼重》，《東方早報》，2005 年 9月 30 日。

〔註24〕黃濤著：《清明節的源流、內涵及其在現代社會的變遷與功能》，《民間文化論壇》，2005 年第 3 期。

流行。耶誕節也因此成爲了對傳統節日的交際局限的補充〔註 25〕。基於這個理念，可以在大中小學設置一些與清明節相關的校園遊藝活動，使之成爲青少年學生進行交往和陶冶情操的一個重要方式。經過精心重置後的清明節活動，在內容、文化內涵上會比原有的傳統節日和政治節日更有吸引力，並體現出更有民族特色的文化活力。

因此，如果能在清明節當天或前後時間裡，在中小學校開展一系列的節日活動，是有必要且可操作性強，體現了官方干預、維護傳統文化的權力與義務。當今社會，家長生存壓力加大，大多無暇去顧及節日活動的設計，因而是無法給予其子女足夠的傳統文化教導的。對衆多的中小學生來說，哪怕只在就讀的學校參加一天的節日活動，數年下來他們對我們傳統節日的理解與感受都會大爲不同。但單純的節日放假，對於中小學生的成長和清明文化的傳承其實沒有太多實質性的作用。要知道，傳統節日只有在實踐中被運用，才能獲得了新生。在傳統節放假舉國同慶固然可喜，但一個民族的精神延續和文化傳承，迫切需要的是更多與傳統相關的配套措施和實踐機會。否則，只設置節日法定假期，不過是增加休息時間罷了，而節日的文化內涵卻無法廣爲人知，也難以存續。因此，清明節前後在中小學校開展相關活動是很有必要的，能夠通過學校教育手段積極挖掘清明節當中可資利用的傳統文化因素，並使之滲透到清明節的活動當中去。

清明仍然是中國人比較重視的祭祖節日，但這種單純的祭祖活動出於對風俗習慣之文化記憶的實踐，之外再沒有原有的遊藝活動內容。換言之，寒食早已煙消雲散，而清明也沒有踏青之說。這種狀況表明，傳統的清明節已經淪落爲一個「文化空殼」：傳統寒食清明的諸多風俗中，只有掃墓之風存留。即使其文化意義再明顯，清明文化能夠挖掘的就只有其觀念因素的內涵了。那麼其原有的習俗活動就無法發揮應有的作用，對當今社會的文化建設與精神提升提供不了原動力。因此，在中小學校中開展清明節活動的同時，可以恢復一些與傳統相關的遊藝活動。

（二）校園清明遊藝活動

節日的文化記憶可以通過多種途徑來得到強化，比如影視、圖書閱讀、民間故事等，更主要更爲常見的途徑就是通過節慶活動來體現。既然節日是

〔註 25〕高丙中著：《中國節日框架的建構與重構》，《文化年夜飯網話‧央視春節晚會》，中華書局，2003 年，第 189 頁。

文化記憶承上啓下的一種方式，就要把節日看作是對下一代進行傳統文化和行為規範教育的最好時機。由於傳統文化的文本教育枯燥乏味，在效果上遠不如生動活潑的節日活動，因此，應該在中小學中舉辦多些清明文化活動，使之在公開性與公共性方面得到極大的提高。其實，無論是在過去還是現在，兒童都是許多節日活動的主角。清明節中的傳統遊藝習俗節慶活動也具有深厚的文化內涵，能為中小學生提供交往娛樂與競技健身的機會。在獨生子女時代和中小學生素質教育階段，這種群體遊玩交往的機會越來越少見。因此，清明節期間，在中小學設置一些與清明節傳統遊藝習俗讓他們參與其中，就顯得很有必要。這在一定程度上能夠改變學生不擅於交往的狀況，同時又可以鍛鍊身體、有益身心健康。以此方式來傳承傳統節日和教育學生，與單一的祭掃烈士方式相比，也許會更容易得到家長、學生和社會各界的普遍接受。

1、球類比賽

蹴鞠，可以換作足球來進行，可組織足球比賽。也可以以此為契機，使學生形成健身的愛好，讓他們重溫具有漢民族濃厚特色的春日運動。

2、拔河與秋韆競賽

秋韆是我國古老的民間體育，南朝梁代宗懍的《荊楚歲時記》中把施鈎之戲和打球秋韆並提，足以證明拔河也是我國最早在民間開展的體育。在中小學中開展這些遊藝活動，簡單易行，便於操作。

3、放風箏活動

這種遊藝形式對身體身心都有益，畢竟也是一種運動和娛樂，從中傳承一些傳統的文化理念和觀念習俗。當然還可以進行風箏設計、放風箏等比賽活動。

至於改（禁）火、寒食、插柳、戴柳等寒食節俗，原有的社會環境、禁忌信仰習俗都不復存在，也就沒有恢復的必要。如寒食習俗，早已消失，當代人也難以適應；當代社會郊外娛樂機會頗多，踏青都在清明統一進行沒有必要。但上述所建議的清明節日活動，雖在清明節中早已消失，但作為具有歷史傳統與現代氣息的遊藝活動，應該會得到青少年學生的喜愛。這些具有傳統淵源的清明節日活動，讓學生在得到傳統文化薰陶的同時，各種心理因素如人際交往、欲望呈現、情感宣洩等也得到補償。隨著時代的演變，清明傳統習俗中應該不斷融入新的時代精神，使其朝著有利於提高民族素質的方向發展，並具有增強團結、娛樂大眾的潛在社會功能。同時，也能使這一文

化活動由家庭走向學校，從而引導學生在集體中參與清明活動，注意與後天關係的同學朋友進行人際交往以增進友誼。

四、祭祀方式的引導

文字只不過是記錄系統，是幫助記憶的工具，讓已知者借助於外部的符號來回憶起他本已知曉的東西。但是文化意義永遠是「內在」的，不可能被記錄的。從實際功能上，只有通過具體的儀式活動，才能領略一種文化的意義內涵。從這個角度看，文化意義可以得到解釋，但解釋過的意義並不具備文化功能。因此，文化記憶的傳承和文化意義的體現最終還得通過具體的儀式來補充完成。文字時代的清明文化傳承更是如此，並且顯得較爲重要。

隨著我國社會經濟的發展和全球化文化的侵襲，清明節的發展遭受一些不良觀念的影響，並在喪葬方式和祭祀形式上出現一些與現代文明不相協調的現象。沒有青少年的普遍參與，所有傳統節日文化都將是抽象而沒有人情味的。受外來文化的衝擊，我們民族的傳統文化記憶正逐漸被遺失。文化記憶理論創始人阿斯曼認爲，有文字的社會傳統經常處於迅疾的變化中，在歷史長河中，文本會因各種原因而改變文化本來的意義──借助文字的文化傳承，其在寫作、傳授和接受過程中會產生或多或少的個人見解。因此，除了學校教育與遊藝活動外，還必須通過祭祀儀式來傳承傳統文化〔註 26〕。可見，我們還是不能忽視清明節中的祭祀儀式在塑造民族文化認同和保存傳統文化記憶方面的強大作用。這也是夯實整個傳統文化記憶的一種最爲有效的做法。

（一）儀式與清明文化傳承

作爲文化的載體，節日起著連接傳統與現代、歷史與現實、物質生活與精神生活間的橋梁作用。民眾的文化認同在深層次要素上是文化傳統與民族精神的認同，從這個意義上說，節日儀式的背後是能夠體現文化認同的民族精神與文化品格。幾千年來，人們在這個「氣清景明」的節氣中，進行「祭之以禮」的追遠活動，爲先人莊重地送上自己的孝念與敬意。這神聖的生命交流儀式，年年輪迴，代代傳承，構成了民眾頑強生存和追求幸福的重要動力，也是華夏民族以血緣延續爲表徵的生命意識與生生不息的文化精神之最

〔註26〕〔德〕揚·阿斯曼著：，《有文字的和無文字的社會──對記憶的記錄及其發展》，中國海洋大學學報（社會科學版），2004 年第 6 期。

佳體現〔註27〕。清明節的祭奠儀式是個體與歷史連接的精神紐帶，個體的身份時常得到確認，並變得越來越清晰而神聖。「追遠」不僅有「民德歸厚」的教化意義，還會讓民眾獲得面向未來的力量源泉。康有為、譚嗣同、梁啟超、嚴復四人在科學領域內，一般都相信宗教，也相信科學。同時他們又承認宗教儀式有利於人的道德的培養、人群風俗的形成〔註28〕。因此，「清明節」祭掃先人是一種尊重生命的儀式，其功能是古籍經典、節日活動等所不能取代的。

1、烈士祭祀儀式引導

清明祭祖儀式也是一種宗教儀式行為，其中的墓祭活動昭示著血脈的繼承，使祖先與後代之間有了聯繫，讓年輕一代知道敬老尊賢、慎終追遠。目前，鄉村宗族依然按照傳統的組織方式來進行清明祭祖活動，家庭祭掃的方式也如期舉行。但是宗族社會原來所依賴的物質基礎之一——祠堂的地位已經式微，鄉村地區的很多家族祠堂都不再是昔日生活的中心。隨著人員流動性的加大和人們生活水平的提高，另居他處的民眾就從傳統的宗族文化中脫離出來。祠堂所承載的教育功能以及宗親所體現的教化作用，也因此正在日益走向消解。

因此，官方在通過學校教育來擔負起傳承清明文化的同時，還必須借助一定的祭祀儀式來強化青少年對先人的追思意識。主要是在清明節期間，組織學生參與集體祭祀英烈和文化歷史名人的儀式來完成。長此以往，青年一代的對清明節習俗的文化自覺、感性體驗與理性認同會起到有效的導向作用。

2、網路祭祀的可行性

空間具有地源、心理、時間、語言、圖象和敍述性等六個層面，空間的組織與儀式形態之間有著密切關聯；空間對歷史記憶以及身份同一性具有建構意義。在空間中的系列活動中，人們總是能夠有意無意地尋求到歷史的意義和價值的共鳴。隨著科技的發展，時下出現了「網上墓園」的虛擬空間。但網絡作為現實的鏡象，其實是反映了現實世界的變化。年輕一代希望祭奠簡單一些，但又要求它具有永久的紀念意義，互聯網的產生正好符合了這一要求。祭祀場

〔註27〕劉錫誠著：《民俗與國情備忘錄》，《報告文學》，2002年第9期。

〔註28〕肖萬源著：《中國近代思想家的宗教和鬼神觀》，合肥：安徽人民出版社，1991年，第17頁。

所的虛擬化，其深刻的社會意義應該是明顯的。這種新生的祭奠方式方興未艾，正在極大的想像空間中發展。網上祭掃環保、快捷，避免了舟車勞頓，緩解了交通壓力。由於突破了傳統方式的局限，其文化內涵顯得更加深厚。這種方式尊重習俗但又提升了習俗，它用現代高科技手段爲亙古不變的終極關懷注入了時代氣息。網墓比傳統墓地更具開放性，可以突破時空限制，讓各個年齡段的人足不出戶、通過上網就能如願地對先人表達哀思。

　　缺乏文化意義的文化記憶很容易形成虛假的文化記憶。西川認爲，有一個指標性的標準可以用來區分眞確的文化記憶與虛假的文化記憶。眞確的文化記憶其內部充滿了自我辯駁，而虛假的文化記憶呈現出來的僅僅是靜態的文化符號〔註29〕。就清明節來看，網絡祭祀也是一種眞實的文化記憶，因爲其背負著明顯的文化意義（即生存道德）；從前述可知，官方部門也對這種文化記憶的轉移（或者說傳承）在「文化道德」上作出了認可的評判。清明網絡祭祀，借助的雖然是虛擬的空間，進行的也是虛擬的儀式，但是這些虛擬的文化符號當中都蘊含著清明文化的觀念要素與節日活動內涵，其背後仍然擔負著一定程度的文化道德。因此說，網絡祭祀活動不是虛假的文化記憶，理論與實際上都是眞實可行的。

（二）擴大網祭的規模

　　比起傳統墓地，網絡空間的虛擬墓地自然是更爲便利地傳遞文化信息，是一種較好地保存文化記憶的載體。電子時代僅是憑藉虛擬的符號、圖象和音響，就可以進行遠距離的信息傳送和交流。對於在電子時代成長起來的一代人來說，文化記憶彷彿已經失去了本體論的意義。然而，關於清明的文化記憶依然在傳承，但其中的喪葬方式和祭祀形式對當今社會的後續發展會帶來巨大的負面影響。因此，官方要充分利用網路這一虛擬空間的信息優勢，積極營造一種全新的、大範圍的清明祭祀文化。

1、豐富網祭的歷史文化內涵，擴大祭祀對象範圍

　　我國的清明掃墓活動，近代以來就不局限於民衆懷念過世親友，還擴展到包括祭掃烈士墓、公祭軒轅黃帝、炎帝、伏羲等人文先祖的活動。從這個角度來說，清明節文化已經同時在民間和官方之間形成一種慣習，從而獲得雙重性質的身份。官方通過參與網路文化建設，讓個體在這虛擬的空間中就

〔註29〕西川著：《文化記憶和虛假的文化記憶》，《作家雜誌》，2006 第 7 期。

能體會到傳統的文化意義，獲得相應的傳統教育。

在當代社會，清明節僅僅作為一個祭祀先祖和烈士的掃墓紀念日還是不夠的。歷年來，我國還有許多由於各種自然災害或人為因素而遇難的同胞，在清明這天應該有更多人去紀念他們。因此，清明節應當同時也成為遇難同胞紀念日，以培養全體國民的同胞情懷。這也有助於全社會深入反思每一場天災人禍給社會帶來的不良後果，從而警醒我們更加注要改善整個社會的生態環境和生存狀態。具體而言，每年一度清明節期間，官方網站和主要媒體都向民眾公佈每年的非正常死亡公民的名單，並倡導在網上悼念他們。

此外，借助網路祭祀的平臺，還應把紀念對象擴展到眾多傑出歷史文化人物。愛祖國始於瞭解歷史文化人物，因為傑出的歷史文化人物是民族歷史和文化的靈魂。通過祭掃這些民族英傑，能夠提升民眾的愛國情懷。在祭祀的同時，還可以從網站的宣傳資料中瞭解到更多的民族歷史文化知識。網上祭奠歷史文化名人，既增加了新鮮元素，又突破了傳統祭祀方式的空間局限。這在很大程度上增加了更多的文化含量，為清明文化的當代傳承提供了豐富而生動的素材。

2、擴大祭祀主體的範圍

提倡不保留骨灰的安置方式，利用當代信息技術，大力開發「網上公墓」的無限空間，積極開創網上紀念墓地建設，為人類的可持續發展節約有限的土地資源地。通過擴展網絡墓地建設、倡導網絡祭祀方式，使得更多人把祖先墓地依託網絡而建，以此來增加網絡祭祀的人數。推行網絡祭奠，引導人們從傳統的實物祭奠向虛擬場景祭奠轉移，便於推行綠色殯葬和文明祭祀。網上祭奠沒有墓地、殯儀館的那種沉悶和壓抑，沒有傳統祭奠方式給環境、衛生、經濟、交通、安全等帶來的巨大壓力或隱患，具有文明、節約、安全等諸多優點。因此，應該成為官方部門竭力推廣的移風易俗的最好形式之一。由於網絡技術的發展，網絡空間的虛擬性和符號性，因此為逝者建立網上公墓，不僅是文明的移風易俗之舉，還是一種紀念追思先人的最佳補充方式。

當然，網絡祭祀畢竟是一種創新的祭祀方式，現在多為年輕的網路一族所採用，要在全社會形成一股風氣，還需要官方部門加大對網絡祭祀網站的支持力度。最好把網絡墓地的推廣和網絡祭祀的倡導結合起來，並把這兩者納入現實世界的公共服務之列。如果能夠採用不收費的方式，而又提供相應的網絡維護服務，那麼這一文明祭祀方式的前進步伐將會明顯加大。同時，

還必須宣導公職人員帶頭採用這一文明葬式和祭祀方式。有了這些服務措施和示範行為，在不久的將來應該能夠營造一股文明節約的喪葬方式和簡便的的清明祭祀之風。

小　結

　　文化記憶是傳統文化的接力棒，沒有文化記憶的民族是沒有發展動力的。傳統節日是一個民族發展的文化底氣，是民族的根。它塑造了一個民族的文化記憶和文化性格，而文化記憶和文化性格又從根本上決定一個民族文化的未來發展方向。任何一個民族都有其自身的文化個性和特徵，保留這些個性特徵就是保留一種文化記憶，這樣傳統的文化就會得到延續。傳承清明文化，倡導殯葬方式和祭祀形式的文明環保化，關鍵是喚醒民眾對清明傳統觀念的文化自覺意識。但是不能單純地用法定假期來作為傳承清明文化的平臺，還應該通過各種方式來對傳統清明文化的根基——文化淵源的守護。缺乏文化自覺狀態的清明文化，任何形式的法定假期都有可能淪落為形式主義的文化操演。

　　清明文化中的各種觀念因素剛性較強，但並不是說它不會產生變異。一旦其發生變異，或者節日不復存在，或者節日的文化意義發生根本性的轉換。跟清明文化的觀念因素相比，其節日活動的穩定性較差，往往受政治、經濟、文化等因素影響較大。比如墓祭活動、遊藝活動與宗族文化在官方的管理之下，就發生過很大的變化。清明節的各種活動屬於節日的外在要素，受內在的觀念因素制約。一旦脫離各種觀念因素的制約，節日活動就很容易受到外來因素的影響而遭受改造。

　　當代生活中，民間的傳承方式已經喪失了原有的條件，國家權力的介入就顯得很有必要。媒體教育參與、設置法定假期、重組清明活動以及舉行祭祀儀式，能夠豐富文化記憶的內涵，為傳承傳統文化奠定堅實的心理基礎。就目前看來，清明文化觀念要素不存在消亡的問題，但還得依靠教育和儀式的手段來持續維護。清明文化中的喪葬習俗和祭祖方式所出現的奢華化現象，恰恰不是對清明文化傳統元素的繼承，而是現行文化中所流露出來的浮躁的心態和攀比的心理。因此說，應該注重觀念因素與節日活動的雙重建構，兩者缺一不可。只有這樣，清明節所體現出來的文化精神才能得到進一步的弘揚，清明文化才能在當代社會發揮應有的功用。

結　語

　　每一個節日都有其特有的文化和歷史背景，節日意義的承載取決於它的文化內涵。一些傳統節日之所以中斷乃至消亡，實際上是其文化精神的失落。在清明節裏，民眾對先人的哀思具有調節身心、舒緩壓力和改善人際關係的作用。清明節歷來都是以一種濃縮形式，傳遞著民眾對生命的一種時空感受。清明節文化記憶濃縮的是民眾的精神追求，體現的是民眾的信仰情懷與生命價值取向。因此，清明節習俗既是個體的時間感受與空間體驗，又是群體的一種民間宗教實踐活動。清明祭祖習俗已經成爲民間與官方共同建構的民間信仰，這也是在政治與文化的合力之下不斷整合的結果。

一

　　清明文化本身是一個動態整體，其觀念因素是較爲隱蔽和相對穩定的部分，而其各種習俗活動則是變異性最大、最活躍的部分。清明節的各種活動處於節日外在層次，受清明文化的觀念因素制約。一旦脫離原有觀念因素的制約，這些節日活動就很容易受到外來因素的影響而遭受改造。因此，其觀念因素和節日活動之間存在著雙向互動關係。一方面，清明觀念因素由內向外牽引和制約清明節日活動的性質和方向，其觀念因素依靠節日活動來表現；另一方面，節日活動由外向內傳導變遷，影響相關觀念因素的性質，是變動的起因。清明文化的觀念因素保持相對穩定，其相對應的節日習俗會形成一種在兩者之間發生由內向外或由外向內的雙向流動。這種「內外循環」所形成的，就是清明文化得以千古傳承的動力。因此，必須以教育宣傳等手段加強清明文化中觀念因素的引導，讓傳統清明文化

得以不斷延續。同時還須加強清明節日文化活動的維護，即加大節日的重建工作，挖掘節日文化內涵。否則清明節除了單薄的外殼，別無值得保留的因素。因爲當任何民俗事象不具備觀念因素的文化記憶，或者說其觀念因素的文化記憶消失之後，這種民俗事象最終會走向消亡。而清明節祭祖習俗由於蘊含穩固的觀念因素，因此得以延續到現代化的今天。當然，清明節所體現出來的祖先崇拜、儒家孝道、風水觀念等內涵的文化記憶，也是中國傳統文化的一個核心組成部分。

基於萬物有靈觀和靈魂崇拜觀念之上的祖宗神靈信仰，使得民眾在心理上形成了的某種神秘力量，同時在實踐上形成了以清明爲主的祭祖儀式。這種信仰活動歷來是民眾精神世界和生活世界的重要組成部分，其潛在的作用甚至影響民眾的思維方式和日常行爲。有學者認爲，

> 對於中國民間信仰的特點，可從其結構特徵和信仰儀式兩個層次來把握。其結構特徵表現爲其哲學基點是萬物有靈、靈魂不死觀以及結構的開放性和信仰對象的層次化等三個方面，而信仰儀式方面則體現爲大致遵循著一些基本的原則，如從眾原則、和諧原則以及功利原則等。[註1]

這個論述較貼切，對清明墓祭習俗產生和維繫的動力層面而言也同樣成立。

清明文化之產生乃至傳承發展的根源在於千年的農耕文明，加上成熟的文字系統和科舉考試制度所帶來的有序狀態，爲以清明文化爲代表的人文傳統轉化爲深刻的文化記憶提供最好的外在條件。其實，文化的發展與變遷是一個不以人的意志爲轉移的過程。就清明文化而言，在現代科技高度發達的今天，當中的墓祭習俗還出現在虛擬的網絡空間。雖然這與傳統方式相異，但更加符合當代社會的文化道德和生存道德。因此，網絡祭祀成爲傳統祭祀儀式的一種補充手段。其原因是清明文化當中既有變化的成分，也有不變的內涵。也就是說，清明文化的觀念因素就是不變的信仰習慣與傳統觀念，節日習俗是一些能應對不斷變化的現實世界而相應變化的儀式活動。變與不變的情形，在清明節文化的發展歷程中體現得最爲突出。當中的墓祭習俗所體現的文化意義，在不同時代不同層次主體身上都能夠有相應解釋和體會。

[註1] 張勃著：《民間信仰世界的忠實記錄》，《中華讀書報》，2006 年 1 月 18 日。

二

　　清明文化的發展歷程具有三個方面的特點，即民間與官方的同一性，文本和儀式的共存性，現實與虛擬結合的趨向性。在實踐基礎上清明文化這三個特性相互導引，彼此貫通，形成了清明習俗發展的自然歷史過程、自覺活動過程、自我意識過程三者的動態統一。從清明節在唐朝定型之後，其節日習俗就不斷發生變遷，很多習俗都消失；只有墓祭能夠留存下來，而墓祭習俗又在當代社會發生較大的變化。因此，從清明文化的發展歷程來看，其結構上的特徵還具體體現在移植性、變異性和傳承性這三個方面。清明文化的「移植性」體現了歲時民俗在與時代相適應過程中的吸納和採借功能。其中移植性主要體現爲上巳、寒食節轉移其原有習俗到清明節，通過發展最後墓祭就成爲中國現當代清明節中重要的內涵。在網絡時代，這種「移植性」表現爲網絡公墓的熱銷和網祭的盛行。「變異性」主要是指清明節祭祖習俗在意義上出現了全新的內涵，這跟其「移植性」特徵和社會發展有一定的聯繫。「傳承性」則指清明文化觀念因素在內涵上的延續以及年復一年的祭祖行爲，此二者缺一都會導致清明文化的式微。

　　清明文化在長期的發展過程中雖出現不同的內容和表現形式，但幾乎都保持了某些共同的文化主題和相近的表現方式。事實上，傳統清明節中的墓祭儀式必須依託一定的空間如墓地、紀念碑、公墓、骨灰樓等。即使在現代信息社會中出現與傳統祭祀方式有較大差異的網祭，仍與傳統的清明文化精神有共通之處。民眾反覆踐行的墓祭儀式，不少文化傳統因而具有連續性，並綿延不絕。正是這種文化傳統的同一性和連續性，在代與代之間架起了可以貫通的橋梁，個體從而參與了文化記憶的建構。雖然個人關於社會的記憶並非直接的便是社會總體的記憶，但「無數個體從不同方面、不同角度、不同層次所進行的關於社會的記憶，必然會相互影響、相互滲透、相互融合，並通過一定的中介或轉換機制，如傳播、評價和檢驗機制得到一定地域的人們的普遍認同，從而實際地轉化爲帶有整體性的文化記憶」〔註2〕。

　　實際上，清明文化傳承主體的結構歷來都不具有統一性或一致性。因爲任何時期的文化主體都會出現民間和官方這兩個在價值取向上具有「對立性質」的分層。因此說，清明文化的傳承發展，是長期以來民間和官方之間相

〔註 2〕孫德忠著：《社會記憶論》，武漢大學博士學位論文，第 17 頁，2003 年 4 月。

互激盪，相互衝突，相互妥協的結果，其過程就涉及到信仰的歸屬和自由度問題，也與文化權力的分配和意義內涵的體現有緊密聯繫。

文化主體的生命有生存和生活兩種重要層次。其中，生存方式歷來都體現在人的物質需求、突出人與自然之間關係的協調性；而生活方式就是人對意義與精神世界的追求，也就是追求人與人的和諧關係以及尋求個體自我心靈的安頓狀態。最初的墓祭活動目的兼有生存和生活兩個層次的因素，其體現出來的祖先崇拜信仰，是一種普化型宗教形態，代表中國民間信仰的世俗化取向。直到當代，清明墓祭在基層社會生活中更是一項重要的文化活動，具有一定的正面社會功能，如緩解內心精神壓力、潤滑人際關係和表述內心深處情感等。其核心是以人爲出發點，在給予死者一種敬仰之外，帶給生者一種精神力量。這種在民眾中廣泛存在、具有悠久歷史的信仰文化，在歷史長河中孕育和積聚了長期流傳的原動力，因而比張揚個性的制度化宗教具有更爲強勁持久的生命力。

三

以清明墓祭習俗爲標誌的民俗活動，如果說是一種宗教的話，也只能屬於「普化的宗教」的型態。這種以祖先崇拜爲核心的民俗宗教，從最初官方控制的制度轉向後來的民間鬆散化，並且不直接依賴文字傳統來傳承。它從來都沒有宗教職業者，也沒有教典的依據。渡邊欣雄認爲，民俗宗教構成了人們的慣例行爲和行爲信條，主要沿著人們的生活脈絡來演化，並被利用於節日習俗或生活之中；其組織是以家庭和宗族等既存的生活組織爲母體才形成的﹝註3﹞。可見，以墓祭爲代表的祖宗崇拜信仰從來都不具有堅硬和強大的外殼組織，更不具有意識形態的功能，歷代的社會各界對它的寬容度都比較高。加上民間的墓祭習俗在歷史發展過程中一直都只是帶有紀念和感恩色彩，歷來都不構成與官方權力抗衡的政治因素。

歷史和文化記憶二者天然地結合在一起。淡化了歷史，文化記憶將成爲空洞效裂的僵硬軀殼；離開了文化記憶，歷史必將陷入自我迷失的漩渦。一個共同體有多大的凝聚力和自信，取決於它有沒有足夠深刻的文化記憶，以及由此而產生的文化認同機制。這種起著認同作用的文化因素幾乎都是傳統

﹝註 3﹞ 參見﹝日﹞渡邊欣雄著：《漢民族的民俗宗教——社會人類學的研究》，天津：
天津人民出版社，1998 年，第 3 頁。

的，對於一個民族國家來說是無價之寶〔註4〕。傳統節日中特別是清明節習俗包括了此類文化因素的主要內涵，並且這種起到認同作用的文化一直都是傳承民族文化記憶的重要形式。個體通過儀式實踐和文化參與活動，一方面能夠通過感性的形式來受到薰陶和教育，另一方面也為清明文化的傳承作出努力，從而為清明文化的鞏固奠定了較好的外部環境。清明文化的觀念與活動要素在結構上不是封閉的而是開放性的，其涵義可以通過有效形式得到不斷拓寬和豐富。它們不但面對當下現實生活，還指向社會歷史和未來。要達到這個目的，可以借助教育手段來使其信仰觀念因素得到廣泛認識，並進一步拓展清明節祭祖活動中的文化內涵。

　　誠然，對清明文化進行研究的目的不僅僅是要論證清明墓祭習俗的合理性和必要性，而是通過對清明文化的發展歷程及其意義闡述，為清明文化精神的弘揚提供一個合理而有效的思路。其中一個主要的觀點就是通過官方的參與、管理，讓民眾在清明文化方面形成一種文化自覺。「文化自覺」概念最早是費孝通先生提出的，其主要涵義之一指的是生活在一定文化中的人對其文化歷史有所瞭解，並且對其發展歷程和未來有充分的認識〔註5〕。簡單地說，文化自覺就是每個文明中的人對自己的文明進行反省，做到有「自知之明」。這樣，人們就會更理智一些，從而擺脫各種無意義的衝動和盲目的舉動。事實上，清明的祭祖儀式所體現人與人和諧相處的人際觀、倫理觀，在任何時侯都具有相應文化意義，但一些年輕人可不是這麼理解。正如李亦園所說的那樣：

> 我們探討傳統的祖宗崇拜，並沒有希望把這古老的風俗重新恢復之意。……在現代與傳統交替之時，年輕的一代有時對年長者的信仰不能理解，常常會以為這是過時的迷信，產生排斥的心理。假如理解迷信形式的背後，也有其內在的意義，也許就不會那麼排斥，甚至會思考有沒有什麼現代的象徵體系，可以用來代替古老的崇拜制度，藉以解決家庭中種種緊張關係、身份認同的困境。這應該是我們對傳統的祖宗崇拜所應持的正確態度。〔註6〕

〔註4〕　參見高丙中著，《對節日民俗復興的文化自覺與社會再生產》，《江西社會科學》，2006年第2期。

〔註5〕　費孝通著，《文化自覺和而不同》，《民俗研究》，2000年第3期。

〔註6〕　李亦園著：《宗教與神話》，桂林：廣西師範大學出版社，2004年，第123頁。

在清明節的墓祭習俗當中，如果能有一種「文化自覺」的「自知之明」，民眾就能夠認識到墓祭習俗特有的文化精神及其在現代生活中的文化功能。一方面，在清明節所進行的墓祭儀式就會符合現代精神文明的要求，也會抵制那些有辱先人的奢華祭品和有害於生態環境的祭祀行為；另一方面，年輕一輩對老人在清明進行墓祭應該給予充分的理解，甚至還可以積極參與其中。

文化記憶的重要作用決定了它的傳承一定遵循特定而嚴格的形式，並且需要一套符號系統作為支撐，其中儀式是文化記憶重要的重現和傳承方式之一。在清明墓祭習俗當中，儀式起著決定性的作用。清明墓祭儀式的空間只是一種虛擬性的文化符號，具有象徵性而不是工具性的作用。儀式的反覆演示使清明文化不斷重現並獲得現實意義，同時也將其植入到每位個體身上。個體在保證自己作為集體同一性的同時，也確立或者鞏固自己作為集體成員的地位。這在宗族社會表現得最為突出。基於「文化記憶對集體的同一性的構建作用，它的存儲和傳播都會受到嚴格控制，對這一控制權的掌握一方面意味著責任和義務，另一方面也意味著權力」〔註7〕。清明節的同一性文化精神擴大到整個國家的層面，就是認同民族精神、提升民族凝聚力、增進民族團結與維繫國家統一。

清明墓祭習俗是傳統文化因素經過長期積澱下來的產物。當初的清明節是宗族認同與家庭關係調適的主要方式，在當代它是民族自我認同的主要形式，也是保持民族文化認同感的一道重要壁壘。對清明文化傳統的認同將推動國家認同，從而達到維護集體的文化身份、鞏固集體主體同一性的目的。在歷史上，民間與官方共同為傳承清明文化做出各自的努力，但民間傳承清明文化是無意識的，或者說其出發點是生存道德大於文化道德。官方應該通過多種形式來管理清明的文化記憶，積極引領民眾理性看待喪葬習俗和祭祀方式；同時使之注重把現代精神文明和生態倫理道德融入其中。因此說，大力弘揚清明文化精神，充分利用蘊含其中的文化傳統與和諧理念，一定能夠推動傳統文化的復興以及當下和諧社會的建設。

〔註7〕 王炳鈞等：《空間、現代性與文化記憶》，《外國文學》，2006年第4期。

參考文獻

一、古籍文獻

1. （漢）班固撰，（唐）顏師古注：《漢書》，北京：中華書局，2000 年。
2. （漢）應劭撰，王利器校注：《風俗通義校注》，北京：中華書局，1981。
3. （漢）劉安等撰，陳廣忠譯注：《淮南子》，長春：吉林文史出版社，1990 年。
4. （漢）王符撰，龔祖培校點，《潛夫論》，瀋陽：遼寧教育出版社，2001 年。
5. （春秋）孔子編訂，郭竹平注譯：《詩經》，北京：中國社會科學出版社，2003 年。
6. （晉）郭璞撰：《葬書》，北京：學苑音像出版社，2004 年。
7. （梁）宗懍著，譚麟譯注：《荊楚歲時記》，影印本，武漢：湖北人民出版社，1985 年。
8. （北宋）王欽若等編撰：《冊府元龜》，北京：中華書局，1960 年。
9. （宋）吳自牧撰，符均、張社國編：《夢粱錄》，西安：三秦出版社，2004 年。
10. （宋）王溥撰：《唐會要》，北京：中華書局，1955 年。
11. （宋）孟元老撰，鄧之誠注：《東京夢華錄》，北京：中華書局，1982 年。
12. （宋）陳元靚撰，（清）李光地等撰：《歲時廣記》，上海：上海古籍出版社，1993 年。
13. （明）邱濬撰，林冠群、周濟夫校點：《大學衍義補》，北京：京華出版社，1999 年。
14. （明）劉侗，於奕正撰：《帝京景物略》，上海：古典文學出版社，1957 年。
15. （清）顧祿撰，魏志誠標點、胡協寅校閱：《清嘉錄》，上海：上海古籍出版社，1985 年。

16. （清）史澄等撰，瑞麟、戴肇辰等修：《廣東省廣州府志》，臺北：成文出版社，1966 年。

17. （清）李福泰修，史澄撰：《番禺縣志》（點注本），同治 10 年（1871），廣東人民出版社，1998 年。

18. （清）李調元輯：《粵東筆記》，臺北：新文豐出版社，1979 年。

19. （清）趙翼撰，欒保群、呂宗力校點，《陔餘叢考》，石家莊：河北人民出版社，1990 年。

20. （清）潘榮陛，富察敦崇撰：《帝京歲時紀勝》，北京：北京古籍出版社，1983 年。

21. （清）范端昂撰，湯志岳校注：《粵中見聞》卷三，廣州：廣東高等教育出版社，1988 年。

22. （清）屈大均撰：《廣東新語》，北京：中華書局，1985 年。

23. 《番禺縣志》·五十四卷，清同治十年刻本。

二、今人專著與編著

1. 楊蔭深著：《歲時令節》，上海：世界書局，1946 年。

2. 葉廣良著：《廣東風物志》，廣州：花城出版社，1985 年。

3. 胡樸安著：《中華全國風俗志》，石家莊：河北人民出版社，1986 年。

4. 韓養民、郭興文著：《中國古代節日風俗》，西安：陝西人民出版社，1987 年。

5. 柏明、李穎科著：《黃帝與黃帝陵》，西安：西北大學出版社，1990 年。

6. 李玉潔著：《先秦喪葬制度研究》，鄭州：中州古籍出版社，1991 年。

7. 楊學政著：《原始宗教論》，昆明：雲南人民出版社，1991 年

8. 丁世良、趙放主編：《中國地方志民俗資料彙編》（共有華東、西南、華南、西北、東北、中南等六卷），書目文獻出版社出版，1992 年。

9. 費成康著：《中國家族傳統禮儀》，上海：上海社會科學院出版社，1992 年。

10. 詹鄞鑫著：《神靈語祭祀——中國傳統宗教綜論》，南京：江蘇古籍出版社，1992 年。

11. 鄭曉雲著：《文化認同與文化變遷》，北京：中國社會科學出版社，1992 年。

12. 宵銳、淡懿誠主編：《中國民俗趣談》，西安：三秦出版社，1993 年。

13. 楊存田著：《中國風俗概觀》，北京：北京大學出版社，1994 年。

14. 宵業高、宵業泉、宵業龍著：《中國孝文化漫談》北京：中央民族學院出版社，1995 年。

15. 黃澤全編著：《傳統節慶》，北京：當代世界出版社，1996 年。

16. 趙丕傑著：《中國古代禮俗》，北京：語文出版社，1996 年。

17. 雷紹鋒、張俊超著：《漢族喪葬祭儀舊俗譚》，武漢：武漢出版社，1998 年。

18. 仲富蘭著：《中國民俗文化學導論》，杭州：浙江人民出版社，1998 年。

19. 杜希宙、黃濤編：《中國歷代祭禮》，北京：北京圖書館出版社，1998 年。

20. 常建華著：《中華文化通志》（第 4 典），上海：上海人民出版社，1998 年。

21. 鍾敬文著：《鍾敬文民俗學論集》，上海：上海文藝出版社，1998 年。

22. 何炳武、方光華著：《黃帝的祭典》，西安：三秦出版社，1998 年。

23. 馮桂林主編，《中國名城漢俗大觀》，昆明：雲南人民出版社，1998 年。

24. 徐吉軍著：《中國喪葬史》，南昌：江西高校出版社，1998 年。

25. 簡濤著：《立春風俗考》，上海：上海文藝出版社，1998 年。

26. 楊善華主編：《當代西方社會學理論》，北京：北京大學出版社，1999 年。

27. 祁連休、程薔主編：《中華民間文學史》，石家莊：河北教育出版社，1999 年。

28. 李卓主編：《族文化與傳統文化：中日比較研究》，天津：天津人民出版社，2000 年。

29. 葉春生著：《廣府民俗》，廣州：廣東人民出版社，2000 年。

30. 郭於華著：《儀式與社會變遷》，北京：社會科學文獻出版社，2000 年。

31. 楊琳著：《中國傳統節日文化》，北京：宗教文化出版社，2000 年。

32. 居閱時、瞿明安主編：《中國象徵文化》，上海：上海人民出版社，2001 年。

33. 秦永洲著：《中國社會風俗史》，濟南：山東人民出版社，2001 年。

34. 侯傑、范麗珠：《世俗與神聖‧中國民眾宗教意識》，天津：天津人民出版社，2001 年。

35. 肖群忠著：《孝與中國文化》，北京：人民出版社，2001 年。

36. 黃光國著，國立編譯館主譯：《宗族、種姓與社團》，臺北：南天書局有限公司，2002 年。

37. 蕭放著：《歲時：傳統中國民眾的時間生活》，北京：中華書局，2002 年。

38. 劉德龍主編：《民間俗信與科學文化》，濟南：山東教育出版社，2002 年。

39. 高丙中著：《中國節日框架的建構與重構》，北京：中華書局，2003 年。

40. 完顏紹元編著：《中國風俗之謎》，上海：上海辭書出版社，2003 年。

41. 張志剛著：《宗教哲學研究》，北京：中國人民大學出版社，2003 年。

42. 趙洪恩，李寶席著：《傳統文化通論》，北京：人民出版社，2003 年。

43. 鄭振滿，陳春聲主編：《民間信仰與社會空間》，福州：福建人民出版社，2003 年。

44. 巴兆祥著：《方志學新論》，上海：學林出版社，2004 年。

45. 馮賢亮著：《歲時節令・圖說古代節俗文化》，揚州：廣陵書社，2004 年。

46. 周潔著：《中日祖先崇拜研究》，北京：世界知識出版社，2004 年。

47. 鄭振滿，陳春聲主編：《民間信仰與社會空間》，福州：福建人民出版社，2004 年。

48. 張劍光著：《入土為安》，揚州：廣陵書社，2004 年。

49. 王靜悦，張玉春主編：《中國古代民俗》，哈爾濱：黑龍江人民出版社，2004 年。

50. 葉春生主編：《中山大學典藏民俗學叢書》，哈爾濱：黑龍江人民出版社，2004 年。

51. 陳榮富著：《文化的演進──宗教禮儀研究》，哈爾濱：黑龍江人民出版社，2004 年。

52. 陳進國著：《信仰、儀式與鄉土社會》，北京：中國社會科學出版社，2005 年。

53. 曹子西，朱明德主編：《中國現代方志學》，北京：方志出版社，2005 年。

54. 海上著：《中國人的歲時文化》，嶽麓書社，2005 年。

55. 高奇等主編：《走出中國民俗殿堂》，濟南：山東大學出版社，2005 年。

56. 黃寬重，劉增貴主編：《家族與社會》，北京：中國大百科全書出版社，2005 年。

57. 李露露著：《中國節──圖說民間傳統節日》，福州：福建人民出版社，2005 年。

58. 王煒民著：《中國古代禮俗》，北京：商務印書館，2005 年。

59. 喬繼堂著：《細說中國節──中國傳統節日的起源與內涵》，北京：九州島出版社，2005 年。

60. 葉春生，施愛東主編：《廣東民俗大典》，廣州：廣東高等教育出版社，2005 年。

61. 趙杏根、陸湘懷著：《實用中國民俗學》，南京：東南大學出版社，2005 年。

62. 呂大吉，牟鍾鑒著：《中國宗教與中國文化概說》（卷 1─4），上海：中國社會科學出版社，2005 年。

63. 瞿明安、鄭萍著：《溝通人神・中國祭祀文化象徵》，成都：四川人民出版社，2005 年。

64. 常建華著：《歲時節日裏的中國》，北京：中華書局，2006 年。

65. 國風著：《中國農民的傳統生活》，北京：經濟科學出版社，2006 年。

66. 中國民俗學會編：《民俗春秋》，北京：學苑出版社，2006 年。

67. 中國民俗學會，北京民俗博物館編：《節日文化論文集》，北京：學苑出版社，2006 年。

68. 周星主編：《民俗學的歷史、理論與方法》，北京：商務印書館，2006 年。

69. 〔法〕保羅・康納頓著：納日碧力戈譯：《社會如何記憶》，上海：上海人民出版社，2000 年。

70. 〔法〕莫里斯・哈布瓦赫著，畢然、 郭金華譯：《論集體記憶》，上海：上海人民出版社，2002 年。

71. 〔德〕繆勒利爾著，王禮錫，胡冬野譯：《家族論》，上海：商務印書館，1990 年。

72. 〔英〕布林・莫里斯著：《宗教人類學》，北京：今日中國出版社，1992 年。

73. 〔日〕渡邊欣雄著：《漢民族的民俗宗教——社會人類學的研究》，天津：天津人民出版社，1998 年。

74. 〔美〕太史文著，候旭東譯：《幽靈的節日——中國中世紀的信仰生活》，杭州：浙江人民出版社，1999 年。

75. 〔英〕A・R・拉德克利夫-布朗著，潘蛟等譯：《原始社會的結構與功能》，北京：中央民族大學出版社，1999 年。

76. 〔美〕弗里德曼著，劉曉春譯：《中國東南的宗族組織》，上海：上海人民出版社，2001 年。

三、報刊論文類

1. 王世民：《中國春秋戰國時代的家墓》，考古，1981 年第 5 期。

2. 黃展岳：《說墳》，《文物》，1981 年第 2 期。

3. 楊鴻勳：《關於先秦墓上建築的問題》，《考古》，1982 年第 4 期。

4. 葉濤：《歲時節日風俗綜述》，《民俗研究》，1986 年第 1 期。

5. 容肇祖：《番禺和東莞的清明》，《東莞文史・風俗專輯》，廣東東莞：東莞市政協文史組，1986 年。

6. 夏之幹：《從民族學材料探測由「墓」到「墳」的演進》，《廣西民族研究》，1988 年第 1 期。

7. 孫中家、林黎明：《先秦墓制初探》，《北方論叢》，1990 年第 1 期。

8. 張慶捷：《中國傳統葬俗中的迷信觀念及其方式》，《山西大學學報》，1990 年第 1 期。

9. 聶景春：《節日文化與精神補償》，《群眾文化研究》，1991 年第 2 期。

10. 宋長宏：《節日文化、民間信仰與生命意識》，《民族藝術》，1991 年第 4 期。

11. 康新民：《民間節日文化價值初探》，《中國民間文化》，1991 年第 2 期。

12. 蔡鐵民：《傳統節日習俗的象徵符號》，《民間文學論壇》，1992 年第 1 期。

13. 黃澤存：《論新時期的節慶與節慶現象》，《民俗研究》，1993 年第 2 期。

14. 萬建中：《中國節日食俗的形成、內涵及流變》，《東南文化》，1993 年第 4 期。

15. 徐萬邦：《節日文化與民族意識》，《雲南社會科學》，1994 年第 2 期。

16. 張立東：《初論中國古代墳丘的起源》，《中原文物》，1994 年第 4 期。

17. 涂元濟：《民間節日民間儀式世界感受的特點》，《民間文學論壇》，1994 年第 3 期。

18. 李惠芳：《傳統歲時節日的形成及特點》，《中國民間文化》，1994 年第 2 期。

19. 林留根：《論中國墓葬封土之源流》，《東南文化》，1996 年第 4 期。

20. 烏丙安：《論當代中國民俗文化的劇變》，《民俗研究》，1996 年第 2 期。

21. 韓國河：《論中國古代墳丘墓的產生與發展》，《文博》，1998 年第 2 期。

22. 吳存浩：《春秋戰國時代墓葬習俗演變試論》，《民俗研究》，1998 年第 3 期。

23. 王笠荃：《節日規律研究》，《民俗研究》，1998 年第 1 期。

24. 蕭放：《古今節日文化的比較思考》，《西藏民俗》，1998 年第 3 期。

25. 周小兵：《〈詩經〉宗教現象原論》，《湘潭大學學報（哲社版)》，1999 年第 2 期。

26. 何長文：《中國古代分胙禮儀的文化蘊含》，《東北師範大學學報（哲學社會科學版)》，1999 年第 3 期。

27. 陳筱芳：《孝德的起源及其與宗法、政治的關係》，《西南民族學院學報》（哲社版），2000 年第 9 期。

28. 烏丙安：《走進民俗的象徵世界——民俗符號論》，《江蘇社會科學》，2000 年第 2 期。

29. 費孝通：《文化自覺和而不同》，《民俗研究》，2000 年第 3 期。

30. 葉漢明：《明代中後期嶺南的地方社會與家族文化》，《歷史研究》，2000 年第 3 期。

31. 焦潤明：《中國近代民俗變遷及其賦予社會轉型的符號意義》，《江蘇社會科學》，2001 年第 5 期。

32. 張德明：《多元文化雜交時代的民族文化記憶問題》，《外國文學評論》，2001年第 3 期。

33. 董曉萍：《鍾敬文與「一國民俗學」》，《民俗學刊》（第 3 輯），第 16 頁，澳門出版社，2002 年。

34. 陳進國：《寺廟靈簽的流傳與風水信仰的擴散——以閩臺爲中心的探討》，《宗教學研究》，2003 年第 1 期。

35. 瞿林東：《黃帝祭祀與歷史文化認同》，《光明日報》，2003 年 4 月 5 日。

36. 常建華：《明代墓祠祭祖述論》，《天津師大學學報》，2003 年第 4 期。

37. 黃景春：《民間信仰的差異性、一致性和同質性》，《上海道教》，2003 年第 4 期。

38. 徐曉霞、曲峰：《私學與文化傳承》，《華夏文化》，2004 年第 2 期。

39. 朝戈金：《口頭、無形、非物質遺產漫議》，《文史精華》（口頭傳統專集一），2004 年第 3 期。

40. 黃濤：《清明節的源流、內涵及其在現代社會的變遷與功能》，《民間文化論壇》，2004 年第 5 期。

41. 白麗梅：《民俗的符號學詮釋》，《光明日報》， 2004 年 8 月 17 日。

42. 蕭放：《明清時期祖先信仰與家族祭祀》，《文史知識》，2005 年第 4 期。

43. 高丙中：《對節日民俗復興的文化自覺與社會再生產》，《江西社會科學》，2006 年第 2 期。

44. 馬國清：《喚醒傳統文化記憶，提升人文素質修養》，《甘肅高師學報》，2006 年第 1 期。

45. 王炳鈞等：《空間、現代性與文化記憶》，《外國文學》，2006 年第 4 期。

46. 西川：《文化記憶和虛假的文化記憶》，《作家雜誌》， 2006 第 7 期。

四、博士學位論文

1. 孫德忠：《社會記憶論》，武漢大學博士學位論文，2003 年 4 月。

2. 韓高年：《儀式文化與先秦詩歌》，復旦大學博士後研究報告， 2003 年 6 月。

3. 賈豔紅：《漢代民間信仰研究》，山東大學博士學位論文，2004 年 4 月。

附　錄

一、公墓管理暫行辦法（1992 年 8 月 25 日民政部民事發 24 號文件）

第一章　總　則

第一條　為加強公墓管理，根據《國務院關於殯葬管理的暫行規定》和有關規定，制定本辦法。

第二條　在火葬區，要提倡骨灰深埋、撒放等一次性處理，也可經批准有計劃地建立骨灰公墓。在土葬改革區，應有計劃地建立遺體公墓和骨灰公墓。

第三條　公墓是為城鄉居民提供安葬骨灰和遺體的公共設施。公墓分為公益性公墓和經營性公墓。公益性公墓是為農村村民提供遺體或骨灰安葬服務的公共墓地。經營性公墓是為城鎮居民提供骨灰或遺體安葬實行有償服務的公共墓地，屬於第三產業。

第四條　建立公墓應當選用荒山瘠地，不得佔用耕地，不得建在風景名勝區和水庫、湖泊、河流的堤壩以及鐵路、公路兩側。

第五條　公益性公墓由村民委員會建立。經營性公墓由殯葬事業單位建立。

第六條　民政部是全國公墓的主管部門，負責制定公墓建設的政策法規和總體規劃，進行宏觀指導。縣級以上各級民政部門是本行政內的公墓主管部門，負責貫徹落實國家公墓政策，對行政區內的公墓建設和發展進行具體指導。

第二章　公墓的建立

第七條　建立公墓，需向公墓主管部門提出申請。

第八條　申請時，應向公墓主管部門提交下列材料：

(一) 建立公墓的申請報告；

(二) 城鄉建設、土地管理部門的審查意見；

(三) 建立公墓的可行性報告；

(四) 其他有關材料。

第九條　建立公益性公墓，由村民委員會申請，報縣級民政部門批准。

第十條　建立經營性公墓，由建墓單位向縣級民政部門提出申請，經同級人民政府審核同意，報省、自治區、直轄市民政廳（局）審核同意，報民政部批准。

第十一條　與外國、港澳臺人士合作、合資或利用外資建立經營性公墓，經同級人民政府和省、自治區、直轄市民政廳（局）審核同意，報民政部批准。

第十二條　性公墓，由建墓單位持批准文件，向當地工商行政管理部門領取營業執照，方可正式營業。

第三章　公墓的管理

第十三條　公墓墓區土地所有權依法歸國家或集體所有，喪主不得自行轉讓或買賣。

第十四條　公墓單位應視墓區範圍的大小設置公墓管理機構或‧聘用專職管理人員，負責墓地的建設、管理和維護。

第十五條　公墓墓碑要小型多樣，墓區要合理規劃，田地制宜進行綠化美化，逐步實行園林化。

第十六條　未經批准，公益性公墓不得對外經營殯儀業務。經營性公墓的墓穴管理費一次性收取，最長不得超過二十年，墓穴用地要節約。

第十七條　凡在經營性公墓內安葬骨灰或遺體的，喪主應按規定交納墓穴租用費、建墓工料費、安葬費和護墓管理費。

第十八條　嚴禁在公墓內建家族、宗族、活人墳和搞封建迷信活動。

第十九條　嚴禁在土葬改革區經營火化死亡人員的遺體安葬業務。

第二十條　本辦法實施後，凡違反本辦法有關規定，由公墓主管部門區

別情況，予以處罰，或沒收其非法所得，或處以罰款。具體處罰辦法，由各省、自治區、直轄市民政廳（局）制定。（編者注：該條規定與《行政處罰法》相牴觸，具體處罰應按《殯葬管理條例》的有關規定進行。）

第四章　附　則

第二十一條　本辦法實施前建立的各類公墓，凡符合本辦法有關規定但未辦理審批手續的，應按本辦法第；章的規定補辦審批手續；不符合本辦法規定的，由公墓單位報公墓主管部門，根據不同情況妥善處理；對城市現有的墓地、墳崗，除另有法律法規規定外，一律由當地殯葬事業單位負責接管和改造。

第二十二條　革命烈士公墓、知名人士墓、華僑祖墓、具有藝術科學價值的古墓和回民公墓以及外國人在華墓地的管理，按原有規定執行。

第二十三條　各省、自治區、直轄市可根據本辦法制定本地區的實施細則。

第二十四條　本辦法自發佈之日起實行。原內務部、民政部過去有關公墓管理的規定，凡與本辦法有牴觸的，均按本辦法執行。

二、中華人民共和國殯葬管理條例（1997 年 7 月 21 日國務院頒發）

第一章　總　則

第一條　為了加強殯葬管理，推進殯葬改革，促進社會主義精神文明建設，制定本條例。

第二條　殯葬管理的方針是：積極地、有步驟地實行火葬，改革土葬，節約殯葬用地，革除喪葬陋俗，提倡文明節儉辦喪事。

第三條　國務院民政部門負責全國的殯葬管理工作。縣級以上地方人民政府民政部門負責本行政區域內的殯葬管理工作。第四條　人口稠密、耕地較少、交通方便的地區，應當實行火葬；暫不具備條件實行火葬的地區，允許土葬。實行火葬和允許土葬的地區，由省、自治區、直轄市人民政府劃定，並有本級人民政府民政部門報國務院民政部門備案。

第五條　在實行火葬的地區，國家提倡以骨灰寄存的方式以及其他不占或者少占土地的方式處理骨灰。縣級人民政府和設區的市、自治州人民政府應當制定實行火葬的具體規劃，將新建和改造殯儀館、火葬場、骨灰堂納入城鄉建設規劃和基本建設計劃。在允許土葬的地區，縣級人民政府和設區的市、自治州人民政府應當將公墓建設納入城鄉建設規劃。

第六條　尊重少數民族的喪葬習俗：自願改革喪葬習俗的，他人不得干涉。

第二章　殯葬設施管理

第七條　省、自治區、直轄市人民政府民政部門應當根據本行政區域的殯葬工作規劃和殯葬需要，提出殯儀館、火葬場、骨灰堂、公墓、殯儀服務站等殯葬　　設施的數量、布局規劃，報本級人民政府審批。

第八條　建設殯儀館、火葬場由縣級人民政府和設區的市、自治州人民政府的民政部門提出方案，報本級人民政府審批；建設殯儀服務站、骨灰堂由縣級人民政府和設區的市、自治州人民政府的民政部門審批；建設公墓，經縣級人民政府和設區的市、自治州人民政府的民政部門審核同意後，報省、自治區、直轄市人民政府民政部門審批。利用外資建設殯葬設施，經省、自治區、直轄市人民政府民政部門審核同意後，報國務院民政部門審批。農村為村民設置公益性墓地，經鄉級人民政府審核同意後，報縣級人民政府民政部門審批。

第九條　任何單位和個人未經批准，不得擅自興建殯葬設施。農村的公益性墓地不得對村民以外的其他人員提供墓穴用地。禁止建立或者恢復宗族墓地。

第十條　禁止在下列地區建造墳墓：
（一）耕地、林地；
（二）城市公園、風景名勝區和文物保護區；
（三）水庫及河流堤壩附近和水源保護區；
（四）鐵路、公路主幹線兩側。
　　　前款規定區域內現有的墳墓，除受國家保護的具有歷史、

　　　　　　藝術、科學價值的墓地予以保留外，應當限期遷移或者深
　　　　　　埋，不留墳頭。

第十一條　嚴格限制公墓墓穴佔地面積和使用年限。按照規劃允許土葬
　　　　　或者允許埋葬骨灰的，埋葬遺體或者埋葬骨灰的墓穴佔地面
　　　　　積和使用年限，由省、自治區、直轄市人民政府按照節約土
　　　　　地、不占耕地的原則規定。

第十二條　殯葬服務單位應當加強對殯葬服務設施的管理，更新，改造
　　　　　陳舊的火化設備，防止污染環境。
　　　　　殯儀服務人員應當遵守操作規程和職業道德，實行規範化的
　　　　　文明服務，不得利用工作之便索取財物。

第三章　遺體處理和喪事活動管理

第十三條　遺體處理必須遵守下列規定：
　　　　　（一）運輸遺體必須進行必要的技術處理，確保衛生，防止污染
　　　　　　　　環境；
　　　　　（二）火化遺體必須憑公安機關或者國務院衛生行政部門規定的
　　　　　　　　醫療機構出具的死亡證明。

第十四條　辦理喪事活動，不得妨害公共枝秩序、危害公共安全，不得
　　　　　侵害他人的合法權益。

第十五條　在允許土葬的地區，禁止在公墓和農村的公益性墓地以外的其
　　　　　他任何地方埋葬遺體，建造墳墓。

第四章　殯葬設備和殯葬用品管理

第十六條　人住機、運屍車，屍體冷藏櫃等殯葬設備，必須符合國家規
　　　　　定的技術標準，禁止製造，銷售不符合國家技術標準的殯葬
　　　　　設備。

第五章　罰　則

第十八條　爲經批准，擅自興建殯葬設施的，由民政部門會同建設，土
　　　　　地行政管理部門予以取締，責令恢復原狀沒收違法所得，可
　　　　　以並處違法所得倍以下的罰款。

第十九條　墓穴佔地面積超過省、自治區、直轄市人民政府規定的標準
　　　　　的，由民政部門責令限期改正，沒收違法所得，可以並處違

法所得一倍以上 3 倍以下的罰款。

第二十條　將應當火化的遺體土葬，或者在公墓和農村的公益性墓地以
　　　　　外的其他地方埋葬遺體，建造墳墓的，有民政部門責令限期
　　　　　改正，拒不改正的，可以強制執行。

第二十一條　辦理喪事活動妨害公共秩序、危害公共安全、侵害他人合
　　　　　　法權益的，由民政部門予以制止，構成違反治安管理行為
　　　　　　的，由公安機關依法給予治安管理處罰，構成犯罪的，以
　　　　　　法追究刑事責任。

第二十二條　製造、銷售不符合國家技術標準的殯葬設備的，由民政部
　　　　　　門會同工商行政管理部門責令停止製造、銷售，可以開處
　　　　　　製造、銷售金額一倍以上 3 倍以下的罰款。
　　　　　　製造、銷售封建迷信殯葬用品的，由民政部門會同工商行
　　　　　　政管理部門予以沒收，可以開處製造、銷售金額一倍以上 3
　　　　　　倍以下的罰款。

第二十三條　殯儀服務人員利用工作之便索取財物的，由民政部門責令
　　　　　　退賠，構成犯罪的，依法追究刑事責任。

第六章　附　則

第二十四條　本條例自發佈之日起施行。1985 年 2 月 8 日國務院發佈的
　　　　　　《國務院關於殯葬管理的暫行規定》同時廢止。

三、民政部關於清明節期間開展文明祭祀活動的通知（民政部〔2001〕65 號）

各省、自治區、直轄市民政廳（局）：

清明節是我國人民悼念逝者、寄託哀思、緬懷先人的傳統節日，祭祀活動相對集中，影響面大。為確保清明期間文明祭祀活動的深入開展，各地要以「破千百年喪葬陳規陋俗，樹新世紀祭祀新風」為主題，廣泛開展移風易俗和殯葬改革宣傳，深入開展文明祭祀活動。現將有關問題通知如下：

一、利用清明節的有利時機，大力宣傳殯葬改革

各地在清明節期間，要充分利用各種宣傳媒體，採取多種有效形式和途徑，廣泛開展殯葬改革宣傳；有條件的地區，要集中開展殯葬改革「宣傳月」、

「宣傳周」活動，把殯葬改革的宣傳工作推向高潮。要重點宣傳國務院《殯葬管理條例》以及《關於進一步加強公墓管理的意見》等有關殯葬管理的法規、政策；宣傳推行火葬、改革土祭祀、革除陳規陋俗、樹立文明節儉辦喪事新風尚的殯葬改革方針；宣傳殯葬改革對節約土地、保護生態環境、減輕群眾負擔以及對實施國民經濟可持續發展戰略的重大意義；宣傳文明喪葬的科學知識，宣傳殯葬改革中誦現出來的先進典型經驗，營造推進殯葬改革的良好社會氛圍。

二、破除喪葬陳規陋俗，樹立祭祀文明新風

清明節前後，是祭祀活動的高峰期，也是封建迷信活動的易發期。各地要抓住清明期間群眾集中進行祭祀的有利時機，引導群眾破除喪葬陋俗，用文明節儉的方式祭祀故人，倡導和鼓勵群眾採取骨灰深埋植樹、骨灰撒海和深埋不留墳頭以及其他不占或少占土地的方式處理骨灰。要充分發揮殯葬服務單位和基層紅白理事會等群眾組織的作用，及時發現和宣傳群眾中自發形成的文明祭祀形式。要防止焚燒紙紮冥幣、兜售迷信喪葬用品、傳銷骨灰存放格位以及借機將已經平掉的墳頭重新堆起等干擾殯葬改革的現象發生，引導群眾自覺破除喪葬陳規陋俗，樹立喪葬文明新風。

三、落實各項安全防範和交通疏導措施，嚴防火災和人身傷亡事故發生

各級民政部門要充分認識安全防火和交通疏導的重要性，協調公安、交通、林業部門、精心組織，分片包幹，分級負責，層層落實，認真查找交通和防火工作存在的問題，確保清明節期間各項安全防範措施落到實處，嚴防火災和人身傷亡事故發生。要充分發揮基層黨組織和紅白理事會等群眾自治組織的作用，逐村逐戶向群眾進行廣泛深入的宣傳教育，嚴禁在墳山墓地焚燒祭祀物品，防止由掃墓、祭祀活動引發火災。要安排專人對墳山墓地進行巡查，嚴防死守，真正管住火災源頭，防患於未然。

四、加強喪葬用品市場的管理，淨化喪葬活動社會環境

清明節期間，喪葬用品市場異常活躍，有的喪葬用品攤點會借機兜售封建迷信的喪葬用品。各級民政部門要在政府的領導下，聯合宣傳、公安和工商等有關部門，集中時間，集中力量，對生產、銷售殯葬用品的廠家、攤點，銷毀封建迷信色彩的殯葬用品，保護正當合法的生產經營活動。在殯葬用品集中的街道、場所，要抽調人員進行巡迴檢查，禁止非法用品的生產和流通。

五、抓好行風建設，為群眾的祭祀活動提供文明優質的服務

清明節祭祀活動集中，是對殯葬服務單位服務水平、服務質量的考驗，也是殯葬行業外樹形象，內強素質的機遇。各殯葬服務單位要按照江澤民同志「三個代表」的要求，積極開展以「為人民服務，樹行業新風」為主要內容的創建文明窗口活動，抓好行風建設。為保證清明節期間祭祀活動正常有序進行，各級民政部門要把祭祀活動的管理作為一件大事，對殯儀館、骨灰堂和公墓等群眾集中祭祀的場所要進行安全檢查，發現漏洞和隱患要及時加以解決。要按照中央紀委、監察部、國務院糾風辦（關於糾正部門和行業不正之風工作的要求），加強對殯葬服務單位的管理和監督，糾正借機亂收費、亂漲價、收紅包等行業不正之風，把行業建設落到實處。殯儀職工要明確任務，堅守崗位，保證各個環節正常運轉，為群眾的文明祭祀活動提供優質服務，樹立殯儀職工和殯儀行業的良好形象。

二〇〇一年三月十六日

四、廣州市番禺區人民政府辦公室文件〔2004〕34 號〔關於禁止在清明重陽期間到已清、平墳山頭拜祭的通知〕

各鎮政府（街道辦事處）、南沙管委會，區府直屬各單位：

我區清墳工作自去年 7 月份開始分階段推進以來，各項工作進展順利。到目前為止，大石鎮、南村鎮、石基鎮、化龍鎮、新造鎮、市橋街、沙頭街、東環街和橋南街等 9 個鎮（街）已完成了清墳任務，並按照全區的統一要求，對逾期不清的墳墓（包括已由墳主自行起墳的空墳頭）採取「挖上不挖下」的辦法進行全面清理，恢復了地形地貌，當中的部分鎮（街）已著手開展復綠工作。其他各鎮（街、區）的清墳工作也在今年 3 月 1 日起陸續開展。

為進一步深化殯葬改革，鞏固清墳工作成果，在今年清明、重陽期間，已完成清墳工作的鎮（街），必須採取措施，禁止群眾到已清、平墳的山頭拜祭。

一、加大宣傳教育力度，通過廣播、電視等媒體和採用宣傳標語等形式，廣泛宣傳殯葬改革的目的、意義和移風易俗、文明辦喪的必要性，在廣大群眾中樹立喪事新辦的新風尚。

　　二、對已清、平墳後的山頭實行強制性封山，在主要上山通道設置禁止上山拜祭的標語牌，並派出專人把守主要上山通道和加強巡邏檢查，杜絕群眾在清明、重陽期間到已清、平墳的山頭拜祭（除按有關規定保留的墳墓外）。

　　三、積極組織鎮（街）機關、事業單位的工作人員和學校的學生到已清、平墳的山頭開展植樹造林活動，美化城鄉自然環境。

　　四、對私自在平墳的地點設置標識或重建墳墓的，要在做好思想教育工作的同時，責成當事人立即清除並恢復原來地貌，情節嚴重的予以曝光。

　　五、對違反規定，不顧勸阻，私自到已清、平墳的山頭拜祭並引發火災事故的，要依法追究其法律責任。

二○○四年三月三十一日

後 記

　　時光荏苒，在中大的日日夜夜尙歷歷在目。望著窗外翠綠的春色，我思索著這一段話別文字。三年前，當我跨入自己心儀已久的康樂園時，便立即被眼前優美的校園風景和濃重的人文氛圍所吸引。之後，我領略到不少大學者的學術風範與人格魅力，也體會到了學術探究的艱辛，其中最爲深刻的則是畢業論文的構思與寫作。論文的材料收集與寫作，經歷了一年多的時間。由於自身理論思辨能力的欠缺，故論文尙有不少內容沒有得到進一步的深挖。無論如何，這都是我人生旅程中最深刻的一段經歷。在這歷練的過程中，自己雖從不停歇，卻時有「江郎才盡」的感覺。當室外已是融融春意之時，我如釋重負般爲畢業論文敲上最後一個句號。

　　但我卻沒有如釋重負過後的欣喜，實在難以掩飾內心的若有所失。此時掩卷而思，心情卻是萬般複雜。回顧三年來的學術經歷，除了一絲遺憾之外，更多的是無盡的感激。感激之情首先送給我的導師葉春生教授。葉老師給了我寶貴的求學機會，並在科研方面給予我很多的鍛煉機會，在生活上也常常關懷備至。當確定論文的選題後，葉老師從論文提綱的擬定到最後稿件的修改，一直給我細心的指導，那些寶貴的意見和建議，使我受益匪淺。導師對我的提拔，是我能夠順利完成論文寫作的動力。其次，同門謙謙諸君也常常給予我很多鼓勵，讓我默默記住眞摯的同窗手足情誼。最後，要深深感謝我的家人。在我外出求學特別是論文寫作期間，他們都默默支持我。正是因爲背後有著這麼多的關愛與鼓舞，我才能在一個又一個喧囂的白天和靜謐的夜晚，專心苦讀，輕敲鍵盤。今後，我惟有在學術上不斷進取，用豐厚的成果來回報大家對我的厚愛。

　　往事太多，難以一一言表。總之，在康樂園度過的三個春秋，是我人生中永遠都值得回憶的美好時光。

　　　　　　　　　　　　　　　　　　　丁亥年四月廿八
　　　　　　　　　　　　　　　　　　　於康樂園 488～808 陋室